大数据技术在财务中的应用

（Python 版）

杨小燕　欧阳朔斯　廖清远　主　编
谢春辉　刘宇蔚　副主编
李添瑜　李宇雯　李　军　参　编

中国财经出版传媒集团
中国财政经济出版社
· 北京 ·

图书在版编目（CIP）数据

大数据技术在财务中的应用：Python 版 / 杨小燕，欧阳朔斯，廖清远主编．--北京：中国财政经济出版社，2024．3

“学过”智能职教系列

ISBN 978-7-5223-2987-1

Ⅰ．①大…　Ⅱ．①杨…②欧…③廖…　Ⅲ．①数据处理-应用-财务管理　Ⅳ．①F275

中国国家版本馆 CIP 数据核字（2024）第 057482 号

责任编辑：钱红叶　　　　特约编辑：李泊翰
封面设计：兰卡绘世　　　　责任校对：胡永立

大数据技术在财务中的应用：Python 版
DASHUJU JISHU ZAI CAIWUZHONG DE YINGYONG：Python BAN

中国财政经济出版社 出版

URL：http：//www. cfeph. cn
E-mail：cfeph@ cfeph. cn

社址：北京市海淀区阜成路甲 28 号　邮政编码：100142
营销中心电话：010-88191522
天猫网店：中国财政经济出版社旗舰店
网址：https：//zgczjjcbs. tmall. com
廊坊市佳艺印务有限公司印刷　各地新华书店经销
成品尺寸：185mm×260mm　16 开　18.75 印张　386 000 字
2024 年 3 月第 1 版　2024 年 3 月河北第 1 次印刷
定价：59.80 元
ISBN 978-7-5223-2987-1
（图书出现印装问题，本社负责调换，电话：010-88190548）
本社质量投诉电话：010-88190744
打击盗版举报热线：010-88191661　QQ：2242791300

前言

"大数据云计算"技术推进了各行业的数字化、智能化发展，亟需大量的数字化应用人才。2021年财政部印发《会计信息化发展规划（2021—2025）》，提出大力推进会计数字化转型工作，将培养"懂会计、懂业务、懂信息技术的复合型会计人才队伍"作为信息化人才培养的目标。这一新目标的提出为高等职业教育会计人才的培养指明了新方向，复合型会计人才需要有驾驭数字化技术与智能化工具的能力。高职院校作为培养高素质复合型会计人才的主要阵地，需要紧跟形势发展，与时俱进，积极做好专业转型升级。2021年，教育部为推动高等职业教育专业升级和数字化改造，印发新版《职业教育专业目录（2021年）》，其中会计、财务管理、审计正式更名为"大数据与会计""大数据与审计""大数据与财务管理"。随着专业更名，大数据技术应用类课程在教育部发布的《职业教育专业简介（2022年修订）》中成为财务会计类专业的核心课程。

在财务会计类专业面临转型升级的背景下，课程团队依托湖南省"楚怡"名师工作室，深入行业、企业和高职院校开展需求调研，在完成了湖南省职教高地建设理论与实践研究课题——《基于职业岗位能力的高职大数据与会计专业教学标准建设研究》的基础上，形成企业用人需求分析报告，开发了《大数据技术在财务中的应用》整套数字化教学资源，并精心编制了这一本支持"数智化"时代财务会计类专业教学的《大数据技术在财务中的应用（Python版）》教材。

本教材以立德树人为宗旨，从职业岗位能力出发，引入企业代表性的真实工作任务，根据财务数据处理流程，将具有强大的大数据处理和分析功能的Python语言作为财务数据处理和分析工具，构建了情境真实、业务典型、过程完整的11个财务应用场景作为教学项目，包括大数据技术认知、Python开发环境搭建、财务数据的输入与输出、财务数据定义与计算、财务数据存储、财务数据处理流程控制、财务数据处理重复调用、财务文件操作、财务数据分析、财务数据采集与清洗和财务数据可视化，内容由浅入深、由易到难、循序渐进，旨在培养学生利用Python进行财务数据处理和分析的能力，提升学生的会计职业道德修养、创新能力、团队合作意识和大数据思维。

本教材的主要特点有：

1. 内容对接新技术、新产业、新业态和新模式，能够满足高职院校财务会计类专业对大数据技术教学的需求。

在“数字中国发展战略”背景下，本教材紧跟财务数字化、智能化转型发展新趋势，主动适应新技术、新产业、新业态、新模式的要求，精准对接企业财务岗位能力需求，对标《职业教育专业目录（2023 版）》，积极推动财务会计类专业的转型升级和数字化改造，在内容上引入大数据编程语言 Python，以财务数据处理为主线，以真实企业的财务数据为素材，搭建财务应用场景，围绕如何使大数据技术实现财务数据输入输出、定义与计算、存储、流程控制、调用、分析、采集、清洗和可视化等任务，将大数据处理的知识和技能贯穿于企业财务业务工作的各个活动中，培养学生灵活运用大数据技术处理财务实际问题的能力，以满足高职院校财务会计类专业对大数据技术应用教学的需求。

2. 落实“立德树人”根本任务，培养服务数字经济高质量发展的复合型人才。

本教材落实“立德树人”的根本任务，注重德技并修，注重培养服务数字经济高质量发展的复合型人才。

3. 省级“楚怡”名师工作室领衔主编，跨专业融合，校企合作组建编写团队。

本教材由湖南省“楚怡”名师工作室主持人、省级青年骨干教师、全国职业院校技能竞赛高职组会计技能赛项优秀指导教师杨小燕教授总体设计教材编写思路和框架，以学校会计、财务管理、审计、计算机专业教师团队为基础，深圳米多物联科技有限公司的企业财务专家参与，共同组建编写团队。

4. 以真实项目为引领，典型工作任务为驱动，实施“教、学、做”一体的教学模式。

本教材采用项目化方式编写，每个项目基于真实企业数据的大量教学案例，设计了项目目标、德技并修、项目任务描述、项目知识图谱、项目任务分解、技能训练、项目小结七部分内容，每个项目由一系列连续的典型工作任务组成，每个任务采用“工作任务描述—工作任务分析—任务知识储备—工作任务实施”的思路，实施“教、学、做”一体的教学模式，来帮助学生掌握运用大数据技术来解决财务问题的技能和方法。

5. 配套有立体化教学资源，有利于实现线上线下混合式教学。

课程团队在学银在线和智慧职教平台开设了“大数据技术在财务中的应用”在线开放课程，该课程属于湖南省“数智财务专业群资源库”重点建设课程，已形成可学、可练、可测试的全方位立体化教学资源，可以实现线上混合式教学。本教材作为财务会计类专业大数据技术课程的创新教材，配套了微课、演示视频、动画、教学课件、课程标准、全书源程序代码、技能训练答案、程序安装包等丰富的数字化教学资源，并精选优质资源以二维码形式标注在教材中，方便院校教师开展教学和学生开展学习。

本教材内容选择科学严谨、容量适度，安排合理、衔接有序、结构清晰，凸显职业教育类型特色，既可作为大数据与会计、大数据与财务管理、大数据与审计、会计信息管理等相关专业的教学用书，也可作为企业财务人员的参考用书。

本教材由湖南商务职业技术学院会计学院杨小燕教授、欧阳朔斯副教授和湖南商务职业技术学院商务信息技术学院廖清远副教授担任主编，湖南商务职业技术学院会计学院谢春辉、刘宇蔚担任副主编，湖南商务职业技术学院会计学院李添瑜、李宇雯，深圳米多物联科技有限公司李军参编。项目一、项目八、项目九由杨小燕编写，项目六、项目七由欧阳朔斯编写，项目十、项目十一、项目十二由廖清远编写，项目二、项目三、项目四由谢春辉编写，项目五由刘宇蔚编写，李添瑜、李宇雯和李军负责完成了部分思政案例和教学案例的编写。全书由杨小燕、欧阳朔斯、廖清远共同审定。

如需要获取相关教材配套资源，请以电子邮件形式联系中国财政经济出版社，Email：caijingjiaocai@163. com，也可访问如下网址下载：http：//jiaocai. cfeph. cn。

本教材的内容在正式出版前已在湖南商务职业技术学院2021级两个专业中实施了教学，授课对象有近1000人，并且根据教学过程中任课教师和学生的反馈，进行了反复修改，但限于编者的水平、实践经验和时间，书中难免存在疏漏和不足，敬请广大读者提出宝贵意见和建议，我们将不断修正完善。

编者

2024年3月

目 录

项目一

大数据技术认知

项目目标

知识目标

1. 了解计算机语言的基本概念；
2. 掌握计算机算法的基本结构；
3. 了解财务大数据基本概念；
4. 了解大数据发展历程；
5. 掌握大数据处理流程与分析工具。

技能目标

1. 能够区分几种不同类型的计算机语言；
2. 能够读懂常用结构的简单计算机算法；
3. 能够识别财务大数据；
4. 能够正确选择大数据处理和分析工具。

素质目标

1. 具备财务大数据思维；
2. 具备使用财务大数据技术解决财务实际问题的创新思维和创新能力；
3. 具备家国情怀和责任担当，助力实施国家大数据发展战略。

德技并修

大数据战略上升为我国国家战略

随着第四次工业革命的深入发展，大数据日渐成为宝贵的战略资源，成为推动产业数字化、网络化、智能化发展的关键生产要素。我国大数据产业发展在经历初期探索、市场启动等阶段后，大数据技术的应用以及社会公众的接受度逐步趋于成熟，整个产业开始步入快速发展阶段，得到了广泛的关注和应用。我国政府一直在积极推动大数据的发展以加快推进技术创新，制定了一系列政策和计划，为我国高新科技发展提供了重要的政策指引，努力突破关键核心技术“卡脖子”的问题。

2015 年，党的十八届五中全会首次提出“国家大数据战略”，这是大数据第一次写入党的全会决议，标志着大数据战略正式上升为国家战略。2015 年 9 月，国务院印发《促进大数据发展行动纲要》，提出要全面推进大数据发展和应用，加快政府数据开放共享，深化大数据在各行业创新应用，通过建设数据强国，提升政府治理能力，推动经济转型升级。2016 年 3 月，我国发布《中华人民共和国国民经济和社会发展第十三个五年规划纲要》，将重点突破大数据和云计算关键技术、自主可控操作系统、高端工业和大型管理软件、新兴领域人工智能写入“十三五”规划纲要。2021 年，《中华人民共和国国民经济和社会发展第十四个五年规划和 2035 年远景目标纲要》发布，明确提出培育壮大人工智能、大数据、区块链、云计算、网络安全等新兴数字产业。近年来，我国更加重视大数据在推进经济社会发展中的地位和作用，陆续出台了多项政策，全力推进大数据行业发展与创新，如《“十四五”数字经济发展规划》《“十四五”大数据产业发展规划》等，这些政策的出台，彰显了大数据已经成为重要的生产要素。

近年来，大数据技术在我国各个行业领域都有了广泛的应用。在金融领域，大数据技术被用于风险管理、信用评估等方面；在医疗健康领域，大数据可以帮助实现精准医疗、疾病预测等；在城市管理方面，大数据可以实现智慧交通、智能城市等。这些应用场景不仅提升了管理效率和社会效益，也为解决社会问题提供了新的途径。

思考与启示

从大数据技术在各个领域的发展和应用可以看出，大数据产业已成为我国经济社会发展的重要力量，对于未来的发展具有重大的战略意义，这一切得益于国家战略的引领和重视。在国家政策引导下，中国大数据产业将继续保持高速发展，为实现数字化转型和经济社会发展做出更加重要的贡献。作为大数据时代的大学生，也应具备家国情怀和责任担当，坚定学习报国的信念，努力学习新兴信息技术，培养创新思维和创新能力，为我国实施科技强国战略做出自己的贡献。

项目任务描述

2015 年国务院印发的《促进大数据发展行动纲要》指出：大数据已成为国家基础性资源，大数据正日益对全球生产、流通、分配、消费活动以及经济运行机制、社会生活方式和国家治理能力产生重要影响。在这个信息爆炸的数字新时代，数据成为一种新型资产，大数据技术成为企业未来发展的有力武器，财务工作作为企业的核心工作，不可避免地受到了大数据的影响。大数据改变着传统的财务管理模式和财务工作手段，为企业带来了发展机遇和挑战，数据智能将成为未来企业财务的核心，对财务人员提出了更高的要求——财务人员在具备专业技能的同时，还要具备大数据思维和大数据处理能力。

项目知识图谱

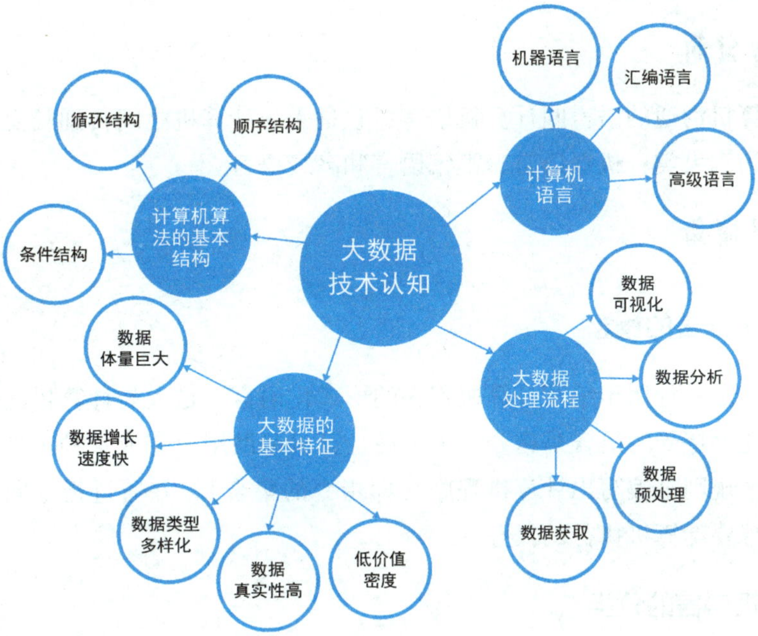

项目任务分解

项目一 大数据技术认知	任务一 认识计算机语言
	任务二 认识计算机算法的基本结构
	任务三 认识财务大数据
	任务四 大数据的发展历程
	任务五 大数据处理流程与分析工具

任务一 认识计算机语言

工作任务描述

在日常工作和生活中，人与人之间需要通过语言表达来交流信息和建立人际关系，人类的语言非常多样化，每个国家和地区都有自己的语言和方言。就像中国人使用汉语交流，其他国家的人民会使用自己国家的语言进行交流，如英语、法语等。

人类使用大数据技术来解决财务工作中的问题时，就需要与计算机沟通，那么与计算机进行沟通时，我们需要什么语言呢，有哪几种语言能够实现人机交流呢?

工作任务分析

人类与计算机沟通的语言叫计算机语言，它是人与计算机之间传递信息的媒介，计算机语言可以分为三大类：机器语言、汇编语言和高级语言。

任务知识储备

认识计算机语言

一、计算机语言的概念

计算机语言是一种用于编写计算机程序的形式化语言，是人与计算机之间进行通信的媒介，计算机能够接受的语言是指令。为了使计算机帮助用户完成各种工作，就需要用数字、字符、语法规则来编写出计算机程序（即指令的集合），并通过指令向计算机发出命令，完成我们想要计算机执行的任务。

二、计算机语言的分类

计算机语言根据不同的特征和层次分为三大类，包括机器语言、汇编语言和高级语言。

（一）机器语言

计算机能够直接理解和执行的语言叫机器语言。它是一种最低级的语言，由二进制代码(0 和 1 的序列)组成，每个二进制位代表特定的指令或数据。这些指令代码能够直接被计算机识别，无须经过翻译，每一个操作码在计算机内部都有相应的电路来完成它。虽然机器语言是唯一能够被计算机直接识别和处理的语言，但编写机器语言是一件十分繁琐的工作，而且编写出的程序由 0 和 1 组成，直观性差、容易出错，对人类来说很难理解和编写。

【示例 1 -1】 将十进制数字 789 转换成机器语言是多少呢?

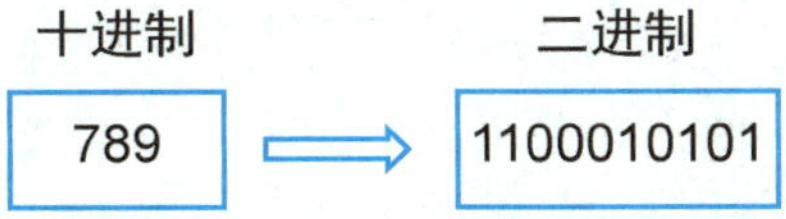

（二）汇编语言

汇编语言是任何一种用于计算机、微处理器、微控制器或其他可编程器件的低级语言，用英文和数字表示指令。其中，用英文助记符代替机器指令的操作码，用地址符号或标号代替指令或操作数的地址。在不同的设备中，汇编语言对应着不同的机器语言指令集。汇编语言不能直接被计算机执行，需要通过汇编过程转换成机器语言后才能被执行，它是第二代计算机语言，也是一种面向机器的语言。由于较难理解，不易被移植，在高级语言高度发展的今天，不再被广泛使用，通常被用在底层。

（三）高级语言

高级语言是为了让人类更容易编写和理解而设计的计算机语言。它使用类似于人类语言的结构和语法，是一种较接近自然语言和数学公式的编程语言，基本脱离了机器的硬件系统。用高级语言编写的程序称为源程序，计算机不能直接执行，必须通过编译器“翻译”为机器语言后，才可以被执行。

高级语言包括很多编程语言，如目前流行的 C、C++ 、Python、Java、Delphi、JavaScript 等，每种高级语言都具有自己的语法和特性，以满足特定的编程需求。本教材将要学习的 Python 就是一门易学、易读，非常受用户欢迎的高级语言。高级语言使程序员能够以更高层次的抽象思考来编写代码，提高了开发效率和代码可读性。

任务二 认识计算机算法的基本结构

工作任务描述

在工作中，如果使用大数据技术来处理复杂的财务问题，就需要将人类的思维转换成计算机思维。人类的思维往往具有跳跃性，而计算机本身并没有思维，计算机思维通过执行程序员设计好的流程和指令来实现。

工作任务分析

计算机思维存在于程序员的大脑之中，程序员在编制程序时，需要遵循一定的规则，按照一定的结构设计好实现解决具体问题的方案和步骤，也就是设计算法。

任务知识储备

认识计算机算法的基本结构

一、计算机算法的基本概念

计算机在遵循一定规则的前提下，如何解决具体的问题呢？这里就需要设计计算机算法。算法就是解决方案准确而完整的描述，是解决问题或执行特定任务的一系列有序步骤或指令的集合，每一步骤都是能实现的。算法设计好后，选择一种程序设计语言（如 Python）来具体实现。

二、计算机算法的基本结构

在计算机的认知世界里，任何算法都有一定的结构组成，包括了顺序结构、条件结构和循环结构三种。

（一）顺序结构

顺序结构是算法中最基本的结构，算法的一系列步骤按照顺序依次执行，每个步骤在前一个步骤完成后立即执行。这种结构表示了算法中不可分割的流程顺序，按照自上而下的顺序依次执行。假如程序需要执行三个任务，顺序结构下，后先执行任务一，然后顺次执行任务二、任务三（见图 1－1）。

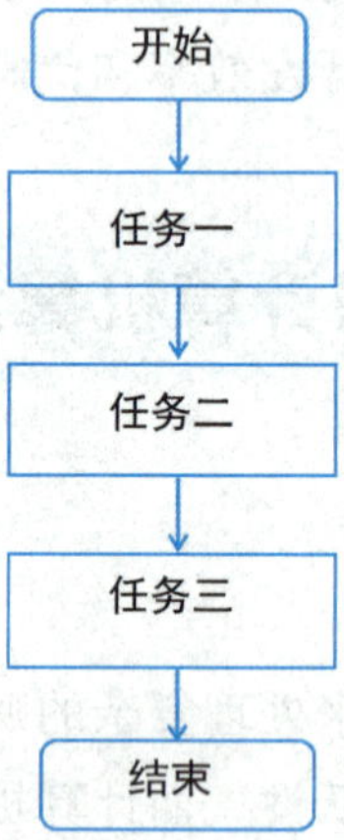

图 1－1　顺序结构

（二）条件结构

条件结构也称分支结构，是基于某个条件的真假，决定程序的执行路径。通过判断给定的条件来控制程序的流程，流程会根据某个特定的条件进行判断，选择其中某个流程分支执行。分支结构通常使用条件语句（如 if-else 语句）来实现，以根据不同情况执行不同的操作。条件结构流程如图 1－2 所示，程序开始后先执行任务一，接下来执行条件判断，如果判断结果为“是”，则执行任务二，否则执行任务三，最后执行任务四。该结构的关键点在判断选择环节，其他仍是按照顺序结构进行。

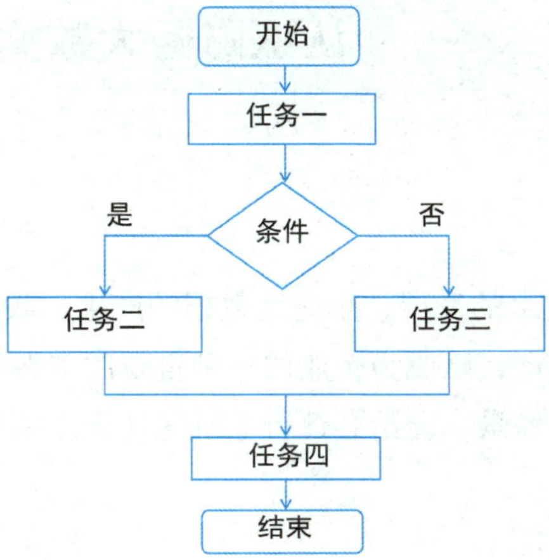

图 1－2　条件结构

（三）循环结构

循环结构使算法能够重复执行一组代码块，直到满足特定条件为止。循环结构使算法可以有效地处理重复性任务或对数据集合执行相同的操作。常见的循环结构包括 for 循环、while 循环和 do-while 循环。

循环结构是指在程序中需要反复执行某个或某些操作，直到条件为真或为假时才停止循环的一种程序结构。根据判断条件，循环结构又可细分为“当型循环结构”和“直到型循环结构”两种形式。当型循环结构流程，属于最基础的循环结构之一，先判断、再执行，当给定条件满足“循环判断”时执行“循环任务”，然后再回到循环体；当给定条件不满足时，直接结束循环。为了避免死循环的出现，需要在循环体中添加“循环变量”作为结束循环的条件。直到型循环结构流程，先执行一次循环体之后，再对控制条件进行判断，当条件不满足时执行循环体，满足时则停止。图 1－3 为当型循环结构，图 1－4 为直到型循环结构。

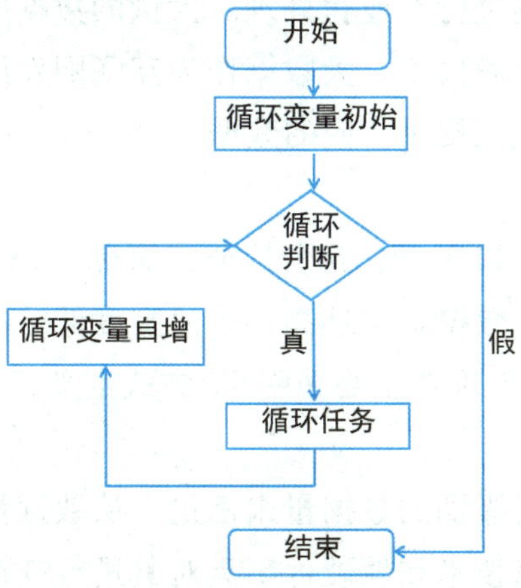

图 1－3　当型循环结构

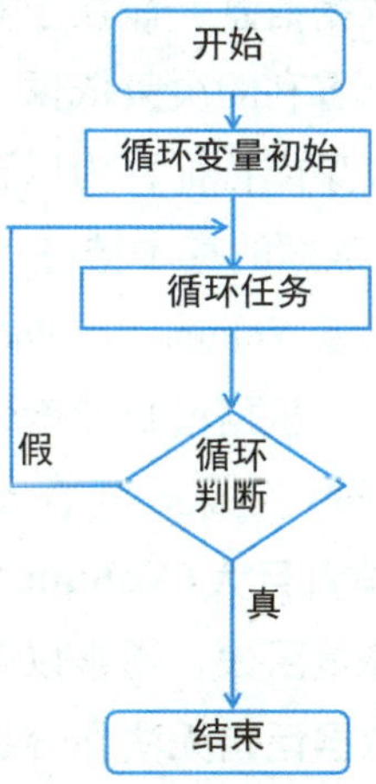

图 1－4　直到型循环结构

任务三 认识财务大数据

工作任务描述

随着“大智移云物”技术的发展，企业大数据的产生、收集、存储、传输和处理都呈现出了海量化、多样化的特点，已成为企业的一种重要的资源和资产。那么，什么是大数据，大数据将会应用到哪些场景，会给会计行业带来什么影响呢?

工作任务分析

大数据应用到了各个行业（如物流仓储、金融、人工智能、房产、旅游等），给它们带来了新的机遇和挑战，也对会计行业产生了深远的影响。

任务知识储备

认识财务大数据

一、认识大数据

（一）大数据的基本概念

大数据由各类数据构成，是具有极强决策力和洞察力的一种巨大信息资产，也是一个庞大的数据集合体。大数据是一种规模大到在获取、存储、管理、分析等方面大大超出了传统数据处理工具能力范围的数据集合。大数据不仅仅是指数据的大小，还包括数据的复杂性和高速度。

大数据最核心的价值就是对海量数据进行存储和分析；大数据技术的战略意义不在于掌握庞大的数据信息，而在于对这些含有意义的数据进行专业化处理。大量的数据能为决策者提供十分有利的决策依据，有助于决策者做出正确决策。大数据作为互联网发展到现阶段的一种表象或特征，为以云计算为基础的技术发展提供相应的数据。

（二）大数据的基本特征

大数据具备 Volume、Velocity、Variety、Veracity 和 Value 五个特征，简称“5V”，即数据体量巨大、数据增长速度快、数据类型多样化、数据真实性高、价值密度低。在早期主要采用 4V 进行定义，随着大数据的规模不断扩大，现在主要采用 5V 方式定义。

1. 数据体量巨大(Volume)

大数据体量巨大，通常以千亿、百亿、甚至万亿级别的数据量来衡量。从数据量的角度而言，大数据泛指无法在容忍的时间内用传统信息技术和软硬件工具对其进行获取、管理和处理的巨量数据集合，需要可伸缩的计算体系结构以支持其存储、处理和分析。百度资料表明，其新首页导航每天需要提供的数据超过1.5PB(1PB=1024TB)，这些数据如果打印出来将超过5000亿张A4纸。有资料证实，到目前为止，人类生产的所有印刷材料的数据量仅为200PB。

2. 数据增长速度快(Velocity)

大数据的生成速度非常快，要求实时或近实时地处理和分析数据。随着云计算、手机互联网、物联网的飞速发展，数据量迅猛增长，这需要能够快速捕捉和处理数据，以及迅速做出反应。据统计，在2022年全球每秒钟可以产生1.7MB的数据量，平均每天会生成2.2EB(23亿GB)数据，而全球数据总量中有90%是过去24个月创建的。

3. 数据类型多样化(Variety)

Variety指数据类型多样化。人们可以从手机、邮箱、网页、视频、微博等不同的数据源获得数据，数据类型包括数字、文本、图像、音频、视频、地理位置信息、网络日志等。所以大数据包括结构化数据、半结构化数据及非结构化数据。结构化数据是传统的数据格式，如Excel工作表、关系型数据库中的数据，有统一的数据结构、规范的数据访问和处理方法；非结构化数据是不能采用预先定义好的数据模型或没有以一个预先定义的方式来组织，例如办公文档、邮件、各类报表、图像、音频、视频信息。半结构化数据介于结构化数据和非结构化数据之间，是有一定规律的文件数据，例如XML文件、HTML文件。

4. 数据真实性高(Veracity)

数据真实性高是指数据必须符合数据质量的要求，具有较高的完整性、可信性和准确性。大数据可能是从多个不同来源收集来的，因此处理大数据时需要考虑数据的来源、质量和处理错误等因素，保证数据的真实准确性。

5. 低价值密度(Value)

大数据虽然有巨大潜力但其价值密度通常低于传统关系数据库中的已有数据。大数据低价值密度是指在大数据集合中，存在大量的无用、重复或者冗余的数据，而这些数据对于实际分析和决策产生的价值较低。

(三)大数据度量单位

大数据如何定义大呢，其度量单位已经不能用GB或TB来衡量，数据量已经从TB(1024GB=1TB)级别跃升到PB(1024TB=1PB)、EB(1024PB=1EB)乃至ZB(1024EB=1ZB)级别，目前，大数据已经属于PB/EB级别。

(四)大数据结构

大数据包括了结构化、半结构化和非结构化数据。结构化数据也称为行数据，是由二维表结构进行逻辑表达和实现的数据，严格地遵循数据格式与长度规范，主要通过关系型数据库进行存储和管理。半结构化数据，是介于结构化和非结构化之间的数据，它是结构化的数据，但是结构变化很大。非结构化数据是数据结构不规则或不完整，没有预定义的数据模型，不方便用数据库二维逻辑表来表现的数据，包括所有格式的办公文档、文本、图片、HTML、各类报表、图像和音频/视频信息等。目前，非结构化数据越来越成为数据的主要部分。企业中约 80% 的数据都是非结构化数据，这些原本看起来很难收集和使用的非结构化数据，因为大数据技术的出现，开始变得容易使用，更能为企业创造价值。

（五）大数据的发展趋势

由于大数据能够为企业创造巨大的价值，在各个行业的应用也越来越广泛。

大数据目前主要会有以下几大方面的应用和发展。

一是语音识别，大数据能够成为多场景语音服务支持的专家，让设备长上耳朵，也能让设备开始说话。

二是人脸识别，能够基于人工智能，提供人脸检测、人脸识别、属性识别等技术支持。

三是机器学习，能够应用机器学习算法，为各行业提供大数据解决方案。

四是文字识别，能够提供自然场景下的图文检测、定位、识别等功能。

五是深度学习，能够助力客户轻松使用深度学习技术，打造智能应用和服务。

六是自然语言，能够对人类自然语言进行分析、理解、生成、翻译，实现自然的人机对话交互。

二、大数据的应用场景

大数据在人们的日常工作和生活中应用非常广泛，大数据常见的应用场景包括以下几种：

（一）物流仓储

在仓库布局优化过程中，大数据分析可以帮助企业精准测算出货物的实际运输量和存放位置，合理分配仓库空间和操作流程，提高仓储效率。通过使用大数据对历史数据进行分析，可以了解哪些货物使用频率高，哪些货物使用频率低，哪些货物存储需要特殊的条件，如存储温度、湿度等，能够确保所有货物在便于装卸的前提下都能被存储在最合适的位置；通过大数据分析，企业可以了解哪些物品占用了过多的库存空间或者长时间未被售出等情况，帮助企业及时调整其中不合理的库存策略，将大量闲置资产转为利润，提升企业经营效益。

在物流方面，通过大数据分析工具对货物运输路线进行智能规划，优化货物运输路径，在运输过程中进行实时监控，提高交付质量和速度。

（二）营销

大数据可以用于分析消费者行为、购买模式和偏好，帮助企业制定更准确的市场营销策略。通过大数据分析，企业可以了解消费者的需求、趋势和偏好，进行个性化定制，根据提供的准确数据精确锁定产品的消费者，针对潜在消费者进行准确的营销活动，大大提高广告营销的效果，降低广告营销的成本。

（三）旅游

通过大数据技术分析大量的旅游搜索数据、在线评论数据、社交媒体数据等旅游数据，帮助旅游企业了解旅行偏好、目的地热门度、旅游产品需求等信息，准确把握市场需求和旅游行业发展趋势，制定准确的市场营销策略和产品定位。

旅游企业可以运用大数据技术收集、整理旅行者的个人信息和行为数据，并进行分析，为旅行者提供个性化的旅游推荐和定制化服务，使旅行者获得更贴合其需求的旅游体验。运用大数据技术收集、整理、分析旅行者的体验和评价，如在线评论、社交媒体数据和客户满意度调查等，帮助旅游企业全面了解旅行者的反馈意见，进一步改进服务，提升旅行者的旅游体验质量。

（四）金融

金融机构可以利用大数据分析技术对大规模的金融交易数据进行监测和分析，识别潜在的风险和异常行为，帮助金融机构发现欺诈行为、预测信用风险、监测市场波动等，更好地管理风险和维护金融安全。

（五）医疗

大数据在医疗领域的应用非常广泛，可以帮助医疗机构提高临床决策的准确性，改善病人的治疗结果。通过分析大量的医疗数据，如病历记录、医学图像、基因组学数据等，可以实现疾病早期诊断、个性化治疗和健康管理。

三、大数据对会计行业的影响

任何一个新时代的到来对社会、各行业的影响都有两面性，大数据时代也是如此，对于会计行业而言，大数据时代的影响也不容小觑。

（一）大数据与财务会计

大数据在财务会计领域的应用将改变财务会计的工作方式和效率，提供更准确、实时和综合的财务信息。大数据技术通过对销售数据、成本数据、现金流等财务数据进行分析，帮助企业对未来发展趋势进行预测，辅助企业管理层做出准确的财务决策。同时，越来越多的非结构化数据被整合到财务信息系统中，例如文本、视频、音频等数据与传统数据紧密结合在一起，也需要使用大数据分析技术对非结构化数据进行处理和可用数据挖掘。

大数据技术可以帮助企业在成本管理、税务管理、财务报告等方面提高效率，降低财务风险、优化成本，提高综合竞争力。通过对各项费用和成本进行大数据分析，识别出成本高的环节和低效的业务流程，提供针对性的改进方案，帮助企业降低成本、提高效率；通过大数据分析，可以自动化处理海量的财务数据，识别出可能存在的税务风险和错误，帮助企业遵守税法规定并优化税务筹划；大数据可以提供更准确、实时和全面的财务报告，通过对各项财务数据进行整合和分析，可以生成更详尽和可靠的财务报告，并实现财务数据的实时更新，提高企业的财务透明度。

（二）大数据与管理会计

大数据从绩效管理、预测与决策支持、风险管理、决策优化等管理会计方面为企业提供更全面、准确和及时的管理决策支持。大数据可以提供更全面和准确的绩效指标和数据，帮助企业对绩效进行评估和监控，通过对大量的绩效数据进行分析，发现绩效的关键驱动因素，帮助管理层做出更明智的决策，优化绩效管理过程；通过大数据分析，对企业的销售额、利润、市场份额等关键指标进行预测和分析，基于大数据的预测模型可以识别出潜在的趋势和商机，帮助管理层做出更准确的决策，提高企业的竞争力；大数据可以帮助企业进行风险管理和预警，通过对大量的内部和外部数据进行分析，识别出潜在的风险和威胁，提供相应的风险管理策略和预警机制，帮助企业降低风险、增强抵御能力；大数据可以支持企业在决策过程中的优化，通过对大量的数据进行模拟和仿真分析，评估不同决策方案的潜在影响，并找到最优的决策路径，提高企业的决策效果和效率。

（三）大数据与审计

大数据在审计领域的应用可以提高审计的效率、准确性和全面性。大数据通过数据分析、风险评估、模型构建和自动化审计程序等方法，帮助审计人员更好地发现异常和风险，提供更精确的审计结论，为企业和社会提供可靠的审计保障。大数据技术可以处理和分析企业的财务数据、交易记录、客户信息等大量审计数据，帮助审计人员发现潜在的异常和风险，提高审计的发现能力和准确性；通过对大量的数据进行挖掘和分析，识别出潜在的风险和不合规行为，提供相应的风险管理和控制建议，帮助审计人员对企业的风险进行评估和预警；大数据可以用于构建复杂的审计模型和算法，帮助审计人员进行数据的验证和检验，对企业的财务报表、内部控制系统等进行模型验证，提高审计的可靠性和有效性；大数据技术可以实现审计程序的自动化和智能化，通过建立审计数据仓库和应用机器学习算法，帮助审计人员实现对审计程序的自动化执行和监控，提高审计的效率和准确性。

任务四 大数据的发展历程

工作任务描述

大数据是未来的“新石油”，已经成为一种新的经济资产类别，就像货币或黄金一样，将形成数据材料、数据探矿、数据加工、数据服务等一系列新兴产业。对于这样一个新兴产业，经历了哪些发展历程呢？我们需要来深入了解。

工作任务分析

21 世纪初期，随着互联网的普及和智能手机的发展，人们开始产生越来越多的数据。这些数据涵盖了各种各样的信息，例如文本、音频、视频、图像等等。数据的规模和种类的爆炸式增长使得传统的数据处理方法已经无法胜任，因此大数据处理技术应运而生，发展到现在已经经历了三个阶段。

任务知识储备

大数据的发展历程

一、萌芽时期

20 世纪 90 年代至 21 世纪初是大数据的萌芽时期。大数据的起源可以追溯到 20 世纪 50 年代和 60 年代，当时的美国政府和企业开始使用电子计算机处理数据，但当时的计算机还比较原始，数据的规模和处理能力都非常有限。直到 1997 年，美国国家航空航天局(NASA)的研究人员在研究数据可视化中首次使用了“大数据”的概念，1998 年《Science》杂志发表一篇论文，大数据作为一个专用名词出现在公共期刊上。这一阶段，大家对于大数据的研究仅限于表示数据量的巨大，对数据的收集、处理和存储没有进一步的探索。

二、发展时期

21 世纪初至 2020 年是大数据的发展时期。21 世纪前十年，随着互联网行业的快速发展，大数据的概念和特点得到了进一步丰富。2001 年，美国率先开发了大型数据模型，提出了大数据的第三大特征(3V)。2005 年，Hadoop 技术应运而生，成为数据分析的主要技术。2007 年数据密集型科学出现，为大数据的发展提供了科学依据。2010 年美国信息技术顾问委员会发布了《规划数字化未来》的报告，具体提出了大数据的收集和使用。这一阶段，大数据受到了理论界的广泛关注，数据处理技术层出不穷，大数据开始在各行业应用。

三、兴盛时期

2011 年之后，大数据进入了全面兴盛时期。大数据应用渗透到各行各业，数据驱动决策，信息社会智能化程度大幅度提高。2011 年，IBM 公司和美国德克萨斯大学联合开发了沃森超级计算机，通过每秒扫描和分析 4TB 数据打破了世界纪录，大数据计算达到新高度；麦肯锡全球研究所(MGI)发布了《大数据前沿报告》，详细介绍了大数据在各个领域的应用和大数据的技术框架。2012 年，在瑞士达沃斯举行的世界经济论坛发表了题为《大数据，大影响》的报告，正式宣布大数据时代的到来。

大数据对全球生产、流通、分配、消费活动以及经济运行机制、社会生活方式和国家治理能力等方面产生了越来越深远的影响，不断改变原有行业的技术，创造新技术，呈现出旺盛的发展趋势。2015 年 10 月，党的第十八届中央委员会第五次全体会议上，“十三五”规划中提到实施国家大数据战略，旨在全面推进我国大数据发展和应用，加快建设数据强国，推动数据资源开发共享。至此，大数据战略上升为我国的国家战略。

任务五 大数据处理流程与分析工具

工作任务描述

我们知道“大数据”具有大量、高速、多样、真实、价值密度低的特点，这种超大规模的数据集合，无法使用传统的数据处理方法来获取、存储、管理和分析，需要通过专门信息技术处理才能发挥其强大决策力、洞察发现力和流程优化能力。因此，作为财务人员要充分发挥大数据在财务工作中的作用，就要具备运用大数据解决财务问题的意识，提高运用大数据技术解决财务问题的能力。那大数据处理流程是怎样的，有哪些具体的大数据分析处理工具呢?

工作任务分析

对于财务领域来说，大数据是一种全新的思维方式，财务人员如果要想合理利用历史数据和实时数据为企业决策者提供正确高效的决策支撑，就必须全面了解大数据处理流程。大数据处理流程大致包括以下四个步骤：数据获取、数据预处理、数据分析、数据可视化。目前，有很多能够实现数据分析和处理的工具，如 Excel、Python、Hadoop、SAS、SPSS 等，使用比较多且界面友好性较好的工具主要有 Excel 和 Python 技术两种。

任务知识储备

大数据处理流程与分析工具

一、大数据处理流程

（一）数据获取

数据获取是处理大数据的第一步，也叫数据采集。数据可以通过多种渠道获取，如通过传感器、日志文件、网络爬虫、企业信息系统数据整合等，数据类型可以是结构化、半结构化或非结构化数据。一般通过整合、抓取企业各类信息系统数据来获得内部数据，主要来自企业资源计划系统、客户关系管理系统、财务系统等，涵盖企业内部生产经营活动中产生的生产数据、财务数据、销售数据、采购数据。这种数据以结构化数据为主，具有价值密度较高的特点。一般我们通过网络爬虫来获得企业外部数据，主要来自政府、竞争对手、所属行业等相关网络数据。

（二）数据预处理

数据预处理是大数据处理的第二步。数据获取之后，需要对收集的数据进行预处理，以保证数据的完备性和准确性，还要使数据符合数据挖掘时的算法要求，只有标准化和高质量的数据才能用于数据分析，得到正确的数据分析结论。

数据预处理不仅包括数据清洗和数据标准化，还包括数据转换、数据集成等。采集获取的大数据往往包含错误、缺失或不一致的数据，也叫“脏”数据，数据清洗就是将“脏”的数据“洗掉”，主要是对数据进行审查和校验，删除重复数据、填补缺失值，纠正存在的错误，解决数据格式问题，保证数据一致性。数据标准化又称数据归一化，是消除不同评价指标的量纲和数量级带来的数据不可比性。

（三）数据分析

数据分析是大数据处理的核心步骤。数据分析包括分析数据和挖掘数据：分析数据是使用统计分析方法和工具，对大量数据进行处理和分析，从中提出有价值的信息，形成分析结论；挖掘数据是采用适当的挖掘算法或工具，对海量大数据进行挖掘，从中发现不为人知、无法通过人的经验或对数据的直接观察得出的规则或结论，用于预测和决策。

（四）数据可视化

数据可视化是大数据处理流程的最后环节，也是非常重要的一个环节。它是指根据不同用户的不同需求，将大数据以图形、图像的形式直观地展示出来，显得更加简洁、可靠、客观，更有说服力，让用户更容易理解。

二、大数据分析处理工具

数据分析处理涉及许多工具和技术，常用的大数据分析处理工具包括以下几种。

（一）Excel

Excel 是一种电子表格软件，由微软公司开发，提供了工作表、单元格、公式、图表、筛选和排序、数据透视表、条件格式化、数据验证、宏、导入和导出数据、文本函数、日期和时间函数、数据分析工具、保护工作表和工作簿等工具，主要用于数据分析、计算、可视化、报告生成和数据管理。

Excel 是办公自动化软件中的一员，具有强大的数据处理、数据分析和绘制图表功能并允许链接外部数据，支持 VBA 代码等控件，适用于处理日常数据量较小的业务，对于用户来说非常容易上手。

（二）Python

Python 拥有强大的数据分析库和工具，来帮助用户进行有效的数据分析工作，从中提取有价值的信息。Python 是一种高级编程语言，具有简单易读的语法和强大的功能，主要应用于数据科学、人工智能、机器学习、科学计算等领域；Python 语法简洁清晰，可读性强，附带强大的标准库，包含了文件操作、网络通信、图形界面开发等各种模块和功能；Python 拥有大量的第三方库，包括 Pandas、Numpy、Matplotlib、Plotly 等，用于扩展 Python 的功能。Python 可以使用短短的几行代码解决非常复杂的问题，既可以节省时间也可以提高工作效率，同时还具有强大的绘图功能，能自动生成可视化图形，将大数据清晰直观地进行展示。

（三）Hadoop

Hadoop 是一个开源的分布式计算框架，已经成为处理大规模数据的标准工具之一，适用于需要分布式计算和存储的场景，如大数据分析、日志处理、机器学习等。Hadoop 的核心设计目标是能够处理具有成千上万台计算机和大量数据的分布式计算任务。Hadoop 使用 Hadoop 分布式文件系统（HDFS）来存储数据，HDFS 将数据划分成块，然后分布式地存储在多台计算机上，以便提高可用性和容错性。Hadoop 的核心计算模型是 MapReduce，该模型允许用户编写分布式计算任务，将数据划分成小块，然后在多个计算节点上并行处理这些块，最后进行合并和总结。

（四）SAS

SAS 是一个功能强大且广泛应用的统计分析软件，用于数据分析、高级分析、业务智能、预测建模、大数据分析等。它包含了描述统计、假设检验、回归分析、因子分析等多功能统计分析功能，可以处理结构化和非结构化的数据。SAS 提供了强大的数据清洗、转换、合并和整理工作，也可以创建图表、柱状图、饼图、线图等，以高质量的报表和图形来呈现分析结果，能够满足各种不同领域的数据分析需求。

技能训练

一、单项选择题

1. 以下数据类型为结构化数据的是（　　）。

A. 音频　　B. 视频

C. 图像　　D. Excel 文档

2. 下列（　　）可以作为大数据处理工具。

A. Google　　B. Python

C. Baidu　　D. Windows

3. 计算机能够直接执行的语言是（　　）。

A. 机器语言　　B. 汇编语言

C. 自然语言　　D. 高级语言

4.（　　）也称为选择结构，通过判断给定的条件来控制程序的流程。

A. 顺序结构　　B. 条件结构

C. 循环结构　　D. 选择结构

二、多项选择题

1. 数据根据数据类型可以划分为(　　)。

A. 结构化数据　　B. 半结构数据

C. 非结构化数据　　D. 全结构化数据

2. 大数据的基本特征包括(　　)。

A. 海量的数据规模　　B. 快速的数据流转

C. 多样的数据类型　　D. 价值密度低

3. 大数据处理流程大致需要以下步骤(　　)。

A. 数据获取　　B. 数据预处理

C. 数据分析　　D. 数据可视化

4. 下面属于高级语言的有(　　)。

A. C 语言　　B. C++

C. Python　　D. Java

5. 机器语言是由(　　)组成的指令代码。

A. 汇编语言　　B. 0

C. 1　　D. 高级语言

三、判断题

1. 非结构化数据也称为列数据，不遵循固定格式或长度，严格地遵循数据格式与长度规范，主要通过非关系型数据库进行存储和管理。(　　)

2. 数据获取环节，需要获取企业的内部数据，主要来自企业资源计划系统、客户关系管理系统、财务系统等，涵盖企业内部生产经营活动中产生的生产数据、财务数据、销售数据。(　　)

3. 顺序结构是最简单的程序结构，程序中的各个操作按照在源代码中的排列顺序执行。(　　)

4. 计算机算法就是解题方案的准确而完整的描述，是一系列解决问题的计算步骤，每一步骤都是能实现的。算法设计好后，选择一种程序设计语言来具体实现。(　　)

项目小结

项目	任务列表	学习内容
大数据技术认知	任务一 认识计算机语言	计算机语言的概念
		机器语言
		汇编语言
		高级语言

续表

项目	任务列表	学习内容
大数据技术认知	任务二 认识计算机算法的基本结构	计算机算法的基本概念
		计算机算法的基本结构：顺序结构
		计算机算法的基本结构：条件结构
		计算机算法的基本结构：循环结构
	任务三 认识财务大数据	大数据的基本概念
		大数据的基本特征
		大数据度量单位
		大数据结构
		大数据的发展趋势
		大数据的应用场景
		大数据对会计行业的影响
	任务四 大数据的发展历程	萌芽时期
		发展时期
		兴盛时期
		大数据处理流程
	任务五 大数据处理流程与分析工具	大数据分析处理工具：Excel
		大数据分析处理工具：Python
		大数据分析处理工具：Hadoop
		大数据分析处理工具：SAS

项目二

Python 开发环境搭建

项目目标

知识目标

1. 了解 Python 语言；
2. 掌握 Python 开发环境搭建的操作方法。

技能目标

1. 能够搭建 Python 开发环境；
2. 能够搭建 Anaconda 运行环境；
3. 能够完成自己的第一个 Python 程序。

素质目标

1. 树立职能变革与转型的意识；
2. 具备数据思维、勇于探索新技术的精神；
3. 具备认识新事物、运用新技术解决财务问题的创新意识；
4. 具有团结协作的精神。

德技并修

注重团队协作，搭建大数据技术运行环境

大数据的广泛应用在各个领域都产生了深远的影响，推动了许多行业的创新和发展。财务人员也在思考大数据给财务领域带来的机遇与挑战。深圳米多物联科技有限公司的财务主管李华组织召开部门会议，号召财务人员学习大数据技术在财务中的应用，并支持搭建技术运行环境。通过查阅资料，出纳刘阳提出搭建 Python 运行环境，会计张晓认为对初学者来

说，可以搭建 PyCharm 运行环境，财务主管李华则建议直接搭建 Anaconda 运行环境，因为它不仅具备了 Python 的基本功能，还包含了许多常用的第三方库和工具包。虽然财务人员对搭建何种运行环境各执己见，但财务部门非常注重团队协作，他们进行了多次讨论和有效沟通，并对比分析了搭建这三种运行环境的优缺点，最终一致认为搭建 Anaconda 运行环境是最佳选择。由于财务人员对信息技术的掌握和计算机的操作比较薄弱，加之 Anaconda 软件安装过程出现的全英文提示窗口也给他们造成了一定的困扰，导致软件安装后存在各种问题。但财务部门全体人员通力协作、互帮互助，最后成功地搭建了大数据技术运行环境。

思考与启示

这个故事告诉我们：团队协作是现代工作和生活中不可或缺的要素，团队协作可以促进有效沟通，通过分享观点、经验和知识，团队成员可以更好地理解彼此，减少误解和信息丢失，提高组织内外的沟通质量；团队协作可以提高决策质量，每个团队成员都有独特的背景和经验，这使得团队能够综合各种观点，做出更明智的决策；团队协作可以提高问题解决能力，当面临复杂问题或挑战时，成员可以集思广益，使得解决方法更加高效。

项目任务描述

深圳米多物联科技有限公司财务部每天都要处理大量的财务数据，还需要不定期获取外部同行业公司的数据进行对比分析，大数据技术的出现给财务工作带来了挑战，但同时也带了机遇。同行业公司的财务数据大多来源于财经网站，且涉及数据较多，用 Excel 等工具进行处理是比较麻烦的，为了提高工作效率，可以通过认识 Python 语言、搭建 Python 运行环境、使用 Python 编程来进行数据的获取与处理。

项目知识图谱

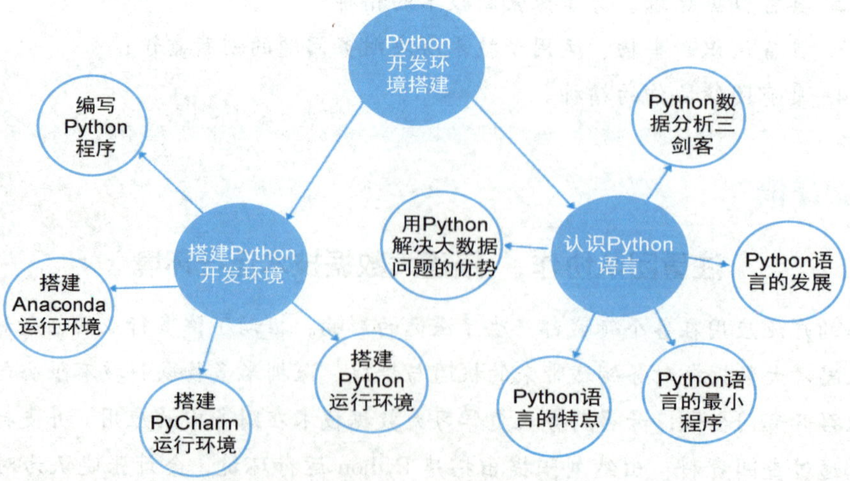

项目任务分解

项目二 Python 开发环境搭建	任务一 选择适合财务人员应用的 Python 开发环境
	任务二 搭建 Anaconda 开发环境

任务一 选择适合财务人员应用的 Python 开发环境

工作任务描述

深圳米多物联科技有限公司的财务部员工非常想将 Python 等大数据处理技术运用于日常的财务工作，他们通过翻阅书籍、搜索网页、参与培训等多种方式接触 Python，并尝试寻找对财务人员特别是初学者来说最友好的 Python 开发环境。

工作任务分析

在本任务中，财务人员要选择适合自己应用的 Python 开发环境，必须要先了解 Python 语言，其次要了解搭建 Python 开发环境的方式。

搭建 Python 开发环境有三种方式，分别是搭建 Python 运行环境、PyCharm 运行环境、Anaconda 运行环境，用户可以根据自身的需求做出相应选择。

任务知识储备

认识 Python 语言

一、认识 Python 语言

Python 语言起源于 1989 年，其基于 C 语言并具备了基础的类、函数、异常处理等功能特性，同时具备很强的可拓展性。Python 拥有丰富的标准库，提供了大量的内置模块和函数，可以直接调用来完成各种任务，如文件操作、网络通信、图像处理等。Python 还提供了强大的第三方库和生态系统，如 NumPy、Pandas、Matplotlib 等，这些库提供了丰富的功能和工具，方便用户进行数据分析、科学计算等。

（一）Python 数据分析 “三剑客”

数据分析就是让数据产生价值，通过数据的筛选、汇总等操作从而分析或预测事件的变化规律。Python 语言在数据分析领域同样扮演着比较强大的角色，NumPy、Pandas、Matplotlib 是在 Python 语言中被广泛使用的三个库，NumPy 主要用于数据计算，Pandas 用于数据分析，Matplotlib 用于数据展示，三者被誉为 Python 数据分析的“三剑客”。

1. NumPy

NumPy 是 Python 科学计算的基础工具包，也是 Python 做数据计算的关键库之一，同时又是很多第三方库的依赖库。它提供了高性能的多维数组对象，以及一系列对这些数组进行操作的函数和方法。NumPy 的数组操作速度快，并且支持向量化操作，可以使复杂的数学和统计计算变得简单高效。

2. Pandas

Pandas 是一个开源的数据分析库，提供了丰富而灵活的数据结构和数据分析工具。它的核心数据结构是 DataFrame，可以理解为一个表格型的数据结构，类似于 Excel 中的数据表。Pandas 提供了各种数据操作和处理的方法，包括数据清洗、数据变换、数据聚合和数据可视化等功能。

3. Matplotlib

Matplotlib 是一个用于绘制静态、动态和交互式图形的绘图库。它提供了广泛的绘图工具和函数，可以用于创建各种类型的图表、图形和可视化。Matplotlib 可以绘制折线图、柱状图、散点图、饼图等各种常见的数据可视化图形，同时也支持自定义图形的样式和属性。

（二）Python 语言的发展

Python 是一种高级编程语言，其发展可以追溯到 20 世纪 90 年代初。以下是 Python 语言的主要发展阶段和特点：

1. 早期版本(1990—2000 年)

Python 语言最早由荷兰人吉多·范罗苏姆(Guido van Rossum)于 1989 年末启动设计和开发，最初的版本是用 C 语言实现的。在这个阶段，Python 的主要特点是简单、易读和易学，它的设计注重代码的可读性和易于理解。

2. Python 2. x 系列(2000—2008 年)

2000 年 10 月，Python 2. 0 版本发布，在这个阶段内发布了许多小版本。Python 2. x 是 Python 语言的主要版本系列，在 Python 2. x 中，一些重要的功能和语法被引入，Python 开始在工业界得到广泛应用，成为一种流行的通用编程语言。2010 年，Python 2. x 系列发布了最后一个版本，主版本号为 2. 7，用于终结 2. x 系列版本的发展，并且不再进行重大改进。

3. Python 3. x 系列(2008 年至今)

2008 年 12 月，Python 3. 0 版本发布，Python 3. x 是 Python 语言的最新版本系列，旨在解决 Python 2. x 系列中的一些设计缺陷和不一致之处。这个版本系列引入了一些非兼容的语法和变化，以提高 Python 的表达能力和性能。Python 3. x 的主要特点包括更好的 Unicode 支持、print 函数的改进、整数除法的行为改变等。然而，由于向后兼容性的问题，Python 3. x 的广泛采用需要一定的时间。

Python 语言经历了一个漫长而又令人期待的版本更迭过程，从 2008 年开始，用 Python 编写的几万个标准库和第三方库开始了版本升级过程，直到 2016 年，所有 Python 重要的标准库和第三方库都已经在 Python 3. x 版本下进行了演进和发展。Python 语言版本升级过程宣告结束。

（三）Python 语言的最小程序

Python 语言的最小程序是只包含一个语句的简单代码。如下：

```
print("Hello World")
```

这个程序只有一行代码，使用了内置函数 print( )来输出字符串“Hello World!”，运行结果如图 2－1 所示：

```
Hello World
```

图 2－1　最小程序运行结果

这是一个非常简单且完整的 Python 程序，它展示了 Python 语言的基本语法和结构。要注意的是，上述语句“Hello World”是字符串，其两侧的引号是 Python 语法的一个组成部分，要求采用英文的半角引号，不能使用中文的全角引号。

（四）Python 语言的特点

Python 语言是一种广受欢迎的编程语言，具有很多区别于其他语言的特点。Python 语言最重要的三个特点是：语法简洁、生态丰富、多语言集成。

1. 语法简洁

Python 的语法设计简洁，强调可读性和简单性，接近自然语言，只有 35 个保留字，易于理解。实现相同程序功能，Python 语言的代码行数仅相当于其他语言的 1/10 至 1/5。

2. 生态丰富

Python 拥有一个庞大而活跃的生态系统，提供了广泛的第三方库和工具。这些库覆盖了各个领域，从科学计算到 Web 开发、数据分析、机器学习等。因此，Python 被广泛用于不同的领域。

3. 多语言集成

Python 具有出色的多语言集成能力，它可以轻松地与其他编程语言（如 C/C++、Java、R 等）进行交互，达到对多种编程语言的集成。这不仅可以结合已有其他语言生态扩大 Python 计算生态规模，还可以借助其他语言特点显著提高 Python 程序的执行速度。

Python 语言除了这三个最重要的特点外，还有一些其他的特点：

与平台无关：Python 是一种解释型语言，Python 程序可以在任何安装了 Python 解释器的计算机环境中执行。因此，它可以在不同的操作系统上不经修改地运行。

强制可读：Python 注重代码的可读性，它使用缩进来体现语句之间的逻辑关系，强制开发人员进行良好的代码格式化，这使得代码更易于理解和维护。

支持中文：Python 支持使用中文作为变量名、函数名和注释等标识符，这使得中文用户可以更方便地编写代码，表达自己的思想和意图。

模式多样：Python 是一种多范式编程语言，支持面向对象编程(OOP)、函数式编程(FP)以及过程式编程(PP)。这使得开发人员可以根据项目需求选择合适的编程范式，提高代码的可维护性和可扩展性。

类库便捷：Python 拥有广泛的类库和模块，受益于其丰富的生态系统，这些类库涵盖了各种功能和领域，包括网络编程、数据处理、图形处理、机器学习等。使用 pip 命令可以用行代码安装类库，使用保留字 import 可以用一行语句引入并使用类库中的函数。通过使用这些类库，开发人员可以快速构建复杂的应用程序，提高开发效率。

总的来说，这些特性使 Python 成了一个灵活且强大的编程语言。无论是初学者还是经验丰富的开发人员，都可以从 Python 的易用性和丰富的生态系统中受益。

（五）用 Python 解决大数据问题的优势

在大数据处理方面，相较于其他编程语言，Python 具有很多优势。

1. 容易入门

Python 的语法结构清晰，易于理解和学习，无论是编程新手还是有经验的开发人员都能够迅速上手。

2. 代码简短

Python 的语法设计以简洁性为目标，可以用更少的代码完成相同的功能。相比其他编程语言，Python 能够通过使用高级抽象和内置函数库来简化复杂的任务，这使得编写、调试和维护大数据处理代码更加高效。

3. 安装要求低

Python 可以在各种操作系统上运行，并且安装过程相对简单。Python 官方提供了方便的安装程序和安装文档，用户可以根据自己的操作系统选择适当的版本并按照操作指南进行安装。此外，Python 的许多核心库和第三方库也可以通过包管理工具(如 pip)进行快速安装和更新。

4. 使用方便

Python 拥有丰富的标准库和第三方库，可以轻松地进行数据处理、分析和可视化。例如，NumPy 和 Pandas 等库提供了高效的数据处理和分析功能，而 Matplotlib 和 Seaborn 等库则用于数据可视化。同时，Python 还支持各种数据格式(如 CSV、Excel 等)，并提供了简单易用的 API 来读取和写入这些数据。

Python 的运用不仅可以给日常的财务工作带来诸多便利，比如计提固定资产折旧、编制预算等，还能广泛应用于财务分析，比如获取财务数据进行对比分析等。作为新时代的财务工作者，要具备财务职能变革与转型的意识，要能够接受新事物、新技术，并将新技术运用于财务工作中，有序推进财务工作的开展。

二、搭建 Python 开发环境

搭建 Python 开发环境的主要目的是提供一个良好的工作环境，使用户能够高效地编写、测试和运行 Python 代码。搭建 Python 开发环境有三种方式，分别是搭建 Python 运行环境、PyCharm 运行环境、Anaconda 运行环境。本书以计算机 Windows 10 操作系统为例，来介绍安装 Python 程序和搭建 Python 开发环境。

（一）搭建 Python 运行环境

搭建 Python 运行环境要下载和安装 Python 解释器。我们可以从 Python 官方网站（https：//www. python. org）下载适用于计算机操作系统的最新稳定版本。如图 2－2 所示，该计算机是 64 位操作系统，那我们就要在官网中的 Downloads 模块下选择 Windows 选项，然后下载与之相匹配的 Python 开发工具包。由于 Python 3. x 是 Python 语言的最新版本系列，因此，我们优先下载 Python 3 版本。

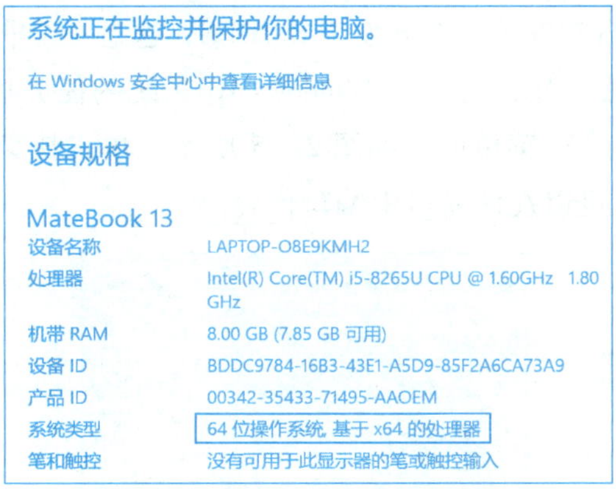

图 2－2 查看计算机操作系统位数

从官网下载 Python 后，按照安装向导的指示进行安装，选择默认选项即可。安装结束后要测试 Python 是否安装成功，具体操作如下：在 Windows 10 系统的任务栏中找到搜索，输入“cmd”命令（如图 2－3 所示），然后按 Enter 键，启动命令窗口；在当前的命令提示符后面输入“python”，按 Enter 键，如果出现图 2－4 所示的信息，则说明 Python 安装成功，可以在图中看到 Python 的版本、该版本发行时间等信息。

图 2－3 输入命令

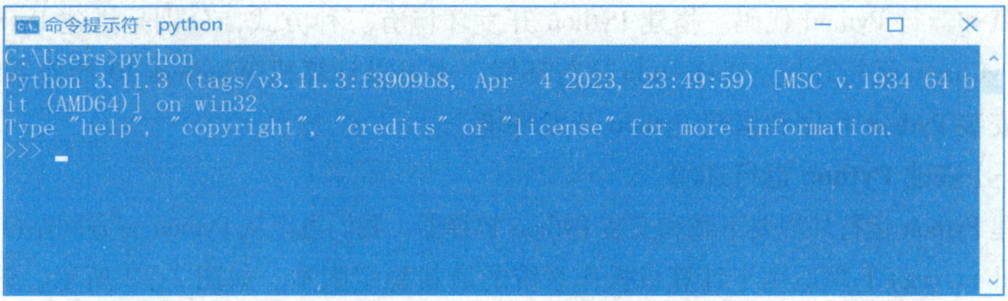

图 2-4　安装成功

到这里，Python 软件已安装完毕，用户可以在该界面编写 Python 程序了，但由于这个界面操作不太方便。因此，不建议初学者使用这个界面来学习 Python。

安装 Python 后，会自动安装一个开发工具 IDLE，这是一个非常简洁的集成开发环境，方便进行 Python 程序开发。用户可以在 Windows 10 系统的任务栏中搜索“idle”，会看到“IDLE(Python 3.11 64-bit)”菜单项，如图 2-5 所示。单击该菜单项后，会显示图 2-6 所示的 IDLE 窗口，用户可以在该窗口中编写代码。

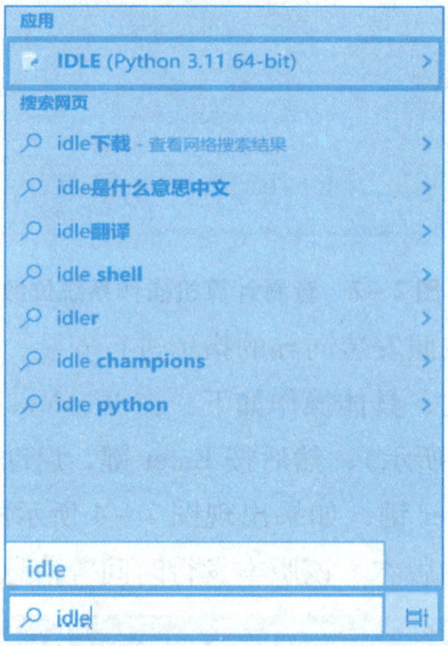

图 2-5　打开 IDLE

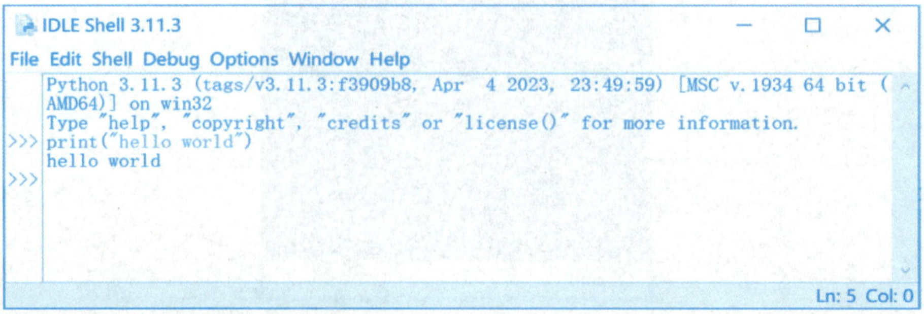

图 2-6　运行程序“hello world”

虽然 IDLE 能够提供简洁的集成开发环境，但这个界面依然不是初学者理想的编程界面。此外，官方提供的 Python 环境需要通过安装拓展包才能实现数据分析和科学计算等功能，这对初学者来说也是一大考验，我们需要更加友好的软件编写环境。

（二）搭建 PyCharm 运行环境

PyCharm 是一款功能强大的 Python 集成开发环境，能自动提示关键字输入、自动标识程序错误，方便阅读，对初学者来说是非常友好的 Python 学习工具。

搭建 PyCharm 运行环境要下载和安装 PyCharm。我们可以进入 PyCharm 官方网站（https：//www.jetbrains.com），然后选择“Developer Tools”菜单下的“PyCharm”选项，下载适用于 Windows 操作系统的版本。PyCharm 提供了专业版与社区版两个版本以供用户下载：专业版功能更全，但要收费；社区版可以免费使用，但功能和使用权限方面受到一些限制。对于个人用户而言，社区版也能够满足用户的需求。因此，我们可以下载社区版软件。

从官网下载安装 PyCharm 软件后，可以在下载文件夹中看到 PyCharm 安装包，双击 PyCharm 安装包按照安装向导的指示进行安装，注意在安装设置选项界面勾选“PyCharm Community Edition”，安装完成后，桌面会出现 PyCharm 程序的快捷方式，方便后续使用，如图 2 –7 所示。同时在该界面设置关联文件（Create Associations），勾选“. py”左侧的复选框，这样以后再打开“. py”类型的文件时，会默认调用 PyCharm。

图 2 –7　PyCharm 快捷方式

通过 PyCharm 可以非常直观地看到 Python 程序的建立、编译和运行过程，对初学者来说是比较容易接受的，但要使用功能更全面的 PyCharm 专业版，需要支付一定的费用，并且在 PyCharm 运行环境中使用第三方库时通常还需要进行安装。因此，对于初学者来说，还可以寻找更加友好、更具人性化的 Python 学习工具。

（三）搭建 Anaconda 运行环境

Anaconda 是一个用于科学计算和数据科学的 Python 发行版和环境管理器。它不仅具备了 Python 的基本功能，还包含了许多常用的第三方库和工具包，在用户安装了 Anaconda 后，就可以立即使用这些库进行数据处理和数据分析，无须单独安装和配置这些库，这对初学者更加友好。

Anaconda 集成了多种数据分析的工具和库，如 NumPy、Pandas、Matplotlib 等，NumPy 是用于进行数值计算的基础库，它提供了高性能的多维数组对象和相应的操作函数，处理大规模数据非常高效。Pandas 是一个数据分析库，提供了高性能、易用的数据结构和数据分析工具。Matplotlib 是一个用于创建可视化图形的库，它支持绘制各种类型的图表，包括折线图、柱状图等，使得数据可视化变得简单而强大。Anaconda 的集成工具和库为用户提供了一个一站式的数据分析环境，帮助用户方便地进行数据处理、数据分析、数据可视化等。

搭建 Anaconda 运行环境需要下载 Anaconda 安装包，我们可以从清华大学开源软件镜像站（https：//mirrors. tuna. tsinghua. edu. cn/anaconda/archive）下载，下载时要注意下载与计算机操作系统相匹配的最新版 Anaconda 安装包。

安装完成后，Anaconda 会提供 Anaconda Navigator 和 Jupyter Notebook 等集成开发环境，可加快开发和交互式数据分析的速度。Anaconda Navigator 是 Anaconda 的一个可视化界面，它主要用来管理和运行 Anaconda 中的工具和库。通过 Anaconda Navigator，用户可以轻松地启动 Jupyter Notebook、运行代码、安装新的包、创建和管理环境等。Jupyter Notebook 是 Anaconda 集成环境中自带的代码编辑器，它是一个网页程序，以网页的形式打开交互式编程。Jupyter Notebook 的使用类似于文档的结构，将代码、文本说明和可视化结果组织在一个可滚动的网页中，每个笔记本以“. ipynb”文件格式保存。如图 2 – 8 所示：

图 2 – 8　Jupyter 代码编辑网页

从图 2 – 8 可以看出，Jupyter Notebook 的代码编辑网页设计得非常简洁和直观，用户可以专注于代码编写和分析工作。

综上所述，搭建 Python 开发环境的三种方式中，无论是从代码编辑界面的视觉美观度上，还是从实用性的角度出发，搭建 Anaconda 运行环境都是我们的上佳选择。因此，本书将通过搭建 Anaconda 运行环境来帮助大家学习和掌握 Python 语言，并将 Python 运用于实际财务工作中。

任务二 搭建 Anaconda 开发环境

工作任务描述

深圳米多物联科技有限公司的财务部员工出于实用性的考虑选择搭建 Anaconda 开发环境，并想尝试编写出自己的第一个程序，为后续学习和运用 Python 奠定一个良好的基础。

工作任务分析

在本任务中，财务工作者首先要搭建好 Python 开发环境；然后编写一个简短的与财务工作相关的 Python 程序。财务工作者学会编程后，就能利用大数据技术来处理财务工作了。

任务知识储备

以计算机 Windows 10，64 位操作系统为例来介绍如何搭建 Anaconda 运行环境。

一、Anaconda 下载

Python 开发环境搭建

通过网址 https://mirrors.tuna.tsinghua.edu.cn/anaconda/archive 进入清华大学开源软件镜像站，选择与计算机操作系统相匹配的最新版 Anaconda 安装包，单击“下载”，保存至 D 盘。具体操作界面如图 2－9、图 2－10 所示：

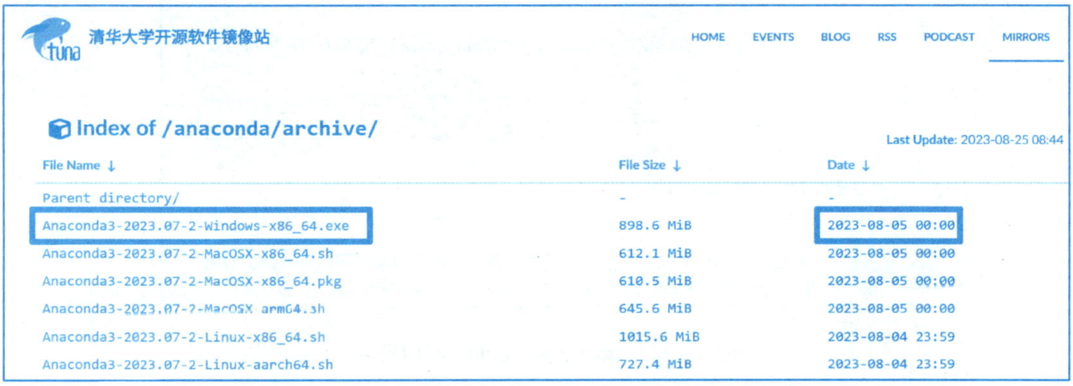

图 2－9 选择合适的 Anaconda 安装包

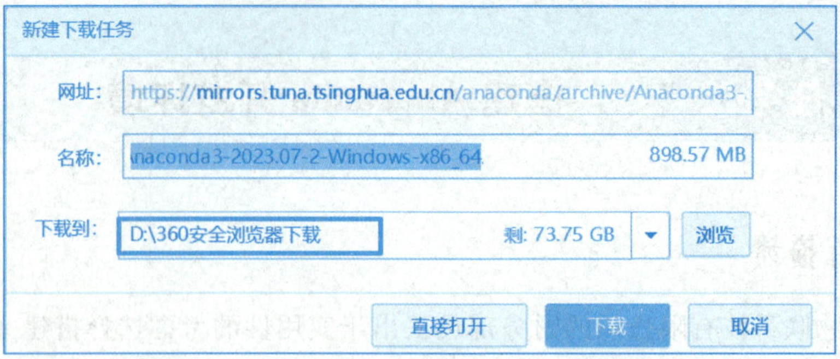

图 2－10　将 Anaconda 安装包下载保存至 D 盘

下载完成后，可以在下载文件夹中看到 Anaconda3 应用程序，如图 2－11 所示：

图 2－11　下载完成

二、Anaconda 安装

双击已下载的应用程序“Anaconda3-2023. 07-2-Windows-x86_64. exe”，点击“运行”，按照提示依次单击“Next”“I Agree”。具体操作界面如图 2－12、图 2－13 和图 2－14 所示：

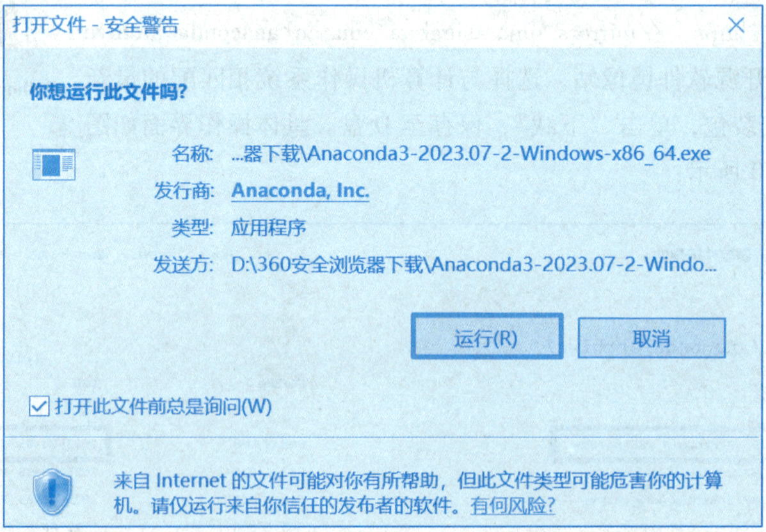

图 2－12　运行 Anaconda3 运用程序

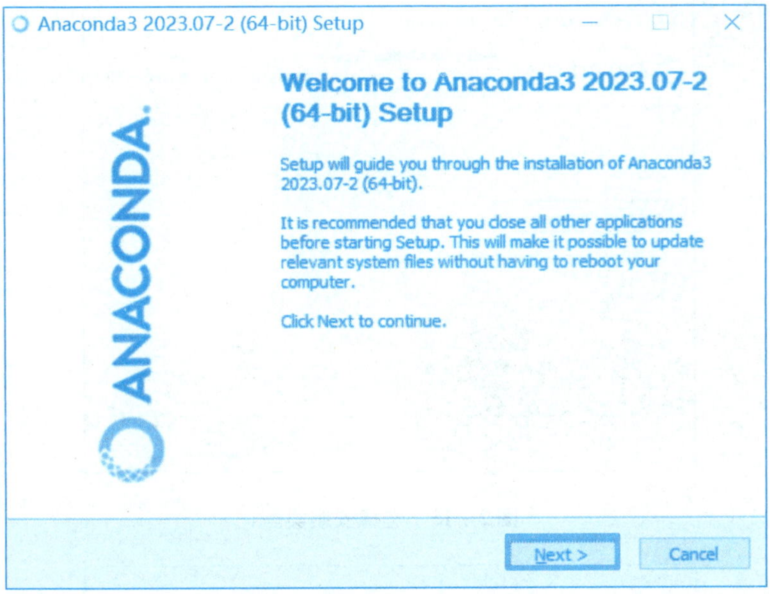

图 2－13　进入下一步安装流程

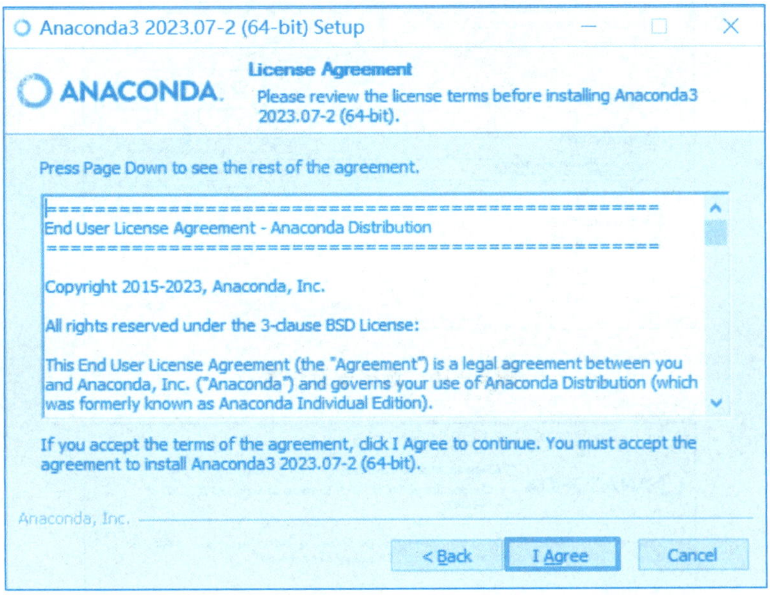

图 2－14　同意安装 Anaconda3

进入安装程序后，需要选择安装类型和安装位置，安装类型即解决为谁安装这个问题，这里可以选择“Just Me”；然后点击“Next”；安装位置这里选择安装在 D 盘的新建文件夹 anaconda3 中。具体如图 2－15、图 2－16、图 2－17 所示：

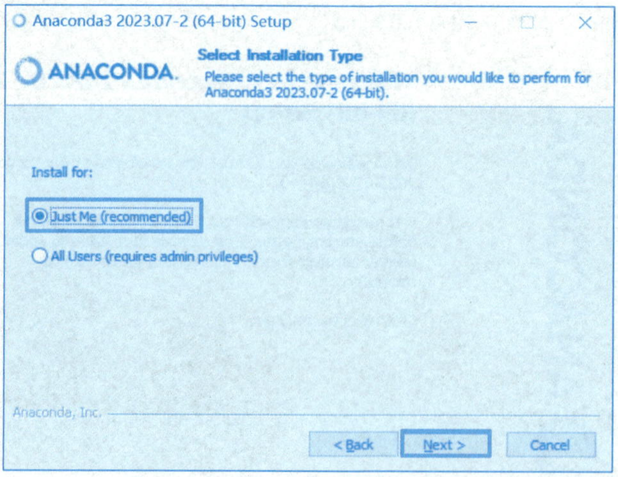

图 2－15　选择安装类型

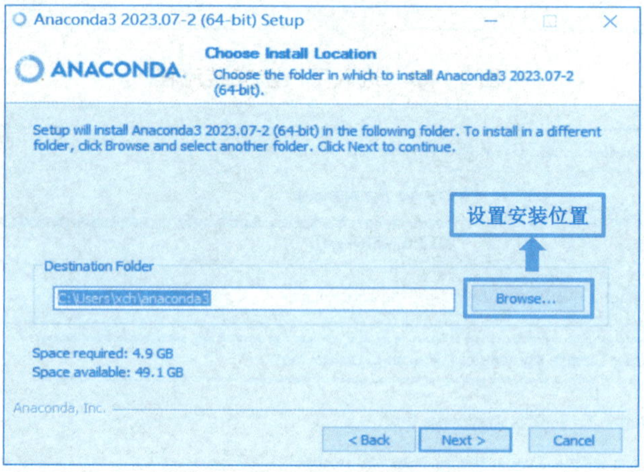

图 2－16　选择安装位置

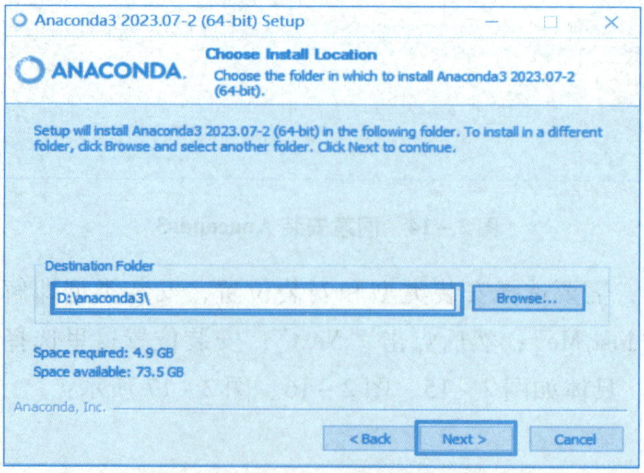

图 2－17　确定安装位置

安装过程中还需要对自定义选项进行勾选，这里一共涉及四个选项，第一个选项是创建开始菜单快捷方式。第二个选项是将 Anaconda3 添加到 PATH 环境变量中，这里不建议勾选，因为这可能会导致与其他应用程序发生冲突，有可能还会导致 Anaconda3 安装后无法打开 Jupyter 网页。第三个选项是 Anaconda3 默认推荐的 Python 3.11，允许其他程序，如 VSCode、PyCharm 等。第四个选项是完成后清除缓存，这个选项，我们在安装时也不勾选，虽然清除缓存可以恢复一些磁盘空间，但有可能影响某些功能的正常使用。勾选完自定义选项后，点击“Install”，开始安装 Anaconda3。具体如图 2－18、图 2－19 所示：

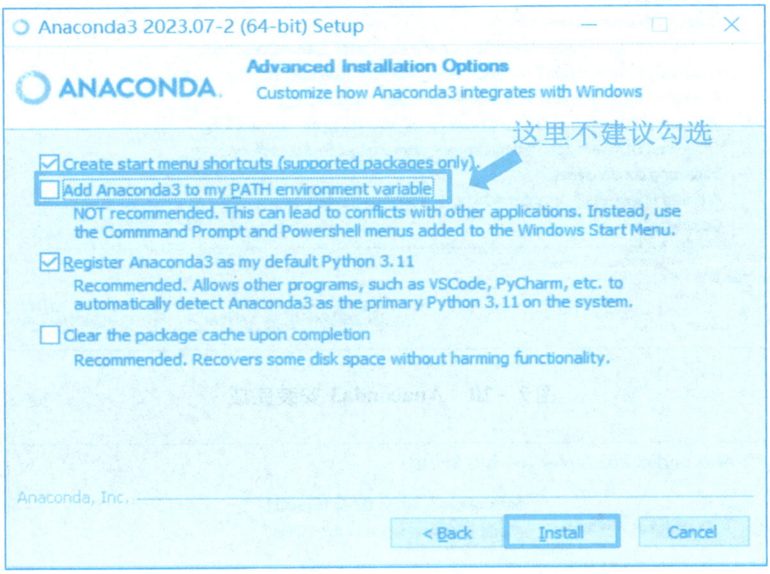

图 2－18　勾选自定义选项

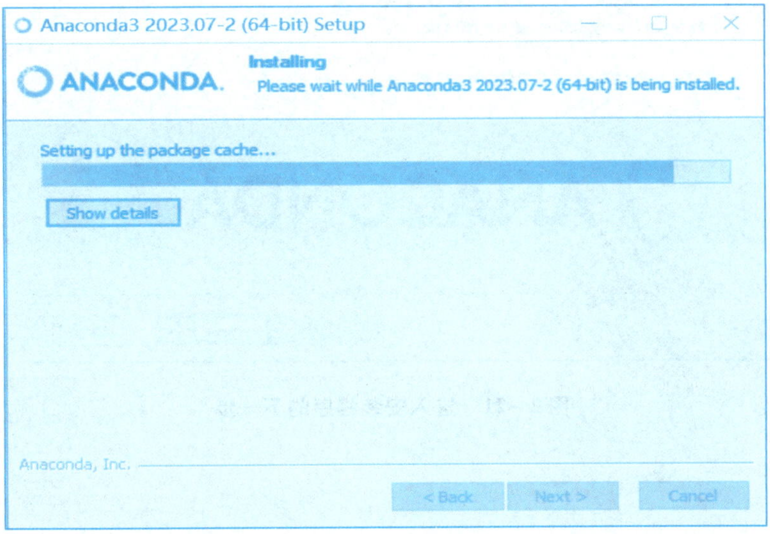

图 2－19　Anaconda3 安装过程

安装完成后出现“successfully”则表示 Anaconda3 已经安装好了，接下来按照安装向导点击“Next”和“Finish”结束安装流程。具体如图 2－20、图 2－21 和图 2－22 所示：

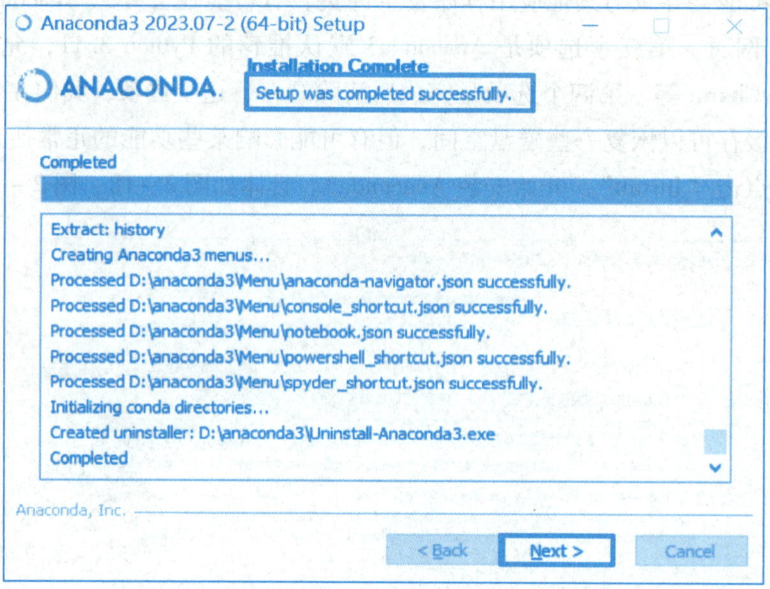

图 2－20　Anaconda3 安装完成

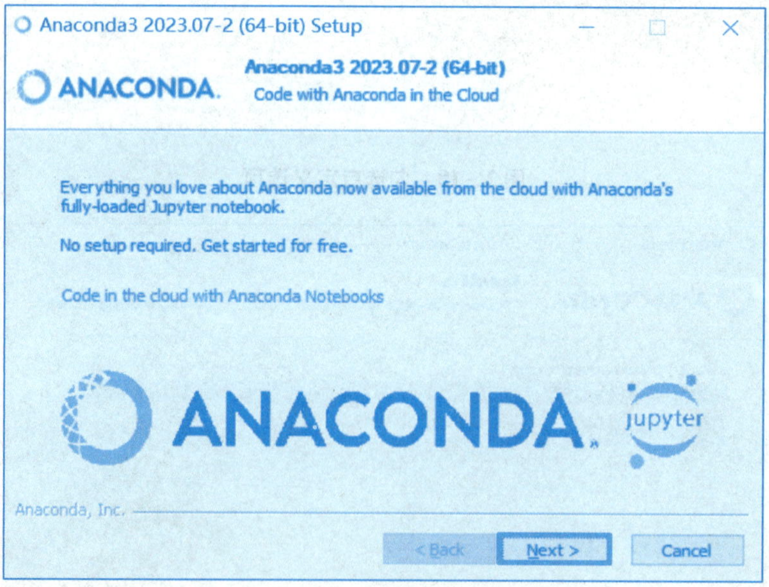

图 2－21　进入安装程序的下一步

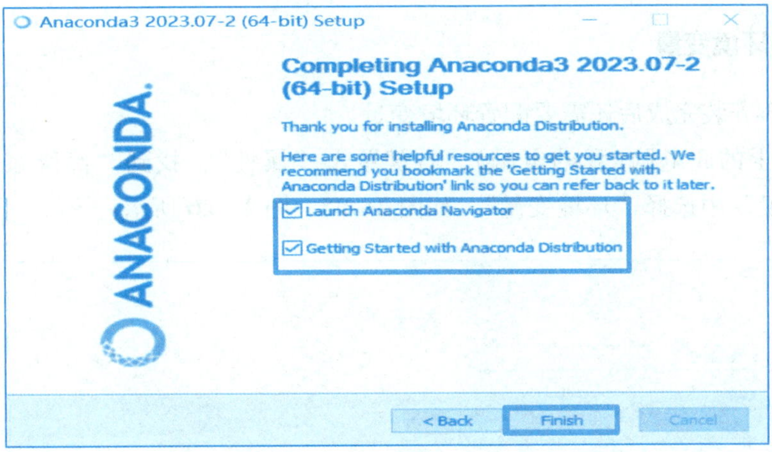

图 2－22　结束 Anaconda3 安装流程

需要说明的是图 2－22 中的两个选项可以勾选，也可以不勾选，如果勾选的话，会自动跳出两个网页，关掉即可，如图 2－23、图 2－24 所示：

图 2－23　自动跳转网页 1

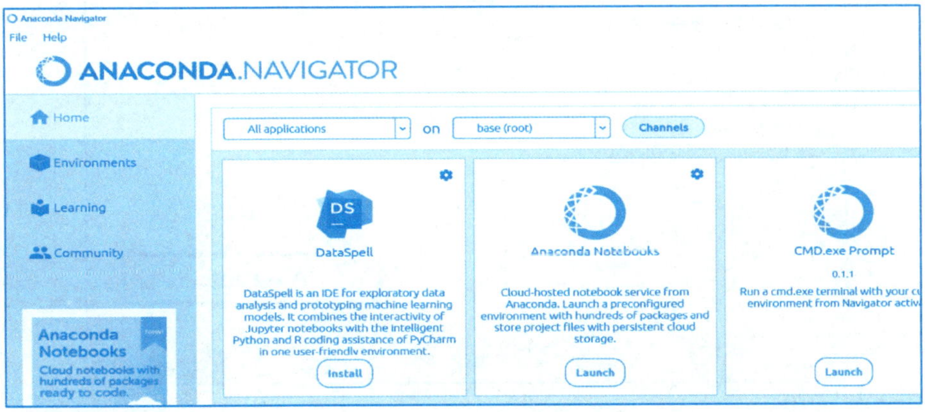

图 2－24　自动跳转网页 2

三、配置环境变量

Anaconda3 安装完成后还需要配置环境变量。

找到桌面上的此电脑(我的电脑)，右键单击“属性”，找到“高级系统设置”，在“高级系统设置”中选择“环境变量”。如图 2 – 25、图 2 – 26 所示：

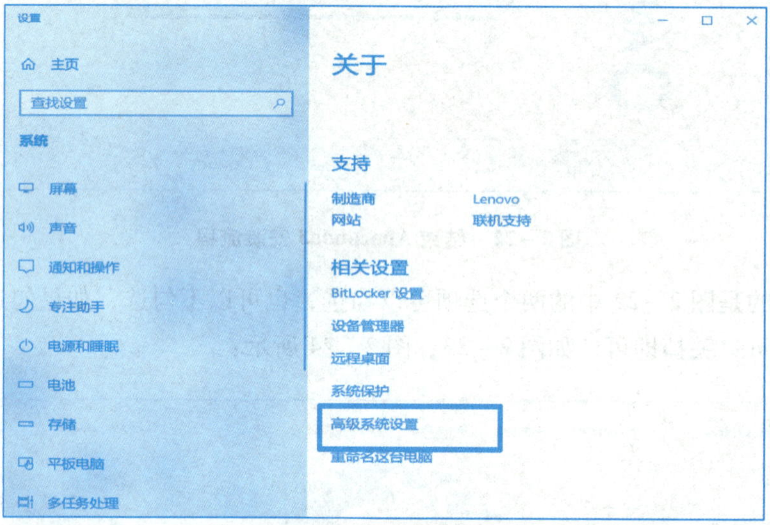

图 2 – 25　计算机设置界面

图 2 – 26　高级系统设置界面

打开环境变量，选中“系统变量(S)”中的“Path”，然后单击“编辑(E)”。如图 2－27 所示：

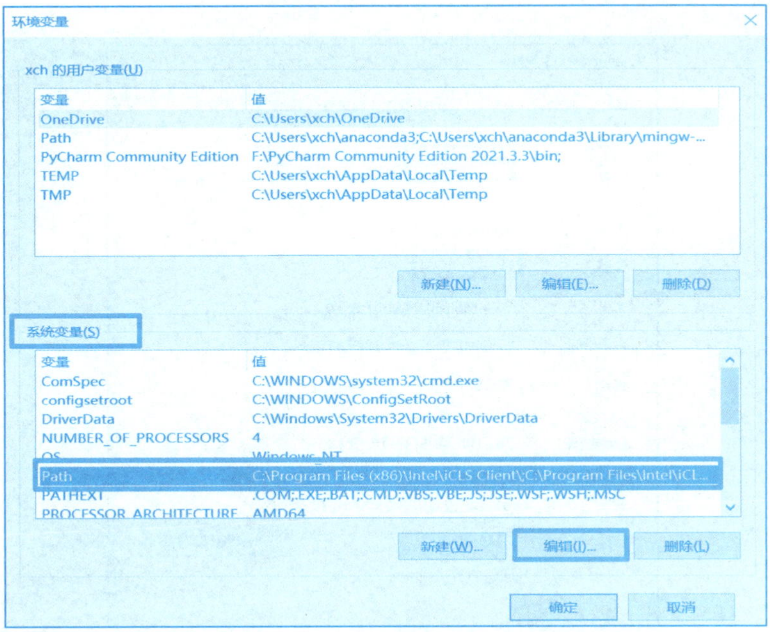

图 2－27　环境变量设置界面

新建环境变量时，上一步单击“编辑(E)”选项后，便可以编辑环境变量了，这里我们需要用到“新建”功能。如图 2－28 所示：

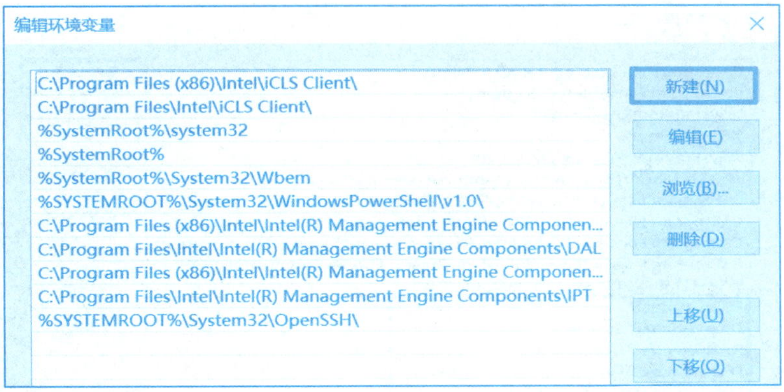

图 2－28　环境变量编辑界面

在新建环境变量时，我们需要知道 Anaconda3 文件的位置，首先打开 D 盘，选中 anaconda3 文件，然后右键单击“属性”，界面如图 2－29 所示。通过位置可以看出 anaconda3 文件夹的路径为“D:\anaconda3”，然后在编辑环境变量的界面点击“新建”，将“D:\anaconda3”添加到环境变量中，以此类推，我们还要新建 4 条环境变量，分别是“D:\

anaconda3\Scripts”“D:\anaconda3\Library\bin” “D:\anaconda3\Library\mingw-w64\bin” “D:\anaconda3\Library\usr\bin”，环境变量设置完成后，单击“确定”，如图 2－30、图 2－31 所示。

图 2－29　查找 anaconda3 的属性

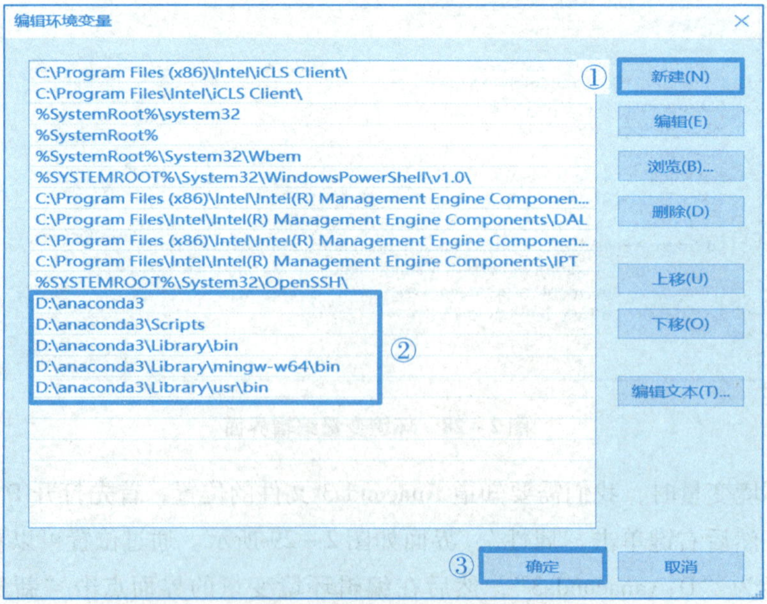

图 2－30　设置环境变量

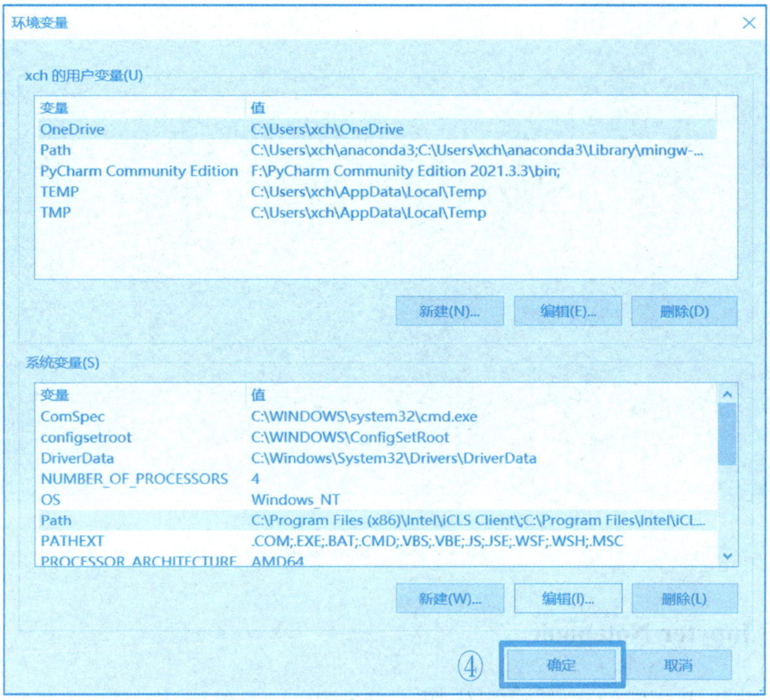

图 2－31　退出环境变量窗口

全部安装完毕后，单击“win”键可以看到 Anaconda 提供的主要工具和应用程序，包括 Anaconda Navigator、Jupyter Notebook 和 Spyder 等，如图 2－32 所示。

图 2－32　Anaconda 的主要工具和应用程序

四、测试 Anaconda 运行环境

安装结束后要测试 Anaconda 是否安装成功，具体操作还是在 Windows 10 系统的任务栏中找到搜索，输入“cmd”命令，然后单击“Enter”键，启动命令提示符窗口；然后在命令提示符后面输入“Python”，按“Enter”键，如果出现图 2－33 所示的信息，则说明 Python 安装成功，可以在图中看到 Python 的版本、该版本发行时间等信息。

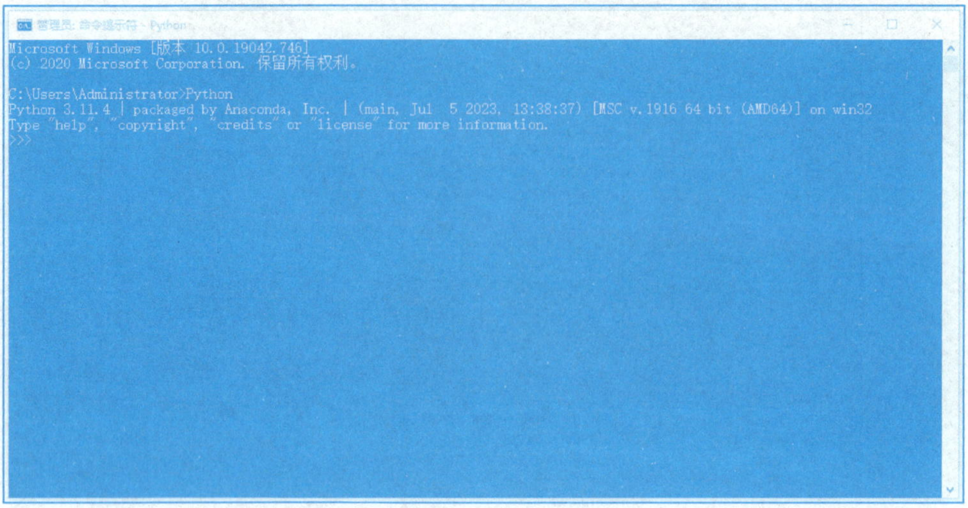

图 2－33　安装成功

五、打开 Jupyter Notebook

Anaconda 安装成功后便可以编写代码，运行 Python 程序了。Jupyter Notebook 是 Anaconda 集成环境中自带的代码编辑器，它是一个网页程序，以网页的形式打开交互式编程。具体操作如下：首先，在 Windows 10 系统的任务栏中找到搜索，输入“Jupyter Notebook”，会出现图 2－34 所示的界面；其次，单击启动“Jupyter Notebook”程序后，会弹出图 2－35 所示的界面；再次，会自动跳转到 Jupyter 网页，如图 2－36 所示；最后，单击“New”选项下的“Python 3”会出现图 2－37 所示的界面，在这个网页上我们就可以编辑和运行代码了。

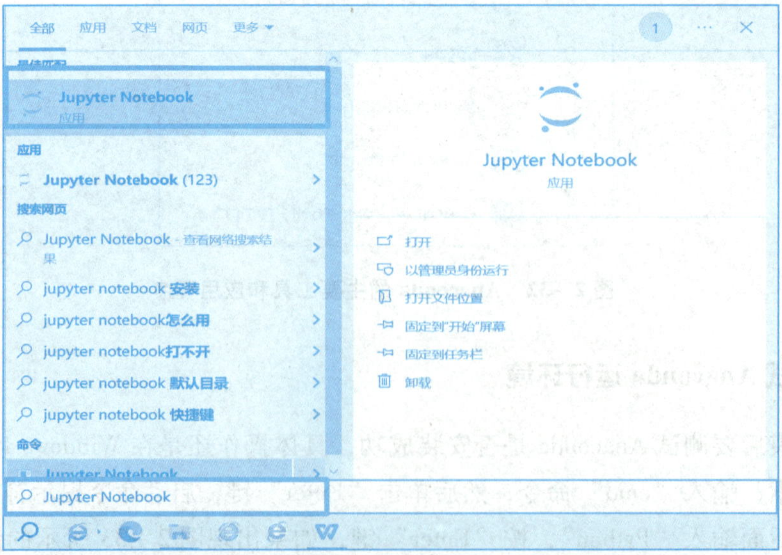

图 2－34　在任务栏中搜索 Jupyter Notebook

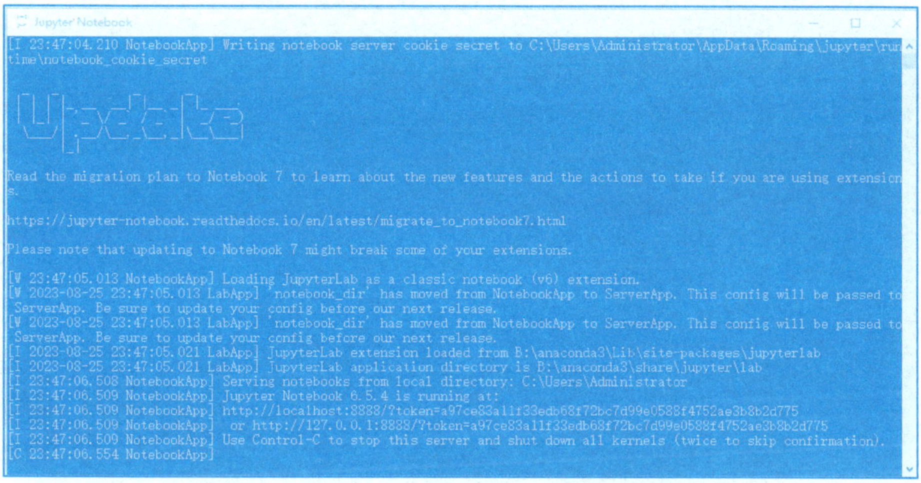

图 2－35　Jupyter Notebook 程序运行界面

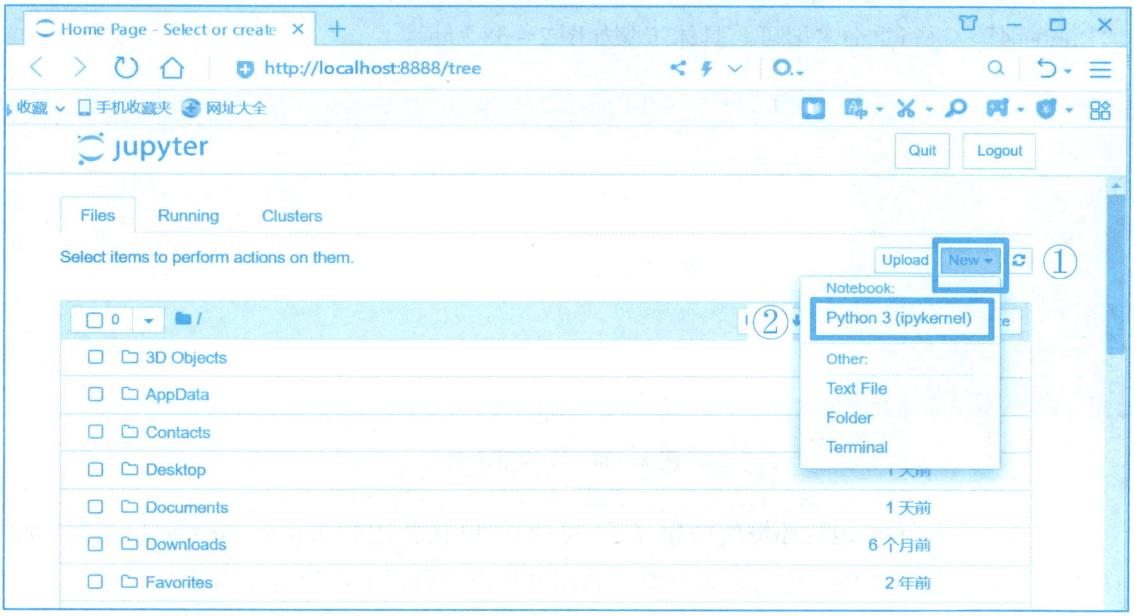

图 2－36　Jupyter Notebook 网页界面

在 Jupyter Notebook 界面中，可以看到文件和文件夹的列表，用户可以在这里导航到自己存储 Jupyter Notebook 文件的目录。

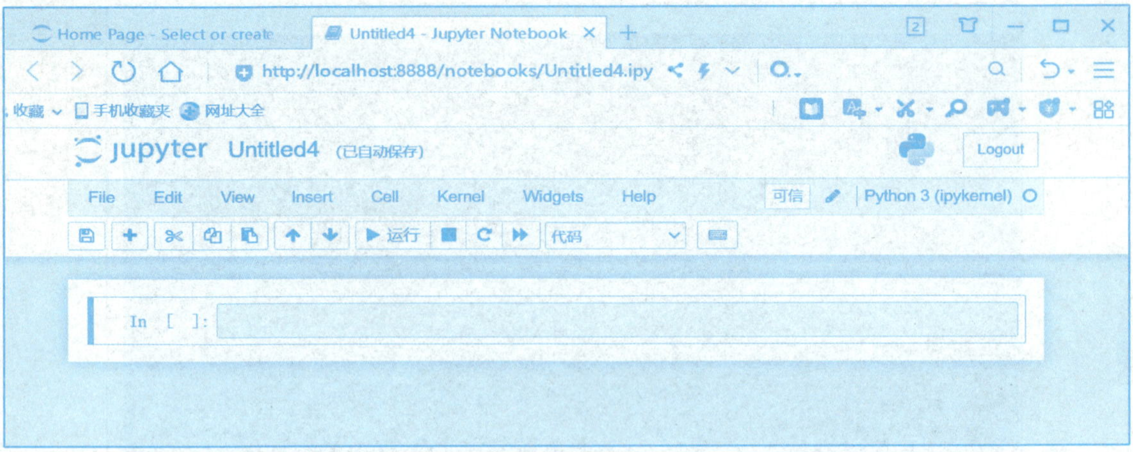

图 2－37　Jupyter Notebook 代码编辑与运行网页

如果想修改新建的这个 Jupyter Notebook 网页文件的名字，可以点击图 2－37 中的“Untitled4”，进行重命名即可。具体步骤如图 2－38 所示：

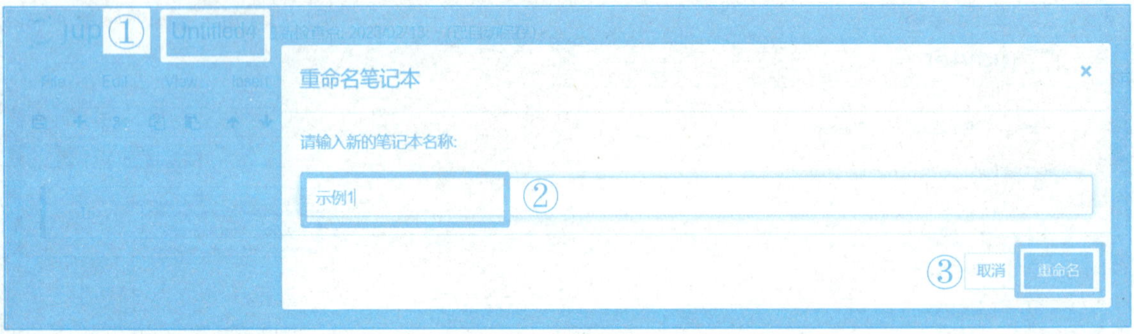

图 2－38　文件重命名

到此，Anaconda 运行环境就搭建好了，我们可以在新建的 Jupyter Notebook 网页文件中编写代码、运行代码，进行数据计算、数据分析以及数据的可视化输出等。

工作任务实施

编写自己的第一个 Python 程序。

步骤 1：打开 Jupyter Notebook 代码编辑器，操作步骤如下：

(1)在 Windows 10 系统的任务栏中找到搜索，输入“Jupyter Notebook”；

(2)运行“Jupyter Notebook”程序，弹出 Jupyter Notebook 窗口；

(3)自动跳转至 Jupyter Notebook 网页；

(4)创建一个新的 Jupyter Notebook 代码编辑与运行窗口。

步骤 2：在 Jupyter Notebook 代码编辑与运行网页上写入 Python 语言，代码如下：

```
print("库存现金")
```

运行代码，结果如图 2－39 所示：

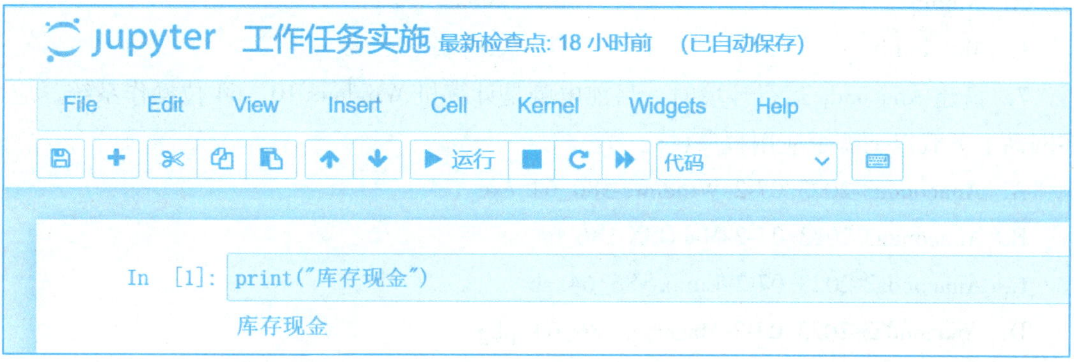

图 2－39 代码运行结果

从图 2－39 可以看出，Python 程序不仅支持英文，也支持中文。我们在前面已经学习了 Python 语言的最小程序，以此类推，我们看到的 print( )语句中“库存现金”也是字符串，编程时一定要采用英文的半角引号，否则计算机会报错。

技能训练

一、单项选择题

1. Python 语言起源于(　　)。

A. 1989 年　　B. 1990 年

C. 1980 年　　D. 1988 年

2. Python 中(　　)的主要作用是进行数据分析和预处理。

A. NumPy　　B. Pandas

C. SciPy　　D. PyCharm

3. Python 注重代码的可读性，它使用缩进来体现语句之间的(　　)关系，强制开发人员进行良好的代码格式化，这使得代码更易于理解和维护。

A. 包含　　B. 并列

C. 逻辑　　D. 递进

4. 使用(　　)可以用行代码安装类库。

A. input 命令　　B. remove 命令

C. import 命令　　D. pip 命令

5. (　　)是迄今为止最接近人类语言的高级计算机语言。

A. C 语言　　　　B. C++ 语言

C. Python　　　　D. Java 语言

6. (　　)是 Python 科学计算的基础工具包。

A. NumPy　　　　B. Pandas

C. Matplotlib　　　　D. SciPy

7. 搭建 Anaconda 运行环境时，目前电脑是计算机 Windows 10，64 位操作系统，应当在网站上下载以下哪个应用程序(　　)。

A. Anaconda3-2023. 07-2-Windows-x86_64. exe

B. Anaconda3-2023. 07-2-MacOSX-x86_64. sh

C. Anaconda3-2023. 07-2-Linux-x86_64. sh

D. Anaconda3-2023. 07-2-MacOSX-x86_64. pkg

8. (　　)是 Anaconda 集成环境中自带的代码编辑器。

A. Anaconda Navigator　　　　B. Jupyter Notebook

C. Spyder　　　　D. Anaconda Prompt

9. 在 Jupyter Notebook 网页中，每个笔记本以(　　)文件格式保存。

A. . c　　　　B. . xls

C. . py　　　　D. . ipynb

10. 搭建以下哪种运行环境是我们学习 Python 的最佳选择(　　)。

A. Anaconda　　　　B. PyCharm

C. Python　　　　D. Python3

二、多项选择题

1. Python 数据分析的“三剑客”有(　　)。

A. NumPy　　　　B. Matplotlib

C. Pandas　　　　D. C 语言

2. Python 语言的发展经历了哪几个阶段(　　)。

A. 早期版本　　　　B. Python 2. x 系列

C. Python 3. x 系列　　　　D. Python 4. x 系列

3. 以下关于 Python 语言的最小程序 print("Hello World")的说法正确的有(　　)。

A. 只有一行代码

B. 使用内置函数 print( )来输出

C. 字符串两侧的引号只能采用英文的半角引号

D. 字符串两侧的引号只能采用中文的半角引号

4. Python 语言最重要的三个特点有(　　)。

A. 语法简洁　　B. 生态丰富
C. 使用难度大　　D. 多语言集成

5. Python 语言其他特点包括(　　)。
A. 平台无关　　B. 强制可读
C. 支持中文　　D. 模式多样

6. 用 Python 解决大数据问题的优势包括(　　)。
A. 容易入门　　B. 代码简短
C. 安装要求低　　D. 使用方便

7. Matplotlib 可以绘制哪些数据可视化图形(　　)。
A. 折线图　　B. 柱状图
C. 散点图　　D. 饼图

8. Anaconda 不仅具备了 Python 的基本功能，还包含了哪些常用的第三方库和工具包(　　)。
A. NumPy　　B. Pandas
C. SciPy　　D. Matplotlib

9. Anaconda 安装完毕后，会提供哪些主要工具和应用程序(　　)。
A. Anaconda Navigator　　B. Jupyter Notebook
C. Spyder　　D. Anaconda Prompt

10. 安装结束后要测试 Anaconda 是否安装成功，我们需要在任务栏中找到搜索，输入(　　)命令，然后按“Enter”键，启动命令窗口；然后在命令提示符后面输入(　　)，再按“Enter”键。
A. cmd　　B. Python
C. cta　　D. Anaconda

三、判断题

1. Python 语言不仅可以使用 Python 语言编写程序，还能够将 C 或 C++ 等其他编程语言代码封装后以 Python 语言方式使用。　　(　　)

2. 实现相同程序功能，Python 语言的代码行数比其他语言更复杂。　　(　　)

3. Python 语言只可以安装在商用机器笔记本计算机上，不支持多种操作系统。　　(　　)

4. Python 语言易于学习和使用，入门快，编码的时间较短，且拥有充足的学习资源。　　(　　)

5. Python 提供了丰富的第三方库，实现或封装了很多功能，这又进一步提高了 Python 语言程序开发的效率。　　(　　)

6. Python 语言的最小程序是只包含一个语句的简单代码。（　　）
7. Python 仅支持使用英文作为变量名、函数名和注释等标识符。（　　）
8. Matplotlib 是一个数据可视化库，提供了高性能、易用的数据结构和数据分析工具。（　　）
9. Jupyter Notebook 是一个网页程序，以网页的形式打开交互式编程。（　　）
10. 对初学者而言，Anaconda 是最佳的 Python 学习工具。（　　）

四、实操题

1. 在自己的电脑上搭建 Anaconda 运行环境。
2. 编写自己的第一个 Python 程序。

项目小结

项目	任务列表	学习内容
Python 开发环境搭建	任务一 选择适合财务人员应用的 Python 开发环境	Python 数据分析“三剑客”
		Python 语言的发展
		Python 语言的最小程序
		Python 语言的特点
		用 Python 解决大数据问题的优势
		搭建 Python 运行环境
		搭建 PyCharm 运行环境
		搭建 Anaconda 运行环境
	任务二 搭建 Anaconda 开发环境	Anaconda 下载
		Anaconda 安装
		配置环境变量
		测试 Anaconda 运行环境
		打开 Jupyter Notebook

项目三

财务数据的输入与输出

项目目标

知识目标

1. 掌握财务数据的基本输出函数；
2. 掌握财务数据的格式化输出；
3. 掌握财务数据的输入函数。

技能目标

1. 能够运用 print( ) 函数对财务数据进行单行与多行输出；
2. 能够结合实际需求对财务数据进行格式化输出；
3. 能够运用 input( ) 函数进行财务数据输入。

素质目标

1. 树立财务职能变革与转型的意识；
2. 具备人机交互的规则意识；
3. 具备精益求精的工匠精神。

德技并修

千里之行，始于足下

李华是深圳米多物联科技有限公司的财务主管，负责统筹财务部门的工作，并定期对公司财务状况和经营成果进行分析，以期改善经营管理，提高公司的经济效益。他经常在财经网站浏览下载同行业公司的财务报表，计算分析各个公司的偿债能力、盈利能力和营运能力等，以此来预估公司在该行业中所处的位置以及与同行业公司相比存在的不足。但这些公司涉及众多的财务数据，逐个下载并对数据进行处理，工作量较大且容易出错，李华在接触大数据技术后便开始思考如何利用大数据技术合法地抓取网络数据，提高自己的工作效率。他迫不及待地想学习如何运用 Python 技术进行网络爬虫，想爬取财经网页上所有同行业公司的财务数据和财务指标，但一开始就遇到了一个问题，他不知道如何将爬取到的财务数据进行输出与保存。

思考与启示

李华的故事告诉我们，“千里之行，始于足下”。虽然大数据及大数据技术对我们而言是一个全新的事物，存在许多未知与不确定性，但只要我们始终保持积极的思维方式，不畏惧困难，对自己充满信心，相信自己的能力，不仅能适应大数据时代到来，还能运用大数据技术解决财务工作中遇到的问题。此外，无论是学习一门新技能，创立一家新企业还是追求人生的幸福，第一步可能显得微不足道，但它是通往成功的起点。对大数据技术的学习亦是如此，要从最基本的数据输入、输出开始，由点到面，由浅入深，不能急于求成。

项目任务描述

财务工作对内服务于管理层，参与经营决策，改善经营管理；对外服务于债权人、投资者等，获取外部资金支持。无论是对内还是对外，都需将财务信息准确无误地呈现在利益相关者面前。随着大数据时代到来，深圳米多物联科技有限公司的财务人员开始逐步形成了财务职能变革与转型的意识，为了适应时代的变革，财务部门的每位员工都搭建了 Anaconda 运行环境并开始学习 Python，以便更好地将 Python 运用于财务工作中。深圳米多物联科技有限公司的财务人员可以先了解 print( ) 函数与 input( ) 函数来完成财务数据的基本输出与输入工作。

项目知识图谱

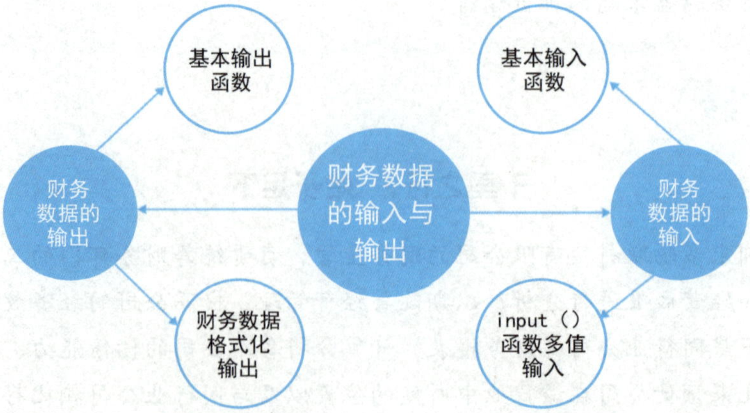

项目任务分解

项目三 财务数据的输入与输出	任务一 在 Python 中进行财务数据的输出
	任务二 在 Python 中进行财务数据的输入

任务一 在 Python 中进行财务数据的输出

工作任务描述

深圳米多物联科技有限公司的总经理想大概了解公司员工的一些基本情况，包括姓名、年龄、工资等，财务部小李在接触 Python 后，想运用 print( )函数来格式化输出财务人员的基本信息。深圳米多物联科技有限公司财务部人员信息一览表如表 3－1 所示。

表 3－1　深圳米多物联科技有限公司财务部人员信息一览表

姓名	年龄	工资
小张	34 岁	5647.65 元
小明	29 岁	4735.62 元
小李	26 岁	3826.56 元
小刘	22 岁	3268.12 元

工作任务分析

在本任务中，员工信息中既有文本类型的数据，也有整数、小数等数值类型的数据。对财务数据进行输出时，首先要选择恰当的输出函数，并明确其基本用法；其次，因实际工作中的一些特殊要求，需要对财务数据进行格式化输出，在这种情况下，就需要选用恰当的格式符。

任务知识储备

财务数据输出函数

一、基本输出函数

在 Python 中，常见的用于输出的函数是 print( )函数。print( )函数用于向控制台输出文本或变量的值。

其基本语法格式如下：

```
print("输出内容")
```

括号中的输出内容可以是字符串、数字以及包含运算符的表达式的计算结果。

（一）输出字符串

在 Python 中，字符串(String)是一种表示文本数据的数据类型。它是由字符组成的有序序列，可以包含字母、数字、标点符号和其他特殊字符。在 Python 中，字符串使用引号来引用，是为了告诉解释器哪部分内容应该被视为字符串数据。引号用于表示字符串的开始和结束，从而帮助解释器识别字符串的边界。

【示例 3－1】输出"欢迎进入财务大数据应用的学习"。

实现代码如下：

```
print("欢迎进入财务大数据应用的学习")
```

运行代码，结果如图 3－1 所示：

```
欢迎进入财务大数据应用的学习
```

图 3－1　输出"欢迎进入财务大数据应用的学习"

Python 中可以使用单引号(')、双引号(")或三引号('''或""")来表示字符串。选择使用哪种引号取决于个人偏好，它们在大多数情况下是等效的，但引号必须成对使用。例如【示例 3－1】的代码也可以写成【示例 3－2】的代码。

【示例 3－2】输出"欢迎进入财务大数据应用的学习"。

实现代码如下：

```
print('欢迎进入财务大数据应用的学习')
print('''欢迎进入财务大数据应用的学习''')
print("""欢迎进入财务大数据应用的学习""")
```

运行代码，结果如图 3－2 所示：

```
欢迎进入财务大数据应用的学习
欢迎进入财务大数据应用的学习
欢迎进入财务大数据应用的学习
```

图 3－2　输出"欢迎进入财务大数据应用的学习"

如果输出的内容本身包含单引号，例如要输出"应收账款'200 万'"，则不能使用单引号，要使用双引号或者三引号，否则会提示错误。

【示例 3－3】输出"应收账款'200 万'"。

实现代码如下：

```
print("应收账款'200 万'")
或者
```

```
print('''应收账款'200 万'''')
或者
print("""应收账款'200 万'""")
```

运行代码，结果如图 3－3 所示：

```
应收账款'200万'
```

图 3－3　输出“应收账款‘200 万’”

此外，三引号还可以用来多行输出财务信息，具体代码如【示例 3－4】所示。

【示例 3－4】分两行输出“应收账款 应付账款”。

实现代码如下：

```
print('''应收账款
应付账款''')
```

运行代码，结果如图 3－4 所示：

```
应收账款
应付账款
```

图 3－4　输出“应收账款　应付账款”

（二）输出数字或者计算表达式

数字和表达式代表数值或计算结果，它们不是字符串类型的数据。因此，在 Python 中，数字和表达式通常不需要使用引号，而是直接将要输出的数字或计算表达式写在 print( )函数的括号里。

【示例 3－5】输出数字或计算表达式。

实现代码如下：

```
print(2500)
print(2500 + 3500)
```

运行代码，结果如图 3－5 所示：

```
2500
6000
```

图 3－5　【示例 3－5】运行结果

需要注意的是，如果表达式被引号引用，计算机会将表达式识别为字符串，运行 print

( )函数后，会以原样的方式输出，不会计算表达式的值。

【示例 3－6】运用 print( )进行数据输出。

实现代码如下：

```
print(2500 +3500)
print("2500 +3500")
```

运行代码，结果如图 3－6 所示：

```
6000
2500+3500
```

图 3－6 【示例 3－6】运行结果

从图 3－6 可以看出，第二条代码中的表达式 2500 +3500 被双引号引用后，计算机将其识别为字符串，并以原样的方式输出字符串“2500 +3500”，而不是计算结果 6000。

（三）一次输出多个内容

在编程中，有时需要一次性输出多个内容来提高程序效率，增加输出的可读性和可控性，并满足特定需求。最常见的方法是用英文逗号将 print( )语句中的内容进行分隔。

【示例 3－7】在同一行一次输出多个内容。

实现代码如下：

```
print("借","应收账款","5000")
```

运行代码，结果如图 3－7 所示：

```
借 应收账款 5000
```

图 3－7 在同一行一次输出多个内容

从图 3－7 可以看出，在同一行一次输出多个内容时，各内容之间默认空格隔开。如果在实际工作中，对间隔号有特定要求的，可以在 print( )函数中使用 sep 参数。

语法格式如下：

```
print(输出内容，sep ='间隔号')
```

sep 参数的作用是用指定的分隔符把一个输出对象分割成多个对象，如果没有指定的话，其默认是一个空格。同时 sep 参数也可以与转义字符一起使用，比如要实现换行输出，可以使用转义字符“\n”。

【示例 3－8】在 print( )函数中使用 sep 参数，以“－”为间隔，输出“银行存款－

建设银行－商学院支行”。

实现代码如下：

```
print("银行存款","建设银行","商学院支行", sep = "-")
```

运行代码，结果如图3－8所示：

```
银行存款-建设银行-商学院支行
```

图3－8 sep参数以“－”为间隔

【示例3－9】在print( )函数中使用sep参数，分四行输出“收入：55000 成本：4000”。

实现代码如下：

```
print("收入:", "55000", "成本:", "4000", sep = "\n")
```

运行代码，结果如图3－9所示：

```
收入:
55000
成本:
4000
```

图3－9 使用sep参数实现多行输出

财务数据格式化输出

二、财务数据格式化输出

在实际工作中，对财务信息的处理往往有固定的格式要求，比如数字前面要带货币符号、财务数据要求四舍五入等，这就需要我们对财务数据进行格式化输出。在Python中，格式化输出的方式有很多种，比如使用占位符(%)、format( )方法或f-string等。本书主要介绍在print( )函数中使用占位符(%)的方法，具体包括以十进制整数格式输出(%d)、以浮点数格式输出(%f，%e)以及以字符串格式输出(%s)。

(一)以十进制整数格式输出

以十进制整数格式输出需要使用格式符%d。

基本语法格式为：

```
print("%d" %要输出的内容)
```

【示例3－10】变量a＝67854，变量b＝98.65，以十进制整数格式输出变量a和b的数值。

实现代码如下：

```
a=67854                           # a的值为67854
b=98.65                           # b的值为98.65
print("%d"%a)                     # 以整数格式输出a的值
print("%d"%b)                     # 以整数格式输出b的值
print("%5d"%b)                    # 以整数格式输出b的值，指定占位符宽度为5，右对齐
print("%-5d"%a,"%d"%b)            # 以整数格式输出a和b的值，指定a的占位符宽度为5，左对齐
```

运行代码，结果如图 3-10 所示：

```
67854
98
   98
67854 98
```

图 3-10　以十进制整数格式输出数值

从变量 b 的输出结果可以看出，浮点数以整数格式输出时，只取其整数部分输出，不进行四舍五入。

（二）以浮点数格式输出

以浮点数格式输出能够使用的格式符有两种，分别是%f 和%e。两种格式符的表达方式是不同的，%f 表示以基本浮点数方式输出，%e 表示以科学计数法方式输出。浮点数格式输出方式，如表 3-2 所示。

基本语法格式为：

```
print("%f" %要输出的内容)
print("%e" %要输出的内容)
```

表 3-2　浮点数格式输出方式

格式符	含义
%f	保留小数点后面 6 位有效数字输出，不足 6 位的补 0
%.nf	四舍五入保留小数点后面 n 位有效数字输出
%e	保留小数点后面 6 位有效数字，以科学计数法形式输出
%.ne	四舍五入保留小数点后面 n 位有效数字，以科学计数法形式输出

【示例 3-11】 变量 a=6788773331.6575，分别以基本浮点数方式和科学计数法方式对 a 变量进行格式输出。

实现代码如下：

```
a = 6788773331.6575
print("%f" % a)       # 保留小数点后面6位有效数字输出
print("%.2f" % a)     # 四舍五入保留小数点后面2位有效数字输出
print("%.0f" % a)     # 四舍五入输出整数部分
print("%e" % a)       # 保留小数点后面6位有效数字，以科学计数法输出
print("%.2e" % a)     # 四舍五入保留小数点后面2位有效数字，以科学计数法输出
```

运行代码，结果如图 3－11 所示：

```
6788773331.657500
6788773331.66
6788773332
6.788773e+09
6.79e+09
```

图 3－11　以浮点数格式输出数值

从图 3－11 中第三行输出结果可以看出，当指定小数位数为 0 时，输出结果为四舍五入取整数部分。

（三）以字符串格式输出

字符串的格式化输出需要使用格式符%s，在实际工作中，可以结合实际需求通过不同的书写方式来进行格式设置。字符串输出方式如表 3－3 所示。

基本语法格式为：

```
print("%s" % 要输出的内容)
```

表 3－3　字符串输出方式

格式符	含义（m 和 n 均为正整数）
%s	原样输出字符串
%ms	右对齐，占位符 m 位
%-ms	左对齐，占位符 m 位
%.ns	从字符串的左边截取 n 个字符输出
%m.ns	从字符串的左边截取 n 个字符输出，占位符 m 位，右对齐
%-m.ns	从字符串的左边截取 n 个字符输出，占位符 m 位，左对齐

【示例 3－12】按以下要求进行字符串格式输出。

(1) 原样输出字符串“财务数据格式化输出”。

(2)右对齐，占位符 20 位输出字符串“财务数据格式化输出”。

(3)左对齐，占位符 20 位输出字符串“财务数据格式化输出”，原样输出字符串“python”。

(4)从字符串“财务数据格式化输出”的左边截取 2 个字符输出。

(5)从字符串“财务数据格式化输出”的左边截取 2 个字符输出，占位符 10 位，右对齐。

(6)从字符串“财务数据格式化输出”的左边截取 2 个字符输出，占位符 10 位，左对齐，原样输出字符串“python”。

实现代码如下：

```
print("%s" %"财务数据格式化输出")        # 字符串原样输出
print("%20s" %"财务数据格式化输出") # 占位20位输出，右对齐，不够则补位
print("%-20s" %"财务数据格式化输出","python") # 占位20位输出，左对齐，不够则补位；原样输出python
print("%.2s" %"财务数据格式化输出") # 自左侧截取2个字符输出
print("%10.2s" %"财务数据格式化输出") # 自左侧截取2个字符输出，占位10位，右对齐
print("%-10.2s" %"财务数据格式化输出","python") # 自左侧截取2个字符输出，占位10位，左对齐；原样输出python
```

运行代码，结果如图 3－12 所示：

```
财务数据格式化输出
           财务数据格式化输出
财务数据格式化输出            python
财务
        财务
财务         python
```

图 3－12　使用格式符%s 格式输出字符串

技能拓展提升

❖数据格式化输出

占位符%d、%f、%e、%s 在 print( )语句中不仅可以单独使用，还可以一次格式化输出多个内容。此时，占位符%d、%f、%e、%s 可以出现在 print( )语句的任意位置。

【示例 3－13】多个占位符同时使用，格式化输出多个内容。

实现代码如下：

```
print("%s 公司 2023 年末资产总额%d 万元，负债总额%d 万元，资产负债率%.2f" %("甲", 500, 300, 0.6))
```

运行代码，结果如图 3－13 所示：

```
甲公司2023年末资产总额500万元，负债总额300万元，资产负债率0.60
```

图 3－13　一次格式化输出多个内容

工作任务实施

运用 print( )函数与格式符输出财务部门员工的基本信息，代码如下：

```
print("我是%s，今年%d 岁，每月工资%.2f 元" %("小张", 34, 5647.65))
print("我是%s，今年%d 岁，每月工资%.2f 元" %("小明", 29, 4735.62))
print("我是%s，今年%d 岁，每月工资%.2f 元" %("小李", 26, 3826.56))
print("我是%s，今年%d 岁，每月工资%.2f 元" %("小刘", 22, 3268.12))
```

运行代码，结果如图 3－14 所示：

```
我是小张，今年34岁，每月工资5647.65元
我是小明，今年29岁，每月工资4735.62元
我是小李，今年26岁，每月工资3826.56元
我是小刘，今年22岁，每月工资3268.12元
```

图 3－14　格式化输出财务部门员工信息

任务二　在 Python 中进行财务数据的输入

工作任务描述

深圳米多物联科技有限公司每个季度末都要核算本季度的营业收入、营业成本和净利润等，以便横向与纵向对比分析公司的盈利能力，调整经营管理策略。财务人员小明在接触 Python 后，想运用 input( )函数来接收公司 2024 年 1—3 月份的营业收入，以便财务工作的开展与实施。深圳米多物联科技有限公司 1—3 月营业收入汇总表如表 3－4 所示。

表 3－4　　深圳米多物联科技有限公司 1—3 月营业收入汇总表

月份	营业收入（万元）
1 月	120.5
2 月	110.6
3 月	112

工作任务分析

在本任务中，财务数据的输入首先需要用到基本输入函数 input( ) 函数；其次，按照电脑上的提示信息输入数据，并按回车键，Python 程序便会接收到我们录入的数据。在此基础上，通过后续编程，我们可以进行财务指标计算与盈利能力分析。

任务知识储备

财务数据输入函数

一、基本输入函数

在 Python 中，常见的用于输入的函数是 input( ) 函数。input( ) 函数通常用来接收外部输入的数据，返回的终止值是字符串类型的数据，它允许程序与用户进行交互，从而形成互动式的沟通。

二、input（ ）函数单值输入

input( ) 函数用于从用户获取单行文本输入，基本语法格式如下：

```
input("输入提示信息")
```

括号中的“输入提示信息”是指在调用 input( ) 函数时，向用户显示的一个提示消息，以便用户知道需要输入什么样的数据。如果用户不输入提示信息，代码运行后光标会一直闪烁，不会有任何内容输出。

【示例 3－14】通过 input( ) 函数输入代码为 1002 的科目名称。

实现代码如下：

```
name = input("请输入代码为 1002 的科目名称：")  # 提示输入内容
print(name)  # 将输入的内容进行输出
```

运行代码，结果如图 3－15 所示：

请输入代码为1002的科目名称：

图 3－15　【示例 3－14】运行后的结果

在光标闪烁处输入“银行存款”后，按回车键，结果如图 3－16 所示：

```
请输入代码为1002的科目名称：银行存款
银行存款
```

图 3－16 输入银行存款运行后的结果

需要特别注意的是，无论从键盘输入的是数值型还是字符串类型的数据，input( )函数返回的值始终是字符串类型。

【示例 3－15】使用 input( )函数输入 NB 门磁探测器 6 月份的销售价格和销售数量，计算出销售收入并输出销售收入的值。

实现代码如下：

```
price = input("请输入 NB 门磁探测器 6 月份的销售价格") # 提示输入该产品6月份的销售价格
quantity = input("请输入 NB 门磁探测器 6 月份的销售数量") # 提示输入该产品6月份的销售数量
print(price, quantity) # 输出输入内容
value_of_sales = price * quantity # 计算销售收入
print(value_of_sales) # 输出销售收入
```

运行代码，结果如图 3－17 所示：

```
请输入NB门磁探测器6月份的销售价格55
请输入NB门磁探测器6月份的销售数量100
55 100

---------------------------------------------------------------------------
TypeError                                 Traceback (most recent call last)
<ipython-input-6-cafa09f446ca> in <module>
      3 quantity=input("请输入NB门磁探测器6月份的销售数量") #提示输入NB门磁探测器6月份的销售数量
      4 print(price,quantity) #输出输入内容
----> 5 value_of_sales=price*quantity #计算销售收入
      6 print(value_of_sales) #输出销售收入

TypeError: can't multiply sequence by non-int of type 'str'
```

图 3－17 【示例 3－15】运行代码并输入数据后的界面

从图 3－17 可以看出，虽然从键盘输入的销售价格和销售数量都是数值型的数据，但 input( )函数接收数据后返回的是一个字符串类型的数据，无法进行后续的数值运算，因此计算机在计算销售收入时开始报错。如果需要将用户输入的数据作为其他类型(例如整数、浮点数等)进行处理，必须进行相应的类型转换。例如，可以使用 int( )函数将字符串转换为整数，使用 float( )函数将字符串转换为浮点数。

【示例 3－16】使用 input( ) 函数输入 NB 门磁探测器 6 月份的销售价格和销售数量，计算出销售收入并输出销售收入的值，用 int( ) 函数进行数据转换。

实现代码如下：

```
price = int(input("请输入 NB 门磁探测器 6 月份的销售价格"))  # 提示输入该产品6月份的销售价格并用int ()进行数据转换
quantity = int(input("请输入 NB 门磁探测器 6月份的销售数量"))  # 提示输入该产品6月份的销售数量并用int ()进行数据转换
print(price, quantity)  # 输出输入内容
value_of_sales = price * quantity  # 计算销售收入
print(value_of_sales)  # 输出销售收入
```

运行代码，结果如图 3－18 所示：

```
请输入NB门磁探测器6月份的销售价格55
请输入NB门磁探测器6月份的销售数量100
55 100
5500
```

图 3－18　【示例 3－16】运行代码并输入数据后的界面

技能拓展提升

❖input( ) 函数多值输入

input( ) 函数默认情况下接收的是单个值，如果要一次输入多个值，可以与 split( ) 函数综合使用。

语法格式如下：

```
input("输入提示信息").split()
```

split( ) 函数不指定分隔符时，默认使用空格作为分隔符。

【示例 3－17】运用 input( ) 函数一次输入（资产、负债和所有者权益）的值，用空格隔开。

实现代码如下：

```
assets, liab, equity = input("请输入资产、负债和所有者权益的值，用空格隔开").split()
print(assets, liab, equity)
```

运行代码，结果如图 3－19 所示：

```
请输入资产、负债和所有者权益的值，用空格隔开500 200 300
500 200 300
```

图 3－19 【示例 3－17】代码运行结果

【示例 3－18】运用 input( )函数一次输入(管理费用、销售费用、财务费用)的值，用逗号隔开。

实现代码如下：

```
glf, xsf, cwf = input("请输入管理费用、销售费用、财务费用的值，用逗号隔开").split(",")
print(glf, xsf, cwf)
```

运行代码，结果如图 3－20 所示：

```
请输入管理费用、销售费用、财务费用的值，用逗号隔开400，200，300
400，200，300
```

图 3－20 【示例 3－18】代码运行结果

【示例 3－17】中 split( )函数不指定分隔符，默认使用空格作为分隔符；【示例 3－18】中 split( )函数指定逗号分隔符，输入数值时，各值之间用逗号隔开。同理，可以根据实际情况，在 split( )函数中指定其他符号作为分隔符。

工作任务实施

运用 input( )函数接收深圳米多物联科技有限公司 1—3 月营业收入并进行输出。代码如下：

```
revenue1 = input("请输入 1 月份营业额：")
revenue2 = input("请输入 2 月份营业额：")
revenue3 = input("请输入 3 月份营业额：")
print(revenue1)
print(revenue2)
print(revenue3)
```

运行代码，结果如图 3－21 所示：

```
请输入1月份营业额：120.5
请输入2月份营业额：110.6
请输入3月份营业额：112
120.5
110.6
112
```

图 3－21 输入输出财务数据

技能训练

一、单项选择题

1. 以下(　　)函数是常用的输出函数。

A. input( )　　B. print( )

C. len( )　　D. type( )

2. print("1234 +2")，运行结果为(　　)。

A. 1234 +2　　B. 1236

C. “1234 +2”　　D. 12342

3. 想输出一句话“财务大数据，我爱 Python!”，应该用以下哪一条命令语句(　　)。

A. print “财务大数据，我爱 Python!”

B. print(财务大数据，我爱 Python!)

C. print(“财务大数据，我爱 Python!”)

D. print("财务大数据，我爱 Python!")

4. 想输出甲公司银行存款“1000 万”。应该用以下哪一条命令语句(　　)。

A. print("甲公司银行存款 1000 万。")

B. print("甲公司银行存款“1000 万”。")

C. print("甲公司银行存款‘1000 万’。")

D. print(‘甲公司银行存款“1000 万”。’)

5. print( )函数要一次输出多个内容，最常见的方法是用(　　)进行分隔。

A. ;　　B. 。

C. ,　　D. ，

6. 可以使用格式符(　　)来实现以十进制整数格式输出数值。

A. %d　　B. %f

C. %e　　D. %s

7. 以基本浮点数格式输出的基本语法格式为(　　)。

A. print('%s' %要输出的内容)

B. print('%d' %要输出的内容)

C. print('%f' %要输出的内容)

D. print('%e' %要输出的内容)

8. 格式符%f 保留小数点后面(　　)位有效数字输出。

A. 4　　B. 6

C. 5　　D. 2

9. 下列各项中，(　　)函数是常用的输入函数。

A. input( )　　B. print( )

C. len( )　　D. type( )

10. 通过 input( )函数接收外部输入的数据，会被强制性转换成(　　)。

A. 数字类型　　B. 字符串类型

C. 整数类型　　D. 浮点数类型

二、多项选择题

1. 下列选项中，字符串的正确表述方式包括(　　)。

A. ('N")　　B. ("N")

C. ('N')　　D. ('''N''')

2. print( )函数可以输出的内容有(　　)。

A. 字符串　　B. 数字

C. 表达式　　D. 表达式的计算结果

3. 想输出固定资产 1500 万，应该用以下(　　)命令语句。

A. print("固定资产 1500 万")　　B. print(“固定资产 1500 万”)

C. print('固定资产 1500 万')　　D. print('''固定资产 1500 万''')

4. 以下通过 print( )函数，输出的是字符串类型数据的有(　　)。

A. print("12345")　　B. print(12345)

C. print("12345 +1")　　D. print("Python")

5. 在 print( )函数中使用占位符(%)的方法可以对财务数据进行格式化输出，具体包括(　　)。

A. %d　　B. %f

C. %s　　D. %n

6. 根据表达方式不同，以浮点数格式输出结果时可以使用的格式符有(　　)方式。

A. %d　　B. %f

C. %e　　D. %s

7. 以下说法中，正确的有(　　)。

A. %f，保留小数点后面 6 位有效数字输出，不足 6 位的补 0

B. %.nf，四舍五入保留小数点后面 n 位有效数字输出

C. %e，保留小数点后面 6 位有效数字，以科学计数法形式输出

D. %.ne，四舍五入保留小数点后面 n 位有效数字，以科学计数法形式输出

8. 以下说法中，正确的有(　　)。

A. %s，原样输出字符串

B. %ms，右对齐，占位符 m

C. %-ms，左对齐，占位符 m 位

D. %.ns，从字符串的左边截取 n 个字符输出

9. 通过 input( )函数接收外部输入的数据后，返回的数据和以下(　　)是同一类型。

A. 1000　　B. True

C. 库存现金　　D. 应收票据

10. 以下说法中，错误的有(　　)。

A. input( )函数接收外部输入的数据后，按“Shift”键后才会显示结果

B. input( )函数接收外部输入的数据后，按“Ctrl”键后才会显示结果

C. input( )函数接收外部输入的数据后，按“Enter”键后才会显示结果

D. input( )函数接收外部输入的数据后，按“Delete”键后才会显示结果

三、判断题

1. 在运用 print( )函数进行财务数据输出时，涉及的标点符号可以是英文状态下输入的，也可以是中文状态输入的。(　　)

2. print 函数输出的均是字符串，不能用来输出数字类型数据。(　　)

3. print("12345")，运行此代码会输出结果 12345，后续能继续进行数值运算。(　　)

4. Python 将无法识别 print('无形资产")这条代码。(　　)

5. 在实际工作中，输出的财务数据往往有固定的格式要求，比如，财务数据处理中金额数据一般要求四舍五入保留小数、数值带货币符号等，这就需要格式化输出。(　　)

6. 占位符%d、%f、%e、%s 可以出现在 print( )语句的任意位置。(　　)

7. %d、%f、%e、%s 只能单独使用，不可以一次格式化输出多个内容。(　　)

8. 通过 input( )函数来接收外部输入的数据，它返回一个数字类型的数据。(　　)

9. 通过 input( )函数来接收外部输入的数据，不能直接进行数值运算。(　　)

10. input( )函数默认情况下接收的是单个值，如果要一次输入多个值，可以与 split( )函数综合使用。(　　)

四、实操题

1. 请用 print( )输出以下内容。

(1)“欢迎来到财务大数据课程”。

(2)500、200+300、“200+300”。

(3)短期借款‘300 万’。

(4) “借　原材料　2000”。

(5) “短期借款－建设银行－商学院支行”。

(6)分三行输出：“库存现金，银行存款，其他货币资金”。

2. 请按要求对数据进行格式化输出。

(1)a＝58646，b＝368.5842，以十进制整数格式输出 a 和 b。

(2)c＝4682.4726，以基本浮点数方式输出 c，四舍五入保留小数点后面 2 位数字。

(3)d＝“财务大数据，我用 Python”，原样输出字符串。

(4)甲公司 1 月份净利润 5268.625 元，用 print( )语句格式化输出甲公司 1 月份净利润(保留 2 位小数)。

3. 请用 input( )函数输入科目代码 2001 的会计科目名称。

项目小结

项目	任务列表	学习内容
财务数据的输入与输出	任务一　在 Python 中进行财务数据的输出	基本输出函数
		十进制整数格式输出
		以浮点数格式输出
		字符串输出
		数据格式化输出
	任务二　在 Python 中进行财务数据的输入	基本输入函数
		input( )函数单值输入
		input( )函数多值输入

项目四

财务数据定义与计算

项目目标

知识目标

1. 了解财务数据的概念；
2. 掌握财务数据的基本类型；
3. 掌握财务数据类型的转换；
4. 掌握财务数据的运算。

技能目标

1. 能够对变量进行赋值、命名；
2. 能够区分财务数据的基本类型并对其进行相关操作；
3. 能够根据实际需求对财务数据的类型进行转换；
4. 能够在 Python 中运用运算符、数值运算函数对数据进行运算。

素质目标

1. 具备遵纪守法的良好品德；
2. 具备边界思维与类比意识；
3. 具备多角度进行思维转换的能力。

德技并修

突破固化思维， 探索新技术在财务中的应用

张晓是深圳米多物联科技有限公司的会计，负责对该公司的经济业务进行核算与管理。张晓在工作过程中一直具备良好的职业素养和专业能力，对待工作认真细致，诚实守

信，会计核算与账务处理没有发生过任何差错，也不存在舞弊行为，始终以法律为准绳，严格遵守各项规章制度，确保财务数据真实有效。同时，张晓极具创新意识，勇于接受新观点，敢于尝试新技术。她积极参加公司组织财务人员学习大数据技术的各类培训，并在学习过程中善于突破固化思维，将大数据技术与财务会计工作灵活地结合起来，优化了公司的财务业务流程，运用新技术对公司生产、销售等各环节的数据进行了采集和分析，全面掌握了企业的成本构成和费用情况，发现并解决了公司一直存在的成本问题，提高了公司的成本控制能力，受到了公司领导的称赞。

思考与启示

张晓的故事告诉我们，财务工作人员要遵守规章制度，守住自己的底线；在专业领域上要刻苦钻研，接受新思想、新观念和新技术，不要受限于固有的思维模式，而要敢于挑战传统观念，寻求新的思考方式。

项目任务描述

深圳米多物联科技有限公司财务部每年都需要结合财务数据进行财务分析，比如分析企业的资本结构是否合理，评估公司的偿债能力、盈利能力和营运能力等，以此来判断公司在所属行业中的水平。这些财务工作都离不开数值运算。为了提高工作效率，确保财务数据的准确性，可以在 Python 中设定变量，通过变量赋值、数值运算函数来计算财务指标，为后续财务分析与经营决策提供依据。

项目知识图谱

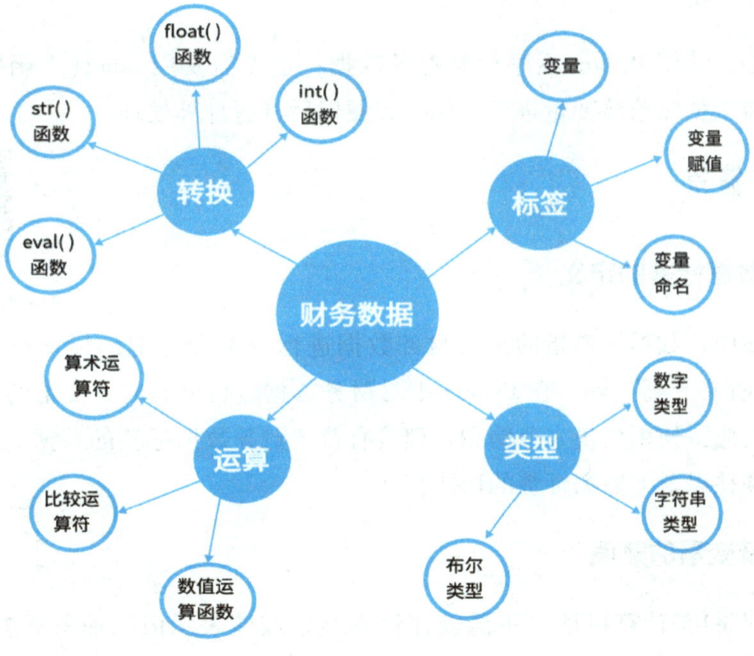

项目任务分解

项目四 财务数据定义与计算	任务一 使用 Python 定义财务数据的标签
	任务二 使用 Python 计算财务数据

任务一 使用 Python 定义财务数据的标签

工作任务描述

深圳米多物联科技有限公司财务部小张想将 2023 年的资产、负债、所有者权益的信息输入 Python 中，并使用变量对这些财务数据进行存储，以便用于计算财务指标。深圳米多物联科技有限公司 2023 年资产负债表部分数据如表 4－1 所示。

表 4－1　深圳米多物联科技有限公司 2023 年资产负债表（部分）　单位：万元

项目	金额	项目	金额
流动资产	200	负债	400
非流动资产	300	所有者权益	100
资产合计	500	负债及所有者权益合计	500

工作任务分析

在本任务中，使用 Python 程序存储财务数据：首先需要用 input( ) 函数输入财务数据；其次需要将数据赋值给变量进行存储，方便以后进行计算处理。

任务知识储备

一、财务数据标签的定义

财务数据的标签：变量

在财务领域中，数据标签指的是对财务数据进行分类和标记的标识符或标签，比如“期初余额”“期末余额”等。在 Python 中对财务数据进行处理时，变量的名称可以与财务数据标签相对应，使用变量来存储和处理具有特定财务数据标签的数据。因此，在财务工作中，变量往往以财务数据标签的形式存在。

二、变量及变量的赋值

变量（Variable）是计算机语言中能储存计算结果或能表示值的抽象概念。简单地说，变量可以看作是用来表示值的盒子，存储各种类型的值，包括数字、文本、布尔值等，在程序的执行过程中可以被读取、修改和赋值。

定义变量的语法格式为：

```
变量名 = 变量值
```

需要注意的是，这里的符号“=”表示的是赋值动作，而不是左边等于右边的意思，即把右边的内容放到左边的变量名当中。

例如：

a = "应收账款"

在这个示例中 a 是变量名，字符串“应收账款”是变量值，通过这条指令，可以将字符串“应收账款”赋值给变量 a。

变量可以存放文本、数字、链接等任何形式的内容，我们可以将不同类型的数据赋值给同一个变量。比如：

name = 123

name = "财务分析"

name = "https://www.python.org/"

【示例 4－1】将不同类型的数据依次赋值给 x 变量，并输出变量 x 的值。

实现代码如下：

```
x = 100                    # 将整数赋值给变量x
x = 120.5                  # 将小数赋值给变量x
x = "我喜欢学 python"       # 将文本赋值给变量x
x = "www.hnswxy.com"       # 将链接赋值给变量x
x = 200 + 30               # 将表达式的值赋值给变量x
print(x)                   # 输出变量x的值
```

运行代码，结果如图 4－1 所示：

```
230
```

图 4－1 【示例 4－1】运行结果

从运行结果可以看出，变量的值不是一成不变的，可以随时修改，重新赋值。但一旦被重新赋值，之前的值就会被覆盖，变量只会保留最后一次赋值的结果。此外，变量赋值时，除了可以赋值单个数据，也可以将表达式的计算结果赋值给变量。

在财务工作中，变量作为财务数据的标签，一旦被定义，便可以通过变量名获取相应的财务数据。

【示例 4－2】已知库存现金期初余额 20000，本期增加 5000，本期减少 4000，通过变量及变量赋值，计算库存现金期末余额。

实现代码如下：

```
a =20000                # 定义期初余额为变量a并赋值20000
b =5000                 # 定义本期增加额为变量b并赋值5000
c =4000                 # 定义本期减少额为变量c并赋值4000
d =a +b -c              # 定义期末余额为变量d并计算结果
print(d)                # 输出期末余额变量d的值
```

运行代码，结果如图 4－2 所示：

```
21000
```

图 4－2　【示例 4－2】运行结果

三、变量的命名

变量是编程语言中最常见的组成部分，规范的变量命名可以提高代码的可读性、可维护性和可理解性。变量命名需遵循以下规则：

（1）变量名要区分大小写，如 Name 和 name 是不同的变量名。

（2）变量名只能包含数字(0—9)、字母(a—z，A—Z)和下划线，通常以字母或下划线开头，但不能以数字开头。如可以将变量命名为 money_1，但不能将其命名为 1_money。

（3）不可以将 Python 的关键字和函数名作为变量名，如 if、from 等不能作为变量名。

（4）变量名长度不限，但要考虑可读性。

Python 的关键字：

```
['False', 'None', 'True', 'and', 'as', 'assert', 'async', 'await', 'break', 'class', 'continue', 'def', 'del', 'elif', 'else', 'except', 'finally', 'for', 'from', 'global', 'if', 'import', 'in', 'is', 'lambda', 'nonlocal', 'not', 'or', 'pass', 'raise', 'return', 'try', 'while', 'with', 'yield']
```

在给变量命名时，大多数程序员习惯使用驼峰命名法：

（1）小驼峰式命名法，将多个单词连接在一起，第一个单词的首字母小写，从第二个单词开始后的每个单词的首字母都大写，如：myName、firstName、totalAmount 等。

（2）大驼峰式命名法，将多个单词连接在一起，每个单词首字母都大写，如 MyName、FirstName、TotalAmount 等。

（3）下划线命名法，是指要求单词与单词之间通过下划线连接，如 my_name、first_name、total_amount 等。

工作任务实施

用 input( )函数接收财务数据，并使用变量进行存储。

实现代码如下：

```
current_assets = input("请输入流动资产金额：")
no_current_assets = input("请输入非流动资产金额：")
liabilities = input("请输入负债金额：")
equity = input("请输入所有者权益金额：")
```

实施结果如图 4－3 所示。

```
请输入流动资产金额：200
请输入非流动资产金额：300
请输入负债金额：400
请输入所有者权益金额：100
```

图 4－3　任务实施结果

任务二　使用 Python 计算财务数据

工作任务描述

深圳米多物联科技有限公司财务部小张想将 2023 年的资产、负债、所有者权益的信息输入 Python 中，并通过变量赋值、数值运算来计算资产负债率，在此基础上判断公司目前资本结构是否合理，以及后续筹资活动中，应优先选择何种筹资方式。深圳米多物联科技有限公司 2023 年资产负债表部分数据如表 4－1 所示。

工作任务分析

在本任务中，使用 Python 程序计算资产负债率：首先需要用 input( )函数输入财务数据；其次，由于 input( )函数的特殊性，需要对 input( )函数接收的数据进行数据类型转换，转换成数字类型的数据才可以进行数值运算；进而计算财务指标，进行财务分析，做出财务决策。

任务知识储备

财务数据的类型

一、财务数据类型的认知

Python 提供了许多的数据类型，比如：数字(number)、字符串(str)、元组(tuple)、列表(list)、字典(dictionary)、集合(set)等，同时也提供了内置函数 type( )来查看数据的类型。在日常的财务工作中，我们会接触大量的凭证、账簿等，这些文件中会涉及会计科目、摘要等字符串类型的财务数据，也会涉及数量、单价、金额等数字类型的财务数据。在本章节，我们将重点学习 Python 的基本数据类型：数字类型、字符串类型以及布尔类型。

(一)数字类型

数字类型是编程语言中表示数值的数据类型，主要包括整数、浮点数和复数。

(1) 整数(int)：表示整数值的数据类型，可以是正数、零或者负数，不带小数点。比如 120、0、-50。

(2) 浮点数(float)：表示带有小数部分的数据类型，由整数部分和小数部分组成。比如：120.50、-50.2。

(3) 复数(complex)：表示具有实数和虚数部分的数值，复数由实数部分和虚数部分组成，虚部以 j 或 J 作为后缀，可以表示为 a+bj 或 a+bJ 的形式，其中 a 是实数部分，b 是虚数部分。

【示例 4-3】在 Python 中创建变量并输出变量的值和变量的类型。

实现代码如下：

```
n1 = 120              # 将120赋值给n1变量
n2 = 120.5            # 将120.5赋值给n2变量
n3 = 120 + 0.5j       # 将120+0.5j赋值给n3变量
print(n1)             # 输出变量n1的值
print(n2)             # 输出变量n2的值
print(n3)             # 输出变量n3的值
print(type(n1))       # 查找并输出变量n1的类型
print(type(n2))       # 查找并输出变量n2的类型
print(type(n3))       # 查找并输出变量n3的类型
```

运行代码，结果如图 4-4 所示：

```
120
120.5
(120+0.5j)
<class 'int'>
<class 'float'>
<class 'complex'>
```

图 4-4 【示例 4-3】运行结果

从图 4-4 可以看出，n1 变量是整数类型、n2 变量是浮点数类型、n3 变量是复数类型。

（二）字符串类型（str）

在 Python 中，字符串(String)是一种表示文本数据的数据类型，是由字符组成的有序序列，是 Python 中最常用的数据类型。表达方式为文字内容加上一对单引号、一对双引号或者一对三引号，选择使用哪种引号取决于个人偏好，它们在大多数情况下是等效的。其中文字内容可以是字母、数字、标点、特殊符号、汉字等。

【示例 4-4】在 Python 中创建变量并输出变量的值和变量的类型。

实现代码如下：

```
m1 = '1001'                  # 将字符串'1001'赋值给m1变量
m2 = "库存现金"               # 将字符串"库存现金"赋值给m2变量
m3 = '''50000'''             # 将字符串'''50000'''赋值给m3变量
print(m1)                    # 输出变量m1的值
print(m2)                    # 输出变量m2的值
print(m3)                    # 输出变量m3的值
print(type(m1))              # 查找并输出变量m1的类型
print(type(m2))              # 查找并输出变量m2的类型
print(type(m3))              # 查找并输出变量m3的类型
```

运行代码，结果如图 4-5 所示：

```
1001
库存现金
50000
<class 'str'>
<class 'str'>
<class 'str'>
```

图 4-5 【示例 4-4】运行结果

从图 4-5 可以看出，m1 变量、m2 变量、m3 变量都是字符串类型。

（三）布尔类型（bool）

布尔类型(Boolean type)是编程语言中表示逻辑值的数据类型，它只有两个取值，分别是真(True)和假(False)。特别注意，Python 是大小写敏感的语言，布尔值的单词 True 和 False 的首字母必须大写。

【示例 4-5】在 Python 中创建变量并输出变量的值和变量的类型。

实现代码如下：

```
c1 = True                  # 将布尔值True赋值给c1 变量
c2 = False                 # 将布尔值False 赋值给c2 变量
print(c1)                  # 输出变量c1 的值
print(c2)                  # 输出变量c2 的值
print(type(c1))            # 查找并输出变量c1 的类型
print(type(c2))            # 查找并输出变量c2 的类型
```

运行代码，结果如图 4－6 所示：

```
True
False
<class 'bool'>
<class 'bool'>
```

图 4－6　【示例 4－5】运行结果

从图 4－6 可以看出，c1 变量、c2 变量都是布尔类型。虽然布尔型数据只有真(True)和假(False)两个值，但布尔型数据可以直接与数值型数据进行运算，运算过程中，True 会识别为 1，False 识别为 0。

【示例 4－6】布尔型数据与数值型数据进行运算。

实现代码如下：

```
a = 5
b = a + True
c = a + False
print(b, c)
```

运行代码，结果如图 4－7 所示：

```
6 5
```

图 4－7　【示例 4－6】运行结果

二、财务数据类型的转换

财务数据类型的转换

在财务工作中，财务数据经常需要进行算术运算，而我们在学习财务数据输入的相关知识点时已了解到 input( ) 函数从键盘接收数据后，最终返回的值是字符串类型的数据，无法继续进行后续运算。为了解决这个问题，在 Python 中，我们可以运用 int( ) 函数、float( ) 函数、str( ) 函数以及 eval( ) 函数来实现整数、小数和字符串类型数据之间的互相转换，方便数据的运算与处理。

（一）int（ ）函数

int（ ）函数是一种常见的内置函数，它用于将其他数据类型转换成整数类型。

语法格式如下：

```
int(x)
```

运行后将 x 转换为一个整数。

1. 将字符串类型转换成整数类型

int（ ）函数可以把整数类型的字符串转换为整数。

【示例 4－7】将字符串“123”转换成整数类型。

实现代码如下：

```
int("123")
```

运行代码，结果如图 4－8 所示：

```
123
```

图 4－8 【示例 4－7】运行结果

【示例 4－8】将字符串“123.65”转换成整数类型。

实现代码如下：

```
int("123.65")
```

运行代码，结果如图 4－9 所示：

```
ValueError                                Traceback (most recent call last)
<ipython-input-22-17467be7f9cb> in <module>
      1 # 【示例4-8】将字符串“123.65”转换成整数类型。
----> 2 int("123.65")

ValueError: invalid literal for int() with base 10: '123.65'
```

图 4－9 【示例 4－8】运行结果

从图 4－9 可以看出，使用 int（ ）函数对一个字符类型的数据进行强制类型转换时，要求输入的字符类型只能为整数，不能为浮点数。

【示例 4－9】将字符串“一二三”转换成整数类型。

实现代码如下：

```
int("一二三")
```

运行代码，结果如图 4 - 10 所示：

```
ValueError                                Traceback (most recent call last)
<ipython-input-23-9c05b5d01783> in <module>
      1 # 【示例4-9】将字符串“一二三”转换成整数类型。
----> 2 int("一二三")

ValueError: invalid literal for int() with base 10: '一二三'
```

图 4 - 10 【示例 4 - 9】运行结果

从图 4 - 10 可以看出，使用 int( ) 函数对一个字符类型的数据进行强制类型转换时，如果不是整数类型的字符串，会出现报错。

2. 把浮点数转换为整数

int( ) 函数也可以把浮点数进行取整并转换为整数。

【示例 4 - 10】将浮点数 123.65 转换成整数。

实现代码如下：

```
int(123.65)
```

运行代码，结果如图 4 - 11 所示：

```
123
```

图 4 - 11 【示例 4 - 10】运行结果

从图 4 - 11 可以看出，使用 int( ) 函数将浮点数转换整数时，不进行四舍五入，而是直接舍弃小数部分。

（二）float ( ) 函数

float( ) 函数也是一种内置函数，它用于将其他数据类型转换成浮点数类型。

语法格式如下：

```
float(x)
```

运行后将 x 转换为一个浮点数。

float( ) 函数可以把数值型的字符串或整数转换为浮点数。

【示例 4 - 11】将整数 123 转换成浮点数。

实现代码如下：

```
float(123)
```

运行代码，结果如图 4－12 所示：

```
123.0
```

图 4－12 【示例 4－11】运行结果

从图 4－12 可以看出，float( )函数将整数转换成浮点数时，会格外增加小数部分。

【示例 4－12】将字符串“123”转换成浮点数。

实现代码如下：

```
float("123")
```

运行代码，结果如图 4－13 所示：

```
123.0
```

图 4－13 【示例 4－12】运行结果

【示例 4－13】将字符串“123.65”转换成浮点数。

实现代码如下：

```
float("123.65")
```

运行代码，结果如图 4－14 所示：

```
123.65
```

图 4－14 【示例 4－13】运行结果

从【示例 4－12】、【示例 4－13】可以看出，float( )函数可以将数值型的字符串转换成浮点数，无论是整数型的还是浮点型的字符串都可以进行处理，整数型的字符串转换成浮点数后也会格外增加小数部分。

（三）str（ ）函数

str( )函数是一种常见的内置函数，它用于将其他数据类型转换成字符串类型。

语法格式如下：

```
str(x)
```

运行后将 x 转换为一个字符串。

str( )函数可以将数字类型转换为字符串类型。

【示例 4－14】将整数 123 转换成字符串。

实现代码如下：

```
str(123)
```

运行代码，结果如图 4－15 所示：

```
'123'
```

图 4－15 【示例 4－14】运行结果

【示例 4－15】将浮点数 123.4 转换成字符串。

实现代码如下：

```
str(123.4)
```

运行代码，结果如图 4－16 所示：

```
'123.4'
```

图 4－16 【示例 4－15】运行结果

我们可以使用 type( )函数查看转换后的数据类型。

【示例 4－16】将浮点数 123.4 转换成字符串并赋值给 a 变量，通过 type( )函数查看 a 变量的类型。

实现代码如下：

```
a = str(123.4)
print(type(a))
```

运行代码，结果如图 4－17 所示：

```
<class 'str'>
```

图 4－17 【示例 4－16】运行结果

（四）eval( )函数

eval( )函数用来执行一个字符串表达式，并返回表达式的值。

语法格式如下：

```
eval("x")
```

运行后去掉字符串“x”最外侧的引号，再执行去掉引号后的字符串表达式。

【示例 4－17】运用 eval( )函数对字符串“1234”进行数据处理。

实现代码如下：

```
eval("1234")
```

运行代码，结果如图 4－18 所示：

```
1234
```

图 4－18 【示例 4－17】运行结果

从图 4－18 可以看出，eval( )函数去掉字符串“1234”最外侧的引号后，得到整数 1234。

【示例 4－18】运用 eval( )函数对字符串“12＋34”进行数据处理。

实现代码如下：

```
eval("12+34")
```

运行代码，结果如图 4－19 所示：

```
46
```

图 4－19 【示例 4－18】运行结果

从图 4－19 可以看出，eval( )函数去掉字符串“12＋34”最外侧的引号后，得到的是一个表达式 12＋34，接着执行了这个表达式并返回整数 46。

三、财务数据的运算

在财务数据中进行运算是常见的操作，财务数据的运算离不开运算符、数值运算函数等。

财务数据的运算

（一）算术运算符

算术运算符用于执行基本的数值计算，常用的算术运算符及含义如表 4－2 所示。

表 4－2 算术运算符及含义

运算符	说明	实例	结果
+	加	27+3	30
-	减	27-3	24
*	乘	3*3	9
**	乘方，即返回 x 的 y 次方	3**3	27
/	除	7/2	3.5
//	取整除，即返回商的整数部分	7//2	3
%	取余(取模)，即返回除法的余数	7%2	1

1. “+”的特殊用法

“+”用于数值之间表示两个对象相加求和，用于字符串之间表示字符串的拼接，但“+”不能用来连接字符串与数值。

【示例 4-19】算术运算符“+”的用法。

实现代码如下：

```
print(27+3)
print("27"+"3")
```

运行代码，结果如图 4-20 所示：

```
30
273
```

图 4-20 【示例 4-19】运行结果

从图 4-20 中可以看出，第一行代码中的“+”实现的是两个数值相加求和，而第二行代码中的“+”实现的是字符串的拼接，字符串“27”与字符串“3”拼接后结果为“273”而不是 30。

【示例 4-20】用算术运算符“+”连接数字 27 与字符串“3”。

实现代码如下：

```
print(27+"3")
```

运行代码，结果如图 4-21 所示：

```
TypeError                                 Traceback (most recent call last)
<ipython-input-3-811ba138c74a> in <module>
      1 # 【示例4-20】算术运算符“+”的用法。
----> 2 print(27+"3")

TypeError: unsupported operand type(s) for +: 'int' and 'str'
```

图 4-21 【示例 4-20】运行结果

从【示例 4-19】和【示例 4-20】可以看出，“+”只能实现字符串与字符串的拼接，不能用来连接字符串与数值。

2. “-”的特殊用法

“-”除了表示一个数减去另一个数，还可以表示得到一个负数。

【示例 4-21】算术运算符“-”的用法。

实现代码如下：

```
print(27 -3)
print( -3)
```

运行代码，结果如图 4－22 所示：

```
24
-3
```

图 4－22 【示例 4－21】运行结果

从图 4－22 中可以看出，第一行代码中的“－”表示的是一个数减去另一个数，而第二行代码中的“－”表示的是负号。

3. “*”的特殊用法

“*”用于数值之间表示两个对象相乘，用于字符串与整数之间表示重复输出字符串。

【示例 4－22】算术运算符“*”的用法。

实现代码如下：

```
print(3 *3)
print("3" *3)
```

运行代码，结果如图 4－23 所示：

```
9
333
```

图 4－23 【示例 4－22】运行结果

从图 4－23 中可以看出，第一行代码中的“*”用于两个数值之间表示相乘求积，而第二行代码中的“*”是用于字符串“3”与整数 3 之间，表示重复输出 3 次字符串，因此第二行代码运行后结果不是 9，而是“333”。

（二）比较运算符

比较运算符通常用于比较两个值之间的关系，比较运算符的运算结果是布尔型数据，如果这种比较是成立的，则返回 True（真），反之则返回 False（假）。常用的比较运算符及含义如表 4－3 所示。

表 4－3 比较运算符及含义

运算符	说明	实例	结果
>	大于	7 > 3	True
>=	大于等于	7 >= 3	True
<	小于	7 < 3	False

续表

运算符	说明	实例	结果
<=	小于等于	7 <=3	False
==	等于	7 ==3	False
! =	不等于	7! =3	True

比较运算符不仅可以用常量进行比较，还可以对变量和表达式的结果进行大小、真假的比较。

【示例 4 –23】运用比较运算符判断变量与值的大小。

实现代码如下：

```
a =2
print(a >1)
```

运行代码，结果如图 4 –24 所示：

```
True
```

图 4 –24　【示例 4 –23】运行结果

【示例 4 –24】运用比较运算符判断表达式与值的大小。

实现代码如下：

```
print(1 +2 >1)
print(2 +1 >1)
```

运行代码，结果如图 4 –25 所示：

```
True
True
```

图 4 –25　【示例 4 –24】运行结果

从图 4 –25 中可以看出，算术运算符的优先级高于比较运算符，代码运行后是先计算表达式 1 +2 和 2 +1 的值，再与数值 1 比较大小。

Python 语言支持的运算符除了算术运算符和比较运算符外，还有赋值运算符、逻辑运算符等，这些运算符在数值运算时要满足一定的先后顺序，类似于数学中的加减乘除四则混合运算规则，这也就是我们常说的 Python 运算符优先级。具体情况如表 4 –4 所示。

表 4-4 运算符优先级

类型	说明	优先级
**	幂	优先级依次由高到低，幂的优先级最高，逻辑运算符的优先级最低
*、/、%、//	算术运算符	
+、-	算术运算符	
<、<=、>、>=、!=、==	比较运算符	
=、+=、-=、*=、/=、%=、//=、**=	赋值运算符	
not、and、or	逻辑运算符	

（三）数值运算函数

Python 中还有一些与数值运算相关的内置函数，这些函数只要填入相关的参数就能执行特定的运算。常见的数值运算函数如表 4-5 所示。

表 4-5 数值运算函数

名称	用途	实例	结果
abs(x)函数	计算整数或浮点数 x 的绝对值	abs(-7)	7
divmod(x, y)函数	计算 x 和 y 的除余结果，返回两个值，分别是 x/y 商的整数部分和余数	divmod(7, 3)	(2, 1)
pow(x, y)函数	计算 x 的 y 次幂，与 x ** y 相同	pow(2, 3)	8
round(x, d)函数	对整数或浮点数 x 进行带 d 位小数的四舍五入运算	round(3.1451, 2)	3.15
max( )函数	对多个数字进行最大值比较	max(1, 2, 4, 5)	5
min( )函数	对多个数字进行最小值比较	min(1, 2, 4, 5)	1

技能拓展提升

❖数据类型的转换

在项目三我们已经学习过 input( )函数是基本输入函数，但无论接收的是字符串还是数值，最终返回的都是字符串类型的数据，因此，我们需要对财务数据的类型进行转换。下面我们要学习 int( )函数、float( )函数、eval( )函数与 input( )函数搭配使用，解决实际工作中的财务问题。

一、int ( ) 函数与 input ( ) 函数

int( )函数可以将 input( )函数输入的财务数据转换成整数，然后再进行后续算术运算。

【示例 4-25】从键盘输入深圳米多物联科技有限公司 2024 年 6 月期初固定资产 2000000 元，本月新增固定资产 300000 元，本月减少固定资产 100000 元，计算并输出期

末固定资产的金额。

实现代码如下：

```
qcye = int(input("请输入期初固定资产的金额："))
bqxz = int(input("请输入本期新增固定资产的金额："))
bqjs = int(input("请输入本期减少固定资产的金额："))
qmye = qcye + bqxz - bqjs
print(qmye)
```

运行代码，结果如图 4-26 所示：

```
请输入期初固定资产的金额：2000000
请输入本期新增固定资产的金额：300000
请输入本期减少固定资产的金额：100000
2200000
```

图 4-26 【示例 4-25】运行结果

二、float( )函数与 input( )函数

float( )函数可以将 input( )函数输入的财务数据转换成浮点数，然后再进行后续算术运算。

【示例 4-26】用键盘输入深圳米多物联科技有限公司 2024 年 1 月营业额 120.5 万元、2 月营业额 110.6 万元、3 月营业额 112 万元，计算并输出该公司 2024 年第一季度营业总额。

实现代码如下：

```
revenue1 = float(input("请输入 1 月份营业额："))
revenue2 = float(input("请输入 2 月份营业额："))
revenue3 = int(input("请输入 3 月份营业额："))
total_revenue = revenue1 + revenue2 + revenue3
print("一季度营业总额为%.2f 万元" % total_revenue)
```

运行代码，结果如图 4-27 所示：

```
请输入1月份营业额：120.5
请输入2月份营业额：110.6
请输入3月份营业额：112
一季度营业总额为343.10万元
```

图 4-27 【示例 4-26】运行结果

【示例4－26】中，float( )函数、int( )函数同时与input( )函数搭配使用，将input( )函数输入的财务数据转换成相应的浮点数和整数，然后再进行算术运算，并采用格式符%.2f对第一季度营业总额保留两位小数进行格式化输出。

三、eval( )函数与input( )函数

eval( )函数用来执行一个字符串表达式，并返回表达式的值，input( )函数最终返回的恰好是字符串类型的数据。因此，eval( )函数可以用于交互模式，可以与input( )函数结合使用。

【示例4－27】从键盘处输入一个数字，运用eval( )函数对输入的数据进行处理，然后赋值给a变量，通过type( )函数查看a变量的类型。

实现代码如下：

```
a = eval(input("请输入数字："))
print(type(a))
```

运行代码，结果如图4－28所示：

```
请输入数字：123
<class 'int'>
```

图4－28 【示例4－27】运行结果

从图4－28中可以看出，a变量是整数类型，说明eval( )函数与input( )函数结合使用时也可以将input( )函数返回的字符串类型的数据转换成数字类型的数据。

【示例4－28】深圳米多物联科技有限公司某固定资产价值100000元，预计净残值率为5%，预计可使用年限6年，采用平均年限法计提折旧。请从键盘处输入该项固定资产的价值、预计净残值，预计可使用年限，运用eval( )函数对输入的数据进行处理，计算年折旧额并保留2位小数进行格式化输出。

实现代码如下：

```
a = eval(input("请输入固定资产的价值："))
b = eval(input("请输入固定资产的预计净残值率："))
c = eval(input("请输入固定资产的预计可使用年限："))
d = a * (1 - b) / c
print("该项固定资产的年折旧额为%.2f元" % d)
```

运行代码，结果如图4－29所示：

```
请输入固定资产的价值：100000
请输入固定资产的预计净残值：0.05
请输入固定资产的预计可使用年限：8
该项固定资产的年折旧额为11875.00元
```

图 4－29　【示例 4－28】运行结果

工作任务实施

用 input( )函数接收财务数据并计算资产负债率。

步骤 1：用 input( )函数接收财务数据，代码如下：

```
a = input("请输入年末资产总额：")
b = input("请输入年末负债总额：")
```

步骤 2：用 int( )函数进行数据转换，定义资产负债率的公式并输出该指标的数值，代码如下：

```
a = int(input("请输入年末资产总额："))
b = int(input("请输入年末负债总额："))
c = b/a
print("该公司资产负债率为:%.2f" % c)
```

运行代码，结果如图 4－30 所示：

```
请输入年末资产总额：500
请输入年末负债总额：400
该公司资产负债率为：0.80
```

图 4－30　任务实施结果

步骤 3：对财务指标的计算结果进行分析，该公司资产负债率为 0.80，说明负债的比重较高，公司面临的财务风险比较大，资本结构不太合理。在后续资金筹措中，应尽量选择权益性筹资方式，尽可能减少债务筹资，降低财务风险，将总风险控制在公司能承受的范围之内。

技能训练

一、单项选择题

1. 下列变量命名错误的是（　　）。

A. Asset　　B. 1_asset

C. A_1　　D. Asset_1

2. 如果临时想要查看一个变量存储的数据类型，可以使用(　　)函数来查看变量存储的数据类型。

A. type( )　　B. input( )

C. print( )　　D. if( )

3. N = “应收账款”，下列说法错误的是(　　)。

A. “ = ”是等号　　B. N 是变量

C. “ = ”是赋值符　　D. “应收账款”是变量值

4. “银行存款”是什么类型的财务数据(　　)。

A. 字符串类型　　B. 数字类型

C. 布尔类型　　D. 整数类型

5. 布尔型数据可以直接与数值型数据进行运算，此时，True 会识别为(　　)。

A. 0　　B. 1

C. 2　　D. 3

6. 以下关于 str( )函数的说法错误的是(　　)。

A. 运用 str( )函数可以将数值类型转换为字符串类型

B. str( )函数只可以将整数型的数值转换为字符串类型

C. str(123)的结果是字符串‘123’

D. str(123.4)的结果是字符串‘123.4’

7. 以下选项中 a 为字符型的是(　　)。

A. a = input('请输入一个数字')

　请输入一个数字 8

B. a = float(8)

C. a = int(str(8))

D. a = eval('1 + 1')

8. 以下关于 eval( )函数说法错误的是(　　)。

A. eval( )函数用来执行一个字符串表达式，并返回表达式的值

B. eval( )函数常常与 input( )函数结合使用

C. eval('1 + 5')的结果是数值型 6

D. eval('1 + 5')的结果是字符串 '6'

9. 以下说法中正确的是(　　)。

A. 任何数值都可以通过 str( )函数转换为字符型

B. 任何字符串都可以通过 int( )函数转换为整数型数值

C. 任何字符串都可以通过 float( )函数转换为浮点型数值

D. 任何字符串都可以通过 eval( )函数转换为数值型

10. 以下哪个函数的结果是字符型(　　)。

A. int( )　　B. float( )

C. str( )　　D. eval( )

11. 下列语句会出现报错的是(　　)。

A. 2 +5　　B. "2" + "5"

C. "2" *5　　D. "2" +5

12. 算术运算符中“//”的意思是(　　)。

A. 取百分比　　B. 除以 100

C. 取余　　D. 取整

13. pow(x，y)函数的功能是(　　)。

A. 计算 x 乘以 y　　B. 计算 y 的 x 次幂

C. 计算 x 的 y 次幂　　D. 计算 x 加上 y

14. 关于比较运算符以下说法错误的是(　　)。

A. 比较运算符的运算结果是布尔型数据

B. 比较运算符用于两个对象间的比较运算

C. 比较运算符可以对数值常量进行比较

D. 比较运算符不可以对变量或表达式结果进行比较

15. 语句：20 + abs(−3) ** 2 的运行结果为(　　)。

A. 20　　B. 25

C. 26　　D. 29

二、多项选择题

1. 变量可以存放的内容有(　　)。

A. 文本　　B. 整数

C. 浮点数　　D. 链接

2. 下列变量命名恰当的有(　　)。

A. True　　B. 123name

C. name_123　　D. D. name

3. 财务数据的基本类型有(　　)。

A. 数字类型　　B. 字符串类型

C. 布尔类型　　D. 结构化数据

4. 以下属于 Python 中的数据类型转换函数的有(　　)。

A. int( )　　B. float( )

C. str( )　　D. eval( )

5. 在 Python 中以下语句运行结果是 3 的有(　　)。

A. int(3.8)　　B. int(3.1)

C. round(3.8)　　D. round (3.1)

6. int 函数使用正确的有(　　)。

A. int(150.25)　　B. int('150.25')

C. int('一二三')　　D. int('150')

7. 以下语句会报错的有(　　)。

A. int(5 +3)　　B. int('5 +3')

C. eval(5 +3)　　D. eval('5 +3')

8. 以下属于 Python 中的比较运算符的有(　　)。

A. >=　　B. <

C. =　　D. !=

9. 算术运算符“ - ”的作用包括(　　)。

A. 一个数减去另一个数　　B. 一个字符串减去另一个字符串

C. 得到一个负数　　D. 得到一个带负号的字符串

10. 以下属于数值运算函数的有(　　)。

A. divmod(x, y)函数　　B. pow(x, y)函数

C. print( )函数　　D. min( )函数

三、判断题

1. 变量命名时只要不以数字开头，单词、字母可以任意使用。(　　)

2. 125.25 属于数字类型中的浮点数。(　　)

3. 布尔值的两个单词首字母可以大写，也可以小写。(　　)

4. 字符串是“一串字符序列”，表达方式为文字内容加上一对引号，只能是双引号。(　　)

5. Python 中 int( )函数可以把小数进行取整并转换为整数。(　　)

6. int('510')和 float('510')的运行结果相等。(　　)

7. Python 中算术运算符“ + ”，只能用于数值之间的加和，不能用于字符串之间。(　　)

8. 在 Python 中 5%2 的结果为 2。(　　)

9. 在 Python 中比较运算符的优先级高于算术运算符。(　　)

10. pow(2, 3)和 2 ** 3 的运算结果相同。(　　)

四、实操题

1. 将“库存现金”赋值给 A 变量，将 20000 赋值给 B 变量，请查询 A、B 变量的

类型。

2. 将 50 赋值 A 变量，将 A + True 赋值给 B 变量，将 A + False 赋值给 C 变量，输出 B、C 变量的值。

3. 请在 Python 中完成以下数值运算。

(1)10 +5、"10" + "5"、"10" +5；

(2)5 * 3、5 ** 3、"5" * 3；

(3)5/2、5//2、5%2；

(4)用 abs(x)函数求 42.36、－120.50 的绝对值；

(5)用 divmod(x，y)函数求 36 除以 5 的商和余数；

(6)用 pow(x，y)函数求 2 的 4 次幂的值；

(7)用 round(x，d)函数求 62.374762 保留 4 位小数的值；

(8)用 max( )函数、min( )函数求序列 35、42、15、26、59 的最大值、最小值。

4. 某固定资产生命周期为 6 年，已使用 4 年。

(1)用 input( )函数输入生命周期、已使用年限；

(2)计算剩余使用年限(剩余使用年限 = 生命周期 - 已使用年限)；

(3)用格式符%d 格式输出固定资产的剩余使用年限。

5. 甲公司购买了一批 A 材料，A 材料的采购单价为 15.253 元/个，采购数量为 62 个，请用 input( )函数计算本次采购应支付的货款金额，并将结果保留 2 位小数进行格式化输出。

项目小结

项目	任务列表	学习内容
财务数据定义与计算	任务一 使用 Python 定义财务数据的标签	财务数据标签的定义
		变量及变量的赋值
		变量的命名
	任务二 使用 Python 计算财务数据	财务数据类型的认知：数字类型
		财务数据类型的认知：字符串类型(str)
		财务数据类型的认知：布尔类型(bool)
		财务数据类型的转换：int( )函数
		财务数据类型的转换：float( )函数
		财务数据类型的转换：str( )函数
		财务数据类型的转换：eval( )函数
		算术运算符
		比较运算符
		数值运算函数
		数据类型的转换

项目五

财务数据存储

项目目标

知识目标

1. 了解字符串操作的类型；
2. 掌握字符串访问及切片方法；
3. 掌握字符串的转义字符；
4. 了解列表的定义及创建；
5. 掌握列表获取元素的方法；
6. 掌握添加、修改、删除、排序列表元素的方法；
7. 了解字典的定义；
8. 掌握字典的访问；
9. 掌握字典修改、添加、删除键值对的方法；
10. 了解列表、字典内置函数。

技能目标

1. 能够运用字符串的操作方法存储和处理财务数据；
2. 能够运用列表的操作方法存储和处理财务数据；
3. 能够运用字典的操作方法存储和处理财务数据。

素质目标

1. 具有精诚合作的团队精神；
2. 具有大局观念和集体意识，善于协调沟通；
3. 勇于创新，具有探索精神，不断探索使用大数据技术解决财务问题。

德技并修

精诚合作，金石为开

在一次宴会上，唐太宗对王珐说："你善于鉴别人才，尤其善于评论。你不妨从房玄龄等人开始，都一一做些评论，评一下他们的优缺点，同时分别和他们比较一下，你在哪些方面比他们优秀?"

王珐回答说："孜孜不倦地办公，一心为国操劳，凡所知道的事没有不尽心尽力去做，在这方面我比不上房玄龄。常常留心向皇上直言建议，认为皇上能力德行比不上尧舜很丢面子，这方面我比不上魏征。文武全才，既可以在外带兵打仗做将军，又可以进入朝廷搞管理担任宰相，在这方面，我比不上李靖。向皇上报告国家公务，详细明了，宣布皇上的命令或者转达下属官员的汇报，能坚持做到公平公正，在这方面我不如温彦博。处理繁重的事务，解决难题，办事井然有序，这方面我也比不上戴胄。至于批评贪污的官吏，表扬清正廉洁，疾恶如仇，好善喜乐，这方面比起其他几位能人来说，我倒是有自己的长处。"唐太宗非常赞同他的话，而大臣们也认为王珐完全道出了他们的心声，都说这些评论是正确的。

思考与启示

从王珐的评论可以看出唐太宗的团队中，每个人各有所长，但更重要的是唐太宗能将这些人依其专长运用到最适当的职位，使其能够发挥自己所长，进而让整个国家繁荣强盛。同样，一个企业、一个组织的成功离不开每个员工的努力，更离不开员工之间的相互协作，这就是团队的力量。团队的力量是无穷的，团队获得成功的关键是共同奉献，这需要集体的智慧，团队的精神。如同 Python 中数据存储一样，每一个列表、每一个字典都有其对应的元素，每个元素都发挥着自身的作用。我们在工作中，有必要大力弘扬团队精神，各司其职，充分发挥自身的优势，在团队成员的精诚合作中实现个人价值。

项目任务描述

深圳米多物联科技有限公司财务部和业务部门每个月都需要对公司员工的基本信息、客户基本信息、供应商基本信息、往来账款信息等数据进行存储管理，帮助公司更好地开展经营活动，完成决策工作。在对这些数据信息进行存储管理时需要对数据进行修改、新增、删除、替换等工作，涉及大量的数据集，工作量非常大。为了提高工作效率，可以使用 Python 中的列表和字典对信息表中的数据进行存储，并进行修改、新增、删除、替换等操作，减少人为工作失误，提高工作效率，更好地帮助公司进行信息管理。

项目知识图谱

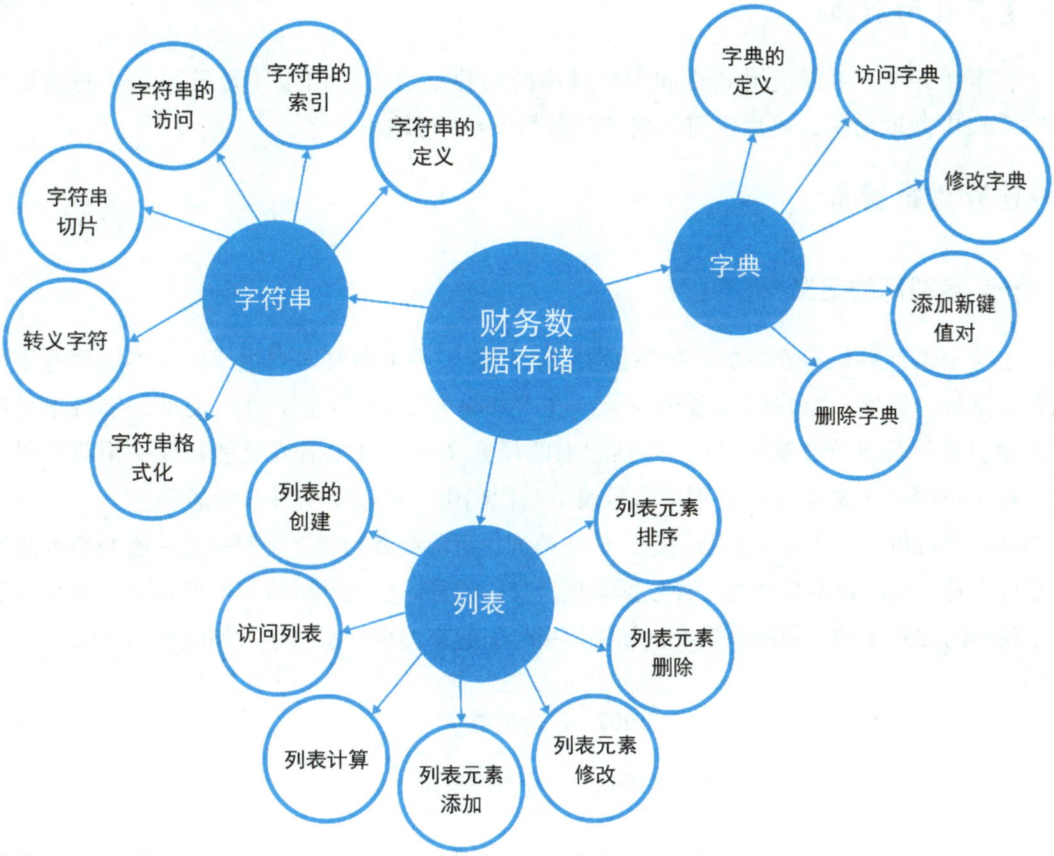

项目任务分解

项目五 财务数据存储	任务一 使用字符串存储财务数据
	任务二 使用列表存储财务数据
	任务三 使用字典存储财务数据

任务一 使用字符串存储财务数据

工作任务描述

深圳米多物联科技有限公司财务部小明需要对公司“员工基本信息表”中的数据进行完善，现有“员工基本信息表”缺少出生年月日等信息，小明想从该表的“身份证号码”

字段中将出生年月日提取出来，并用单独的数据字段存储在“员工基本信息表”中。

工作任务分析

在本任务中，可以使用 Python 中字符串的切片方法将“出生年月日”从“身份证号码”字段中截取出来，再用字符串格式化符号%s进行输出。

任务知识储备

一、字符串的定义

字符串是计算机科学中的一种数据类型，用于表示由字符序列组成的文本。字符串可以包含字母、数字、空格以及各种符号。在 Python 中，str 表示字符串类型，字符串是以英文单引号(' ')或英文双引号(" ")括起来的任意文本。自然语言处理建议使用双引号表示，标识符等程序文本建议使用单引号表示，代码中一般以单引号表示居多。

字符串可以理解为文本类型数据，例如单词、短语或者句子。字符串是使用 Python 进行数据处理时，使用频率最高的一种数据类型。身份证号码、会计科目等信息在 Python 中一般以字符串的方式存储，即使是数字，如果用引号引起来即表示字符串，如图 5 –1 所示。

1002	这是数字
"1002"	这是字符串

图 5 –1　会计科目以字符串的方式体现

字符串操作

二、字符串操作方法

（一）字符串的索引

字符串是一种字符的序列，序列中的每个元素都会分配一个数字编号，这个数字编号称为索引。Python 字符串，从左到右索引值默认范围从 0 开始，最大范围是字符串中的字符个数减 1；从右到左索引值默认值从 –1 开始，最大范围是字符串开头。Python 字符串索引如图 5 –2 所示。

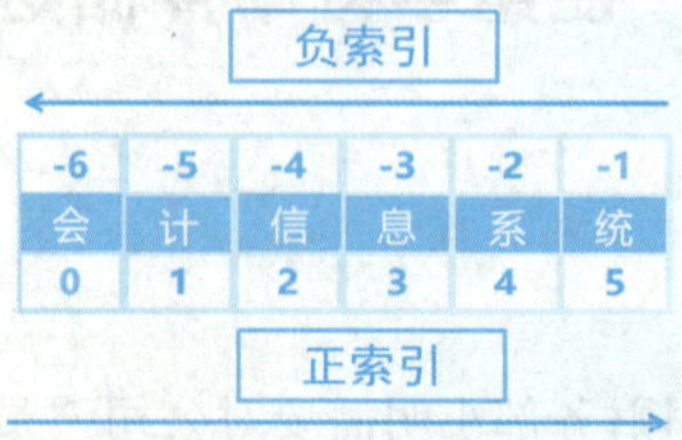

图 5 –2　字符串索引

（二）字符串访问

作为字符序列，字符串可以对其中单个字符或者字符片段进行索引。要访问字符串中的单个字符，可以使用索引操作符［］和一个整数索引值，其中索引从0开始。

```
使用方式：字符串[索引号]
```

【示例5-1】对于字符串 my_string = "Hello，World!"，可以通过以下方式访问其中的字符：

实现代码如下：

```
my_string = "Hello，World!"
print(my_string[0])  # 输出：H
print(my_string[4])  # 输出：o
print(my_string[7])  # 输出：W
```

运行代码，结果如图5-3所示：

```
H
o
W
```

图5-3 字符串访问结果

除此之外，还可以使用负数索引来从字符串的末尾开始访问字符。例如，my_string[-1]表示最后一个字符，my_string[-2]表示倒数第二个字符，以此类推。

（三）字符串切片

字符串切片，是指截取字符串中的一段。通过运用字符串切片，可以按需要对字符串进行截取。切片是指根据指定索引位置，对数据实现分块访问或提取的一种操作方式。语法结构如下：

```
字符串[起始索引:结束索引:步长]
```

【示例5-2】a='长期股权投资'，截取 a 中的“股权投资”四字，则字符串切片代码为 a[2:6:1]或者 a[2:6]。

实现代码如下：

```
a='长期股权投资'
print(a[2:6:1])
print(a[2:6])
```

运行代码，结果如图 5-4 所示：

```
股权投资
股权投资
```

图 5-4　字符串“长期股权投资”切片

在 Python 中，字符串切片操作的第三个参数是步长(step)，它用于指定切片时字符的间隔。步长默认为 1，表示连续地获取字符，可以省略不写。当字符串切片操作的步长不为 1 时，可以通过指定步长来跳过一定数量的字符，并获取间隔的字符。

【示例 5-3】a='长期股权投资'，截取 a 中的“长股投”三字，则字符串切片代码为 a[0:6:2]。

实现代码如下：

```
a='长期股权投资'
print(a[0:6:2])
```

运行代码，结果如图 5-5 所示：

```
长股投
```

图 5-5　截取“长股投”三字

除此之外，还可以省略某些参数来使用默认值。若不输入起始位置信息，起始位置信息默认为 0，即从第一个元素开始截取切片。若不输入结束位置信息，默认截取为切片开始位置至字符串末尾。

【示例 5-4】a='长期股权投资'，使用切片代码 a[:4]，截取起始位置索引号为 0 的元素直到结束位置索引号为 3 的元素，代码运行结果为“长期股权”。

使用切片代码 a[2:]，截取起始位置索引号为 2 的元素直到字符串最后一个元素，代码运行结果为“股权投资”。

若要截取 a 中的全部，则字符串切片代码为 a[:]。a[:]表示截取字符串本身。

实现代码如下：

```
a='长期股权投资'
print(a[0:4]) # 截取起始位置索引号为0的元素直到结束位置索引号为3的元素
print(a[2:]) # 截取起始位置索引号为2的元素直到字符串最后一个元素
print(a[:]) # 截取字符串本身
```

运行代码，结果如图 5-6 所示：

```
长期股权
股权投资
长期股权投资
```

图 5-6 【示例 5-4】运行结果

(四) 字符串中的转义字符

在计算机中，有些符号我们无法手动书写，例如换行符、回车、换页等，因此需要用到转义字符。在 Python 字符串中，转义字符用于表示一些特殊的字符或者字符序列。转义字符以反斜杠(\)开始，后面跟着一个或多个字符。常见的转义字符如表 5-1 所示：

表 5-1 常见的转义字符

序号	功能	转义字符	含义
1	退格	\b	Backspace，将当前位置移到前一列
2	换行	\n	Linefeed，将当前位置移到下一行开头
3	水平制表	\t	Horizontal tab，光标向右移动一个制表位
4	反斜杠	\\	\，在当前位置放置一个反斜杠
5	单引号	\'	'，在当前位置放置英文单引号
6	双引号	\"	"，在当前位置放置英文单引号

【示例 5-5】 a ='长期股权投资'，若使用转义字符退格对最后一个元素进行删除。

实现代码如下：

```
print('长期股权投资\b')
```

运行代码，结果如图 5-7 所示：

```
长期股权投
```

图 5-7 转义字符退格

【示例 5-6】 a = “长期股权投资固定资产”，若使用转义字符换行符将“长期股权投资”及“固定资产”之间进行换行。

实现代码如下：

```
print('长期股权投资\n 固定资产')
```

运行代码，结果如图 5-8 所示：

```
长期股权投资
固定资产
```

图 5-8 转义字符换行

【示例 5－7】a＝“长期股权投资固定资产”，若使用转义字符在“长期股权投资”及“固定资产”之间插入水平制表符。

实现代码如下：

```
print('长期股权投资\t 固定资产')
```

运行代码，结果如图 5－9 所示：

```
长期股权投资	固定资产
```

图 5－9　转义字符水平制表

【示例 5－8】a＝“长期股权投资”，若使用转义字符在“长期股权投资”最后一个元素之后插入反斜杠。

实现代码如下：

```
print('长期股权投资\\')
```

运行代码，结果如图 5－10 所示：

```
长期股权投资\
```

图 5－10　转义字符反斜杠

【示例 5－9】a＝“长期股权投资为 13000”，若使用转义字符在 13000 前后各插入一个单引号或双引号。

实现代码如下：

```
print('长期股权投资 13000\'' % amount)
print('长期股权投资 13000\"' % amount)
```

运行代码，结果如图 5－11 所示：

```
长期股权投资1300'
长期股权投资1300"
```

图 5－11　转义字符引号

（五）字符串格式化

字符串格式化是指在字符串中插入变量或值，以创建动态生成的字符串。在 Python 中，有多种方法可以实现字符串格式化。使用占位符（Placeholder）和 % 运算符是一种传统的字符串格式化方法，使用 % 运算符和占位符来指定要插入的变量或值的位置和格式。常见的格式化符号如表 5－2 所示。

表 5－2　常见的格式化符号

符号	描述
%d	格式化整数（常用）
%f	格式化浮点数字，可指定小数点后的精度（常用）
%s	格式化字符串（常用）
%u	格式化无符号整数
%e	用科学计数法格式化浮点数

格式化字符串常用% 作为占位符，如图 5－12 所示。

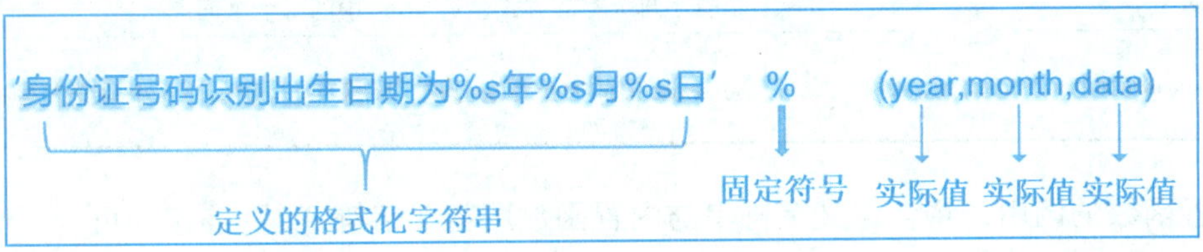

图 5－12　格式化字符串用%作占位符

在实际运行时，year、month、date 会依次添加到%s 的位置。

【示例 5－10】字符串格式化输出。

实现代码如下：

```
name = "大数据财务"
num = 7
print("我正在学习%s，已经学习%d 天了" % (name，num))
```

运行代码，结果如图 5－13 所示：

```
我正在学习大数据财务，已经学习7天了
```

图 5－13　字符串格式化输出

技能拓展提升

❖字符串内置函数

字符串内置函数是编程语言提供的一组用于处理字符串的函数或方法，允许用户执行各种字符串操作，这些函数可以反复使用。在 Python 中，有许多内置函数可以用于处理字符串。根据我们的需求，可以使用这些函数来执行各种字符串操作，但是方法都是不可变的，即它们不会修改原始字符串，而是返回一个新的字符串，以便进行后续的操作。一些常用的字符串内置函数如表 5－3 所示：

表 5-3　常见字符串内置函数

方法	描述
string. capitalize( )	把字符串的第一个字符大写
string. count(str， beg = 0， end = len(string))	返回 str 在字符串 string 的出现次数，beg 表示查找开始位置，end 表示查找结束位置
string. format( )	格式化字符串
string. join(seq)	以 string 作为分隔，合并序列 seq 所有的元素
string. lower( )	转换 string 中的所有大写字符到小写字符
string. upper( )	转换 string 中的所有小写字符到大写字符
string. title( )	以首字母大写的方式显示 string 中的每个单词
string. swapcase( )	将 string 中的大小写字母进行转换（大写变小写，小写变大写）

内置函数的调用，将自定义字符串与内置函数用英文字符“.”连接即可。

【示例 5-11】使用内置函数 lower( )将字符串"Python Is Very Easy To Learn"的大写字符改成小写。

实现代码如下：

```
string = "Python Is Very Easy To Learn. "
print( string. lower( ) )
```

运行代码，结果如图 5-14 所示：

```
python is very easy to learn.
```

图 5-14　lower( )修改字符串大小写

工作任务实施

使用 Python 中字符串的切片方法将“出生年月日”从“身份证号码”字段中截取出来，再用字符串格式化符号%s 进行输出。实现步骤如下：

步骤 1：字符串切片。

```
IDCard = "430105197504010522"
year = IDcard[6：10]
month = IDcard[10：12]
day = IDcard[12：14]
```

步骤 2：格式化输出出生年月日。

```
print("身份证号识别出生日期为%s年%s月%s日" % (year, month, data))
```

运行代码，结果如图5-15所示：

```
身份证号识别出生日期为1975年04月01日
```

图5-15 任务实施结果

任务二 使用列表存储财务数据

工作任务描述

深圳米多物联科技有限公司2024年6月份的应付账款数据如表5-4所示，财务部小明需要使用Python中的列表对该表的数据进行存储，并完成提取数据、修改数据、统计金额、统计数量、增加数据、删除数据等操作。

表5-4 2024年6月应付账款明细表 单位：万元

供应商名称	应付金额	已付金额	未付金额
广州兴瑞电子科技公司	2800	1000	1800
宁波嘉宁科技有限公司	2500	1800	700
长沙天际电器股份有限公司	3500	2000	1500
上海美凡电器有限公司	4000	3500	500
深圳安捷股份有限公司	4800	3500	1300

工作任务分析

在本任务中，需要创建列表，将数据存储到列表中，使用列表访问方式读取列表中的元素，使用列表的操作方法对列表元素进行删除、修改、统计等处理。

列表的定义

任务知识储备

一、列表的创建

列表(List)是Python中最常见的数据结构之一，是一个有序、可变且可重复的数据集合，可以存储不同类型的元素，如整数、字符串、浮点数等。

在 Python 中，用方括号［ ］来表示列表，并用逗号来分隔其中的元素。list（ ）函数可生成空列表，列表具有如下特征：列表中的元素按顺序排列，每个元素的位置都是确定的，用户可以通过索引访问每个元素；列表可以存储任意类型的数据，且列表中的元素可以重复；列表的长度和内容都是可变的，可自由对列表中的数据项进行增加、删除或替换。

【示例 5－12】创建一个包含'库存现金''银行存款''应收账款''预收账款'4 个元素的列表 list1。

实现代码如下：

```
list1 = ['库存现金','银行存款','应收账款','预收账款']
print(list1)
```

运行代码，结果如图 5－16 所示：

```
['库存现金', '银行存款', '应收账款', '预收账款']
```

图 5－16　创建列表

除此之外，Python 也可以通过 list（ ）函数将元组或字符串转化成列表。list（ ）函数可生成空列表。

【示例 5－13】创建不包括任何元素的空列表 list2。

实现代码如下：

```
list2 = [ ]
print(list2)
```

运行代码，结果如下：

```
[]
```

二、列表获取元素的方法

（一）访问列表

列表的方法

列表是由一系列按特定顺序排列的元素组成的有序序列，属于序列类型，和字符串一样，列表中的元素可以通过索引或切片这两种方式进行访问。通过序号进行访问，第一个列表元素的索引序号为 0，第二个列表元素的索引序号为 1。

list1 的正索引及负索引如图 5－17 所示。

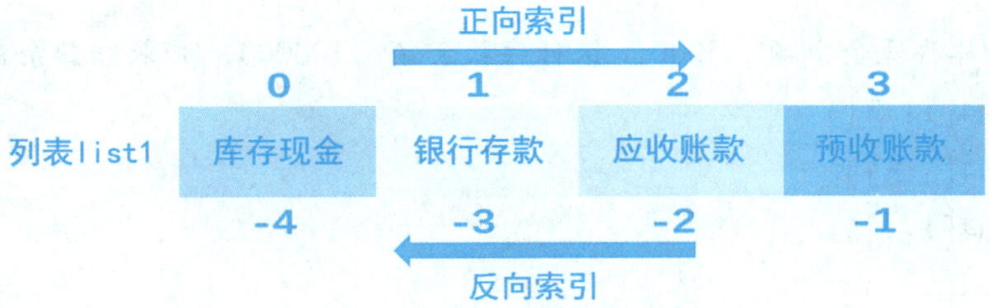

图 5－17 列表的正索引及负索引

1. 获取单个列表元素

基本语法如下：

```
列表名[索引值]
从左到右的索引顺序是[0, n－1]
```

【示例 5－14】 创建 list3 = ['库存现金余额', 5000, '银行存款余额', 100000, '应收账款余额', 14000]，访问 list3 中第一个和最后一个元素。

实现代码如下：

```
list3 = ['库存现金余额',5000,'银行存款余额',100000,'应收账款余额',14000]
print(list3[0]) # 使用正数索引
print(list3[-1]) # 使用负数索引
```

运行代码，结果如图 5－18 所示：

图 5－18 访问 list3 中第一个和最后一个元素

2. 切片获取列表元素

切片获取列表元素，返回从第一个数字索引到第二个数字索引(不包括第二个数字索引的值)的一个列表切片。语法如下：

```
列表名[起始索引：结束索引：步长]
```

当步长为 1 时，可以默认不写。另外，可以采用一些简写形式来使用切片，如果切片包括列表的第一个元素，那么简写方式就是先写冒号再写结束元素索引值加 1 的数值。

【示例 5－15】 创建 list4 = ['库存现金余额', 5000, '银行存款余额', 100000, '应收账款余额', 14000]，进行多种方式切片。

实现代码如下：

```
list4 = ['库存现金余额', 5000, '银行存款余额', 100000, '应收账款余额', 14000]
print(list4[1:3])
print(list4[:3])
print(list4[1:])
print(list4[:])
```

运行代码，结果如图 5－19 所示：

```
[5000, '银行存款余额']
['库存现金余额', 5000, '银行存款余额']
[5000, '银行存款余额', 100000, '应收账款余额', 14000]
['库存现金余额', 5000, '银行存款余额', 100000, '应收账款余额', 14000]
```

图 5－19　简写方式切片

（二）列表的计算

列表(List)是 Python 中的一种数据结构，可以容纳多个值，并且支持一些常见的计算操作。

1. 列表拼接

可以使用加号运算符(+)将两个或多个列表拼接在一起，生成一个新列表。

2. 列表重复

可以使用乘号运算符(*)将一个列表重复多次生成一个新列表。

【示例 5－16】创建 list5 = ['库存现金', '银行存款', '应收账款']，创建 list6 = ['短期借款', '应付账款']，使用“+”list5 和 list6 组合在一起。

实现代码如下：

```
list5 = ['库存现金', '银行存款', '应收账款']
list6 = ['短期借款', '应付账款']
print(list5 + list6)          # 将list5和list6组合在一起
```

运行代码，结果如图 5－20 所示：

```
['库存现金', '银行存款', '应收账款', '短期借款', '应付账款']
```

图 5－20　列表拼接

【示例 5－17】创建 list7 = ['库存现金', '银行存款', '应收账款']，使用“*”重复输出列表 2 次。

实现代码如下：

```
list7 = ['库存现金', '银行存款', '应收账款']
print(list7 * 2)      # 输出2次list7
```

运行代码，结果如图5－21所示：

['库存现金', '银行存款', '应收账款', '库存现金', '银行存款', '应收账款']

图5－21 列表重复

（三）添加列表元素

Python中有三种方法向列表中添加元素：append()，extend()、insert()。

1. append()方法

append()方法用于在列表的末尾添加一个元素。

【示例5－18】创建list8 = ['库存现金', '银行存款', '应收账款']，使用append()方法将列表list8末尾添加新元素'存货'。

实现代码如下：

```
list8 = ['库存现金', '银行存款', '应收账款']
list8.append('存货')  # 将列表list8末尾添加新元素"存货"
print(list8)
```

运行代码，结果如图5－22所示：

['库存现金', '银行存款', '应收账款', '存货']

图5－22 append()方法添加新元素

2. insert()方法

insert()方法用于在列表的指定位置插入一个元素，并将其他元素右移。它有两个参数，第一个参数index表示要插入索引位置，第二个参数obj表示要插入的元素。

【示例5－19】创建list9 = ['库存现金', '银行存款', '应收账款']，使用insert()方法在索引为0的位置插入新元素“存货”。

实现代码如下：

```
list9 = ['库存现金', '银行存款', '应收账款']
list9.insert(0, '存货')      # 在索引为0的位置插入新元素"存货"
print(list9)
```

运行代码，结果如图 5－23 所示：

['存货', '库存现金', '银行存款', '应收账款']

图 5－23　使用 insert( ) 方法插入新元素

3. extend( ) 方法

与 append( ) 方法每次只能在列表末尾添加一个元素不同，extend( ) 方法可以一次性在列表末尾添加一个序列中的多个元素。需要注意的是，append( ) 和 extend( ) 方法会直接修改原始列表，而使用加号运算符会创建一个新的列表。

【示例 5－20】 创建 list10 =［'库存现金', '银行存款', '应收账款'］，list11 =［1000，2000，3000，4000］，使用 extend( ) 方法在列表 list10 后添加列表 list11 中的元素。

实现代码如下：

```
list10 = ['库存现金', '银行存款', '应收账款']
list11 = [1000, 2000, 3000, 4000]
list10.extend(list11)          # 在list10后添加列表list11中的元素
print(list10)
```

运行代码，结果如图 5－24 所示：

['库存现金', '银行存款', '应收账款', 1000, 2000, 3000, 4000]

图 5－24　使用 extend( ) 方法添加多个元素

（四）修改列表元素

列表是可变序列，可以直接通过索引对列表中的元素进行更新和修改操作。

【示例 5－21】 创建 list12 =［'库存现金', '银行存款', '应收账款'］，将 list12 中索引为 0 的元素修改为'存货'。

实现代码如下：

```
list12 = ['库存现金', '银行存款', '应收账款']
list12[0] = '存货'  # 将list12中索引为0的元素修改为'存货'
print(list12)
```

运行代码，结果如图 5－25 所示：

['存货', '银行存款', '应收账款']

图 5－25　将 list12 索引为 0 的元素修改为‘存货’

示例中，索引值为0对应的元素由“库存现金”修改成了“存货”。我们可以通过索引对单个元素进行修改，同样地，我们也可以通过切片索引对多个元素进行修改。

（五）删除列表元素

在Python列表中删除元素主要分为以下3种场景：

1. 根据目标元素所在位置的索引进行删除

根据目标元素所在位置的索引进行删除，可以使用del关键字或者pop()方法。

（1）del。

del方法利用索引从列表中删除元素。

【示例5-22】创建list13=['库存现金','银行存款','库存现金','应收账款']，删除列表list13中的第一个元素(索引为0)'库存现金'。

实现代码如下：

```
list13 =['库存现金','银行存款','库存现金','应收账款']
del list13[0]  # 删除列表list13中的第一个元素(索引为0)'库存现金'
print(list13)
```

运行代码，结果如图5-26所示：

```
['银行存款','库存现金','应收账款']
```

图5-26 del方法删除元素

（2）pop()。

pop()方法用于删除列表中的一个元素，并返回该元素的值。如果要删除其他位置的元素，只需在pop()参数中输入相应元素的索引即可。

【示例5-23】创建list14=['库存现金','银行存款','应收账款']，删除索引为1的元素。

实现代码如下：

```
list14 = ['库存现金','银行存款','应收账款']
list14.pop(1)        # 删除索引为1的元素
print(list14)
```

运行代码，结果如图5-27所示：

```
['库存现金','应收账款']
```

图5-27 使用pop()方法删除索引为1的元素

另外，若不指定需要删除元素的索引号，pop( )方法默认删除列表中的最后一个元素。

【示例 5-24】创建 list15 = ['库存现金', '银行存款', '应收账款']，使用 pop 方法删除最后一个元素。

实现代码如下：

```
list15 = ['库存现金', '银行存款', '应收账款']
list15. pop( )
print(list15)
```

运行代码，结果如图 5-28 所示：

```
['库存现金', '银行存款']
```

图 5-28　使用 pop( )方法默认删除列表中的最后一个元素

2. 根据元素本身的值进行删除

根据元素本身的值进行删除，可使用列表提供的 remove( ) 方法，remove( )方法用于删除列表中某个元素的第一个匹配项。

【示例 5-25】创建 list16 =['库存现金', '银行存款', '库存现金', '应收账款']，删除列表 list16 中的第一个'库存现金'。

实现代码如下：

```
list16  =['库存现金', '银行存款', '库存现金', '应收账款']
list16. remove('库存现金')  # 删除列表list16 中的第一个"库存现金"
print(list16)
```

运行代码，结果如图 5-29 所示：

```
['银行存款', '库存现金', '应收账款']
```

图 5-29　remove( )方法删除元素

注意，使用 remove( )方法时，若列表中存在两个相同的元素，默认删除第一个匹配项的元素。【示例 5-25】中，列表中有两个元素都为“库存现金”，但 remove( )方法默认删除的是第一个匹配的“库存现金”，也就是索引号为 0 的“库存现金”，但保留了索引号为 2 的“库存现金”。

3. 将列表中所有元素全部删除

将列表中所有元素全部删除，也就是清空列表，可使用列表提供的 clear( ) 方法。基本语法格式如下：

```
listname.clear()        # listname表示列表名称
```

【示例5－26】创建 list17＝['资产负债表'，'利润表'，'产品成本表'，'现金流量表']，清空 list17。

实现代码如下：

```
list17 = ['资产负债表', '利润表', '产品成本表', '现金流量表']
list17.clear()
print(list17)
```

运行代码后，得到空列表 [ ]。

（六）列表元素排序

列表的排序是将元素按照某种规定进行排列。列表中常用的排序方法有 sort( )、reverse( )、sorted( )。sort( )方法是直接对列表排序；sorted( )方法是排序后生成新的列表，原列表顺序不变；reverse( )方法是反转列表元素，即把原列表中的元素从右至左依次排列存放。

1. sort ( )方法

sort ( )方法是直接对列表排序，且只能对相同数据类型的元素进行排序，默认是按升序排列。

【示例5－27】创建 list18＝[1000，5000，3000，4000，4000]，将 list18 按升序排列。

实现代码如下：

```
list18 = [1000, 5000, 3000, 4000, 4000]
list18.sort()          # 按升序排列
print(list18)
```

运行代码，结果如图5－30所示：

```
[1000, 2000, 3000, 4000, 5000]
```

图 5－30　sort ( ) 方法升序排列

2. sorted( ) 方法

sorted( ) 方法是排序后生成新的列表，原列表顺序不变。

【示例 5－28】创建 list19＝[5，2，6，7，1，8，0]，将 list19 按降序排列后形成新的列表 list20。

实现代码如下：

```
list19 = [5, 2, 6, 7, 1, 8, 0]
list20 = sorted(list19, reverse = True)          # 按降序排列
print(list20)
```

运行代码，结果如图 5－31 所示：

```
[8, 7, 6, 5, 2, 1, 0]
```

图 5－31　sorted ( ) 方法降序排列

3. reverse( ) 方法

list. reverse( ) 方法用于将列表中的元素反向排列，也称为逆置。

【示例 5－29】创建 list21＝[1000，5000，3000，4000，4000]，将 list21 逆置。

实现代码如下：

```
list21 = [1000, 5000, 3000, 4000, 4000]
List21. reverse( )          # 将元素逆置
print(list21)
```

运行代码，结果如图 5－32 所示：

```
[4000, 4000, 3000, 5000, 1000]
```

图 5－32　reverse( ) 方法逆置

技能拓展提升

❖其他内置函数

除前面详细介绍的几种列表操作函数外，列表还有很多其他的内置函数，其他常用内置函数如表 5－5 所示。

表 5-5　　列表的常用内置函数表

方法	描述
len(list)	列表元素个数
max(list)	获取列表中最大值
min(list)	获取列表中最小值
list.count(obj)	统计某个元素在列表中出现的次数
list.index(obj)	从列表中找出某个值第一个匹配项的索引位置
list.clear()	清空列表
list.copy	复制列表

【示例 5-30】创建包括【689、450、560、450、783】5 个元素的列表 list22，使用函数求出并输出 list22 的长度、最大值和最小值。

实现代码如下：

```
list22 = [689, 450, 560, 450, 783]
print(len(list22))   # 求列表长度
print(max(list22))   # 求列表最大值
print(min(list22))   # 求列表最小值
```

运行代码，结果如图 5-33 所示：

```
5
783
450
```

图 5-33　内置函数的使用

工作任务实施

使用列表存储深圳米多物联科技有限公司“应付账款明细表”中的“未付金额”，并将“宁波嘉宁科技有限公司”和“长沙天际电器股份有限公司”的“未付金额”改成 1700 和 200；统计 2024 年 6 月公司应付账款中未付金额的总金额，统计应付账款一共有多少笔，按“未付金额”从大到小进行排序，输出“未付金额”中的最大值和最小值；将漏记的“深圳兴旺科技有限公司，未付金额 600”添加到列表中。

步骤 1：生成“深圳米多物联科技有限公司”的“未付金额”列表 list1。

```
list1 = [100, 700, 1500, 500, 1300]
print(list1)
```

步骤 2：将“宁波嘉宁科技有限公司”和“长沙天际电器股份有限公司”的“未付金额”更改为 1700 和 200 元。

```
list1[1] = 1700
list1[2] = 200
print(list1)
```

步骤 3：统计 2024 年 6 月公司应付账款中未付金额的总金额。

```
print(sum(list1))
```

步骤 4：统计应付账款一共有多少笔。

```
print(len(list1))
```

步骤 5：按“未付金额”从大到小进行排序。

```
list2 = sorted(list1, reverse = True)
print(list1)
```

步骤 6：输出“未付金额”中的最大值和最小值。

```
print(max(list1))
print(min(list1))
```

步骤 7：将漏记的“深圳兴旺科技有限公司，未付金额 600”添加到列表中。

```
list1.append(600)
print(list1)
```

实施结果如下：

```
[100, 700, 1500, 500, 1300]
[100, 1700, 200, 500, 1300]
3800
5
[100, 1700, 200, 500, 1300]
1700
100
[100, 1700, 200, 500, 1300, 600]
```

图 5-34　任务实施结果

任务三 使用字典存储财务数据

工作任务描述

深圳米多物联科技有限公司供应商信息如表 5－6 所示，财务部小明需要使用 Python 中的字典对该表的数据进行存储，并完成访问数据、新增数据、修改数据、删除数据、统计数量、输出数据等操作。

表 5－6 供应商信息表

供应商名称	联系电话
广州兴瑞电子科技公司	020－87459321
宁波嘉宁科技有限公司	0574－86741224
长沙天际电器股份有限公司	0731－98678845
上海美凡电器有限公司	021－45345566
深圳安捷股份有限公司	0755－45634587

工作任务分析

在本任务中，需要创建字典，将数据存储到字典中，使用字典访问方式读取字典中的元素，使用字典的操作方法对字典元素进行删除、修改、统计等处理。

任务知识储备

字典的定义

一、字典的定义

现实生活中的字典是一本以字为单位，按一定次序排列，每个字注明读音、意义和用法的工具书，我们可以根据字典提供的索引查找到所需要的内容。Python 中的字典（dict）则是一种可变容器模型，可以储存任何类型的对象。字典通过键和值将一对数据联系在一起，键值组合后，通过键就可以获取值。

字典通过花括号 {} 创建，里面包含多个键值对，成对的键和值使用冒号分隔，不同键值对之间使用英文逗号区分。基本格式如下：

```
d = {'key1': 'value1', 'key2': 'value2'}
```

上述代码构造字典并赋值给变量 d，字典包含键值对 'key1': 'value1' 和 'key2': 'value2'，字典的键包含 'key1' 和 'key2'，字典的值包含 'value1' 和 'value2'。键值对、键和值的特点如

图 5－35、图 5－36 所示。

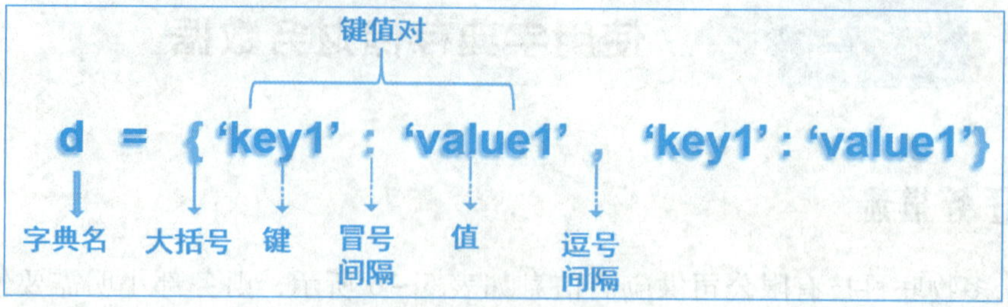

图 5－35　字典中的键值对

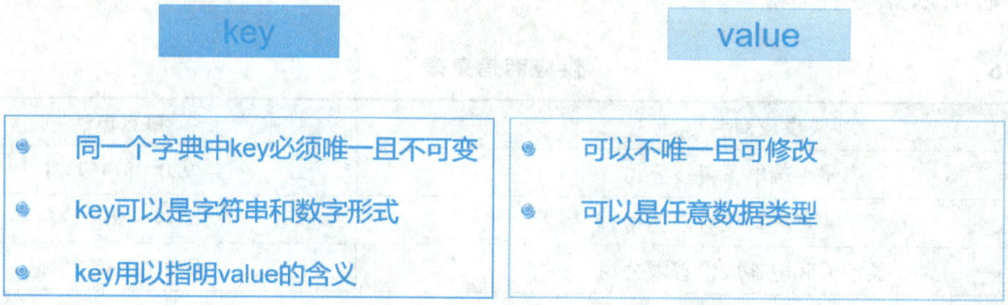

图 5－36　键和值的特点

字典具有如下几个特征：

（1）字典中的元素必须包含键和值。

（2）键是唯一的，值可以重复，相同的键，字典只会识别最后一次设置的值。

（3）键是不可变对象，不能进行修改；而值是可变的，可以进行修改。

【示例 5－31】创建字典 price，将如下股票价格数据放入到字典中：

格力电器：45.14

芯能科技：16.9

宏昌电子：5.6

永泰能源：1.59

实现代码如下：

```
price = {'格力电器': 45.14, '芯能科技': 16.9, '宏昌电子': 5.6, '永泰能源': 1.59}
print(price)
```

运行代码，结果如图 5－37 所示：

```
{'格力电器': 45.14, '芯能科技': 16.9, '宏昌电子': 5.6, '永泰能源': 1.59}
```

图 5－37　创建字典

二、使用字典的方法

字典的方法

（一）访问字典

Python 中字典的访问方法有多种，常见的是通过方括号访问和利用 get 语句访问。两种方法都可以利用键查询到相对应的值。

1. 通过方括号访问

基本语法为：

```
字典名[键]
```

【示例 5－32】接【示例 5－31】，通过方括号访问字典 price，获取“格力电器”的值。

实现代码如下：

```
print(price['格力电器'])
```

运行代码，得到“格力电器”的值 45.14。

2. 利用 get 语句访问

基本语法为：

```
字典名.get(键)
```

【示例 5－33】接【示例 5－31】，通过 get 语句访问字典 price，获取“芯能科技”的值。

实现代码如下：

```
print(price.get('芯能科技'))
```

运行代码，得到’芯能科技’的值 16.9。

（二）修改字典

要修改 Python 字典中的键值对，可以使用直接赋值的方法，通过使用已存在的键来更新其对应的值。如果键存在，则会更新它的值；如果键不存在，则会创建一个新的键值对。

【示例 5－34】创建字典 dic1 = {'1001'：'库存现金'，'1002'：'其他货币资金'}，将键'1002'对应的值改成“银行存款”。

实现代码如下：

```
dic1 = {'1001':'库存现金','1002':'其他货币资金'}
dic1['1002'] = '银行存款'    # 通过键'1002'修改对应的会计科目
print(dic1)
```

运行代码，结果如图 5－38 所示：

{'1001'：'库存现金'，'1002'：'银行存款'}

图 5－38　修改字典

（三）添加新的键值对

添加新的键值对常见的方法有两种：一是通过中括号添加；二是运用 setdefault 语句添加。

1. 通过中括号添加

【示例 5－35】接【示例 5－34】，通过中括号为字典 dic1 添加新的键值对，新增会计科目“1121：应收票据”。

实现代码如下：

```
dic1['1121'] ='应收票据'        # 新增会计科目1121：应收票据
print(dic1)
```

运行代码，结果如图 5－39 所示：

{'1001'：'库存现金'，'1002'：'银行存款'，'1121'：'应收票据'}

图 5－39　中括号添加新的键值对

2. 运用 setdefault 语句添加

setdefault()方法只有在指定的键不存在于字典中时才会添加，如果键已经存在于字典中，则不会修改现有的键值对。基本语法如下：

```
字典名.setdefault(键，值)
```

【示例 5－36】接【示例 5－34】，运用 setdefault 语句为字典 dic1 添加新的键值对，新增会计科目“1122：应收账款”。

实现代码如下：

```
dic1.setdefault('1122','应收账款')    # 新增会计科目1122：应收账款
print(dic1)
```

运行代码，结果如图 5－40 所示：

{'1001'：'库存现金'，'1002'：'银行存款'，'1121'：'应收票据'，'1122'：'应收账款'}

图 5－40　setdefault 语句添加新的键值对

（四）删除字典

字典的删除有多种方法，常见的是 pop 语句、del 语句、clear 语句。

1. pop 语句

pop 语句通过键获取键值对，并返回键值对，然后从字典中删除。如果使用 pop 语句删除键不存在的值，会出现报错信息。

基本语法为：

```
字典名.pop(键)
```

【示例 5-37】接【示例 5-36】，使用 pop 语句删除字典 dic1 中的键值对“1002：银行存款”。

实现代码如下：

```
dic1.pop('1002')        # 删除会计科目1002：银行存款
print(dic1)
```

运行代码，结果如图 5-41 所示：

```
{'1001': '库存现金', '1121': '应收票据', '1122': '应收账款'}
```

图 5-41 pop 语句删除键值对

2. del 方法

del 方法删除键值对的基本语法为：

```
del 字典名[键]
```

【示例 5-38】接【示例 5-37】，使用 del 删除字典 dic1 中的键值对“1122：应收账款”。

实现代码如下：

```
del dic1['1122']        # 删除1122：应收账款
print(dic1)
```

运行代码，结果如图 5-42 所示：

```
{'1001': '库存现金', '1121': '应收账款'}
```

图 5-42 del 语句删除键值对

3. clear( )方法

clear( )用于清空字典中的所有键值对，使字典变为空字典。运行 clear( ) 方法后，原字典将不再包含任何键值对。

基本语法如下：

```
字典名.clear( )
```

【示例 5-39】接【示例 5-38】，使用 clear 方法删除字典 dic1 中的所有元素。

实现代码如下：

```
dic1.clear( )              # 删除字典dic1 中的所有元素
print(dic1)
```

运行代码后，得到一个空字典{}。

技能拓展提升

❖字典内置函数

字典常用内置函数如表 5-7 所示。

表 5-7 字典常用内置函数

方法	描述
len(dict)	计算字典元素个数
字典名.copy( )	复制字典
字典名.update(dict2)	把字典 dict2 的键/值对更新到 dict 里
max( )	获取键的最大值
min( )	获取键的最小值

【示例 5-40】创建字典 dic2、dic3，使用内置函数完成字典更新、计算字典元素个数、获取键的最大值、获取键的最小值等操作。

实现代码如下：

```
dic2 = {'格力电器':45.14, '芯能科技':16.9, '宏昌电子':5.6, '永泰能源':1.59}
dic3 = {'美的集团':52.86, '长虹美菱':5.1}
dic2.update(dic3)
print(len(dic2))
print(max(dic2))
print(min(dic2))
print(dic2)
```

运行代码，结果如图5－43所示：

```
6
长虹美菱
宏昌电子
{'格力电器': 45.14, '芯能科技': 16.9, '宏昌电子': 5.6, '永泰能源': 1.59, '美的集团': 52.86, '长虹美菱': 5.1}
```

图5－43 字典内置函数运行结果

工作任务实施

使用字典存储并输出深圳米多物联科技有限公司“供应商信息表”中的“客户公司名称”和“联系人及电话”；添加一条信息“长沙威尚电子科技有限公司，0731－87453212”；删除“宁波嘉宁科技有限公司”的信息；统计当前供应商的数量；输出所有联系电话；输出所有供应商名称和联系电话。

实现代码如下：

步骤1：使用字典存储并输出深圳米多物联科技有限公司“供应商信息表”中的“客户公司名称”和“联系人及电话”。

```
dic1 = {'广州兴瑞电子科技公司':'020 - 87459321', '宁波嘉宁科技有限公司':'0574 - 86741224', '长沙天际电器股份有限公司':'0731 - 98678845', '上海美凡电器有限公司': '021 - 45345566', '深圳安捷股份有限公司':'0755 - 45634587'}
print(dic1)
```

步骤2：使用中括号添加的方法，添加供应商信息，包括字段有：供应商名称、联系电话。添加：长沙威尚电子科技有限公司，0731－87453212。

```
dic1['长沙威尚电子科技有限公司'] = '0731 - 87453212'
print(dic1)
```

步骤3：使用del方法，删除宁波嘉宁科技有限公司的所有信息。

```
del dic1['宁波嘉宁科技有限公司']
print(dic1)
```

步骤4：统计当前客户的数量。

```
print(len(dic1))
```

步骤5：输出所有公司名称。

```
print(dic1.keys())
```

步骤 6：输出所有联系电话。

```
print(dic1.values())
```

步骤 7：输出所有的公司名及联系电话。

```
print(dic1.items())
```

任务实施结果如图 5－44 所示。

```
步骤1结果： {'广州兴瑞电子科技公司'：'020-87459321'，'宁波嘉宁科技有限公司'：'0574-86741224'，'长沙天际电器股份有限公司'：'0731-98678845'，'上海美凡电器有限公司'：'021-45345566'，'深圳安捷股份有限公司'：'0755-45634587'}
步骤2结果： {'广州兴瑞电子科技公司'：'020-87459321'，'宁波嘉宁科技有限公司'：'0574-86741224'，'长沙天际电器股份有限公司'：'0731-98678845'，'上海美凡电器有限公司'：'021-45345566'，'深圳安捷股份有限公司'：'0755-45634587'，'长沙威尚电子科技有限公司'：'0731-87453212'}
步骤3结果： {'广州兴瑞电子科技公司'：'020-87459321'，'长沙天际电器股份有限公司'：'0731-98678845'，'上海美凡电器有限公司'：'021-45345566'，'深圳安捷股份有限公司'：'0755-45634587'，'长沙威尚电子科技有限公司'：'0731-87453212'}
步骤4结果： 5
步骤5结果： dict_keys(['广州兴瑞电子科技公司'，'长沙天际电器股份有限公司'，'上海美凡电器有限公司'，'深圳安捷股份有限公司'，'长沙威尚电子科技有限公司'])
步骤6结果： dict_values(['020-87459321'，'0731-98678845'，'021-45345566'，'0755-45634587'，'0731-87453212'])
步骤7结果： dict_items([('广州兴瑞电子科技公司'，'020-87459321')，('长沙天际电器股份有限公司'，'0731-98678845')，('上海美凡电器有限公司'，'021-45345566')，('深圳安捷股份有限公司'，"0755-45634587')，('长沙威尚电子科技有限公司'，'0731-87453212')])
```

图 5－44　任务实施结果

技能训练

一、单项选择题

1. 在 Python 中，用（　　）来表示列表。

A. 小括号（）　　　　B. 大括号｛｝

C. 方括号［ ］　　　　D. 双引号“”

2. list1 ＝［'会计科目'，'会计凭证'，'会计账簿'，'会计报表'］，若采用正索引的方式，其中元素'会计凭证'对应的索引号为（　　）。

A. 0　　　　B. 1

C. 2　　　　D. 3

3. 如需修改字典，通常使用的方法是（　　）。

A. 使用键修改字典里的值　　　　B. 使用值修改字典里的键

C. 使用键直接修改所有的键值对　　　　D. 直接修改值

4. 如果想要把字典 dict2 的键/值对更新到 dict 里，可使用的函数是（　　）。

A. max()　　　　B. dict. copy()

C. len(dict)　　　　D. dict1. update(dict2)

5. a = "投资性房地产"[3:]，运行代码后的结果为(　　)。

A. 性房地产　　B. 投资性房地产

C. 投资性　　D. 房地产

6. 在 Python 中，字典中成对的键和值使用(　　)来分隔。

A. 空格　　B. 逗号,

C. 冒号:　　D. 分隔符/

二、多项选择题

1. 列表可以进行元素的(　　)操作。

A. 增加　　B. 删除

C. 替换　　D. 查找

2. 常见的字典的删除主要包括(　　)。

A. pop 语句　　B. remove 语句

C. del 语句　　D. clear 语句

3. 可以对列表元素进行排序的方法有(　　)。

A. list. sort ( )方法　　B. list. sorted ( )方法

C. list. reverse ( )方法　　D. list. remove( )方法

4. a = "无形资产"，调取资产二字的代码为(　　)。

A. a = "无形资产"[2:3]　　B. a = "无形资产"[2:4:1]

C. a = "无形资产"[2:]　　D. a = "无形资产"[2:4]

5. 转义字符是具有特殊功能的字符，以下属于转义字符的有(　　)。

A. \n　　B. \t

C. n　　D. b

三、判断题

1. 列表可以看作一个存储数据的容器，里面可以存放数值、字符串等基本数据类型。(　　)

2. 通过大括号添加和利用 setdefault 语句添加，两种方法都可以通过键添加键值对。(　　)

3. 字符串切片代码如果不输入起始位置信息，起始位置默认为0，即从字符串的第1个元素开始进行切片。如果不输入结束位置信息，则默认为切片开始位置至字符串末尾。(　　)

4. 转义字符“\\”中第1个反斜杠代表转义符号，第2个反斜杠表示要输出的内容。(　　)

5. 字典和列表的最大区别是字典中的每一个元素都是成对出现的。（ ）

四、操作题

1. 字符串操作：

（1）将字符串“甲公司原材料总共有 5 种”赋值给变量 string1。

（2）截取 string1 中的“原材料”三个字符。

2. 列表操作：

（1）创建列表 list3，包括'库存现金''银行存款''应收账款''应付账款'等 4 个元素。

（2）删除列表 list3 中的'应收账款'元素。

（3）为列表 list3 增加一个元素为“应收票据”。

3. 字典操作：

（1）定义字典 d1，键值对包括：{'2001'：'短期借款'，'2101'：'交易性金融负债'，'2201'：'应付票据'，'2202'：'应付账款'}。

（2）定义字典 d2，键值对包括：{'2205'：'预收账款' '2211'：'应付职工薪酬'}。

（3）将字典 d2 的值更新到 d1 中。

（4）计算并输出字典 d1 的元素个数。

（5）计算并输出字典 d1 键的最大值。

（6）计算并输出字典 d1 键的最小值。

项目小结

项目	任务列表	学习内容
财务数据存储	任务一 使用字符串存储财务数据	字符串的定义
		字符串的索引
		字符串访问
		字符串切片
		字符串中的转义字符
		字符串格式化
		字符串内置函数
	任务二 使用列表存储财务数据	创建列表
		访问列表
		列表拼接
		列表重复
		添加列表元素

续表

项目	任务列表	学习内容
财务数据存储	任务二 使用列表存储财务数据	修改列表元素
		删除列表元素
		列表元素排序
		列表其他内置函数
	任务三 使用字典存储财务数据	定义字典
		访问字典
		修改字典
		添加新的键值对
		删除字典
		字典内置函数

项目六

财务数据处理流程控制

项目目标

知识目标

1. 了解 Python 程序设计的基本结构；
2. 掌握 Python 判断语句的用法；
3. 掌握 Python 循环结构的用法。

技能目标

1. 能够运用条件控制语句解决财务中的判断问题；
2. 能够运用 while 和 for 循环结构处理与财务相关的循环问题。

素质目标

1. 提升学生在学习和生活中选择判断的能力；
2. 引导学生形成在财务决策中的规则思维；
3. 建立计算机循环思维；
4. 具有社会责任感和担当精神。

德技并修

依法纳税：　公民责任与社会担当

小李是一名普通的上班族。他在一家创业公司工作，虽然工资不高，但他乐于奉献，对工作尽职尽责。小李是孝敬父母的独生子，家中还有年迈的外婆需要照顾。他的工作与家庭责任让他感到压力重重。

在一次查阅税务相关法规时，小李发现了个人所得税实际上有很多可以享受的专项抵扣，包括子女教育、住房贷款利息、赡养老人等，但他从未享受过，因为他认为交税是应该的，没有在意税收的细节。

随着对税务规则的深入了解，小李意识到，国家提供这些抵扣项目，正是希望我们能理性地贡献，而不是无谓地承受压力。他开始学习除了自身的收入和贡献以外，如何优化自己的税务筹划以缓解压力。

小李开始申报个人所得税专项附加抵扣。他有两个正在读大学的弟弟，他将他们的教育支出申报了进去，并且因为他一直以来都在赡养年迈的外婆，也将这部分开支申报了进去。一年下来，小李发现通过合理申报，他的所得税明显减少，家庭的经济压力也大大减轻了。

思考与启示

小李的故事让我们明白，合理避税并非逃税，而是依法纳税。我们不仅要如实、按时足额地缴纳个人所得税，也要善于运用税收政策为自己减负。同时，我们也应有公民责任感，积极服务社会，使我们的贡献成为推动社会发展的力量，体现我们作为公民的责任和担当。

项目任务描述

深圳米多物联科技有限公司在进行财务分析时，通常需要进行很多条件判断，例如是否达到了盈利要求、工资设置是否合理等。这些判断条件可以用 Python 的分支结构来实现。这种结构可以帮助我们根据数据的具体情况执行不同的代码段。此外，在处理大量的财务数据时，例如测算固定资产政策的选择对各项费用的影响时，就需要用到 Python 的循环结构。循环结构可以帮助我们重复执行相同或类似的操作，从而大大提高数据处理的效率。

项目知识图谱

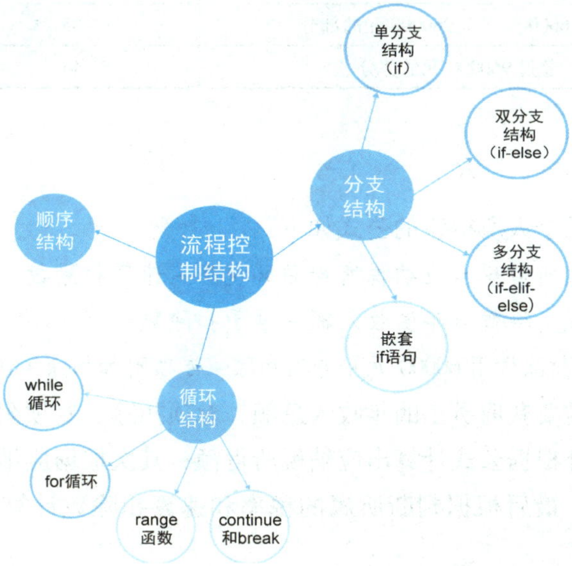

项目任务分解

项目六 财务数据处理流程控制	任务一 分支结构在财务数据处理中的应用
	任务二 循环结构在财务数据处理中的应用

任务一 分支结构在财务数据处理中的应用

工作任务描述

深圳米多物联科技有限公司财务部小明将运用 Python 制作一个计算年度个人所得税的小程序，只要输入人员对应的工资薪金信息，就可以计算出年度应该缴纳的个人所得税金额。表 6－1 为个人所得税税率表。

表 6－1　个人所得税税率表

——个人所得税预扣率表

（居民个人工资、薪金所得预扣预缴适用）

级数	累计预扣预缴应纳税所得额	预扣率（%）	速算扣除数
1	不超过 36000 元	3	0
2	超过 36000 元至 144000 元的部分	10	2520
3	超过 144000 元至 300000 元的部分	20	16920
4	超过 300000 元至 420000 元的部分	25	31920
5	超过 420000 元至 660000 元的部分	30	52920
6	超过 660000 元至 960000 元的部分	35	85920
7	超过 960000 元的部分	45	181920

工作任务分析

年度个人应缴纳的个人所得税的公式如下：

个人应缴纳的个人所得税＝应纳税所得额×税率－速算扣除数

个人所得税应纳税所得额＝年度收入额－准予扣除额

准予扣除额＝基本扣除费用 60000 元＋专项扣除＋专项附加扣除＋依法确定的其他扣除

因此，我们首先需要获取员工的年收入总额、专项扣除、专项附加扣除以及依法确定的其他扣除的数据，并根据公式计算出应纳税所得额；其次根据应纳税所得额判断所属的税率以及速算扣除数；最后根据判断所属的税率和速算扣除数计算个人应缴纳的个人所得税。

通过 input 函数可以交互获取员工薪资信息数据，而税率挡位的判断则需要用到 Python 中的分支结构语句来实现。

程序的流程控制结构

任务知识储备

一、程序的流程控制结构

程序语句执行的次序称为流程控制或控制流程。在 Python 中，程序的流程控制结构包括顺序结构、分支结构和循环结构。任何一种程序都是由这三种基本结构之一或者三种结构组合而成。

（一）顺序结构

顺序结构是最简单，也是最常见的一种程序流程控制结构。将按照程序的书写顺序，一步步地执行代码。如图 6－1 所示，先执行语句块 1，然后再执行语句块 2。

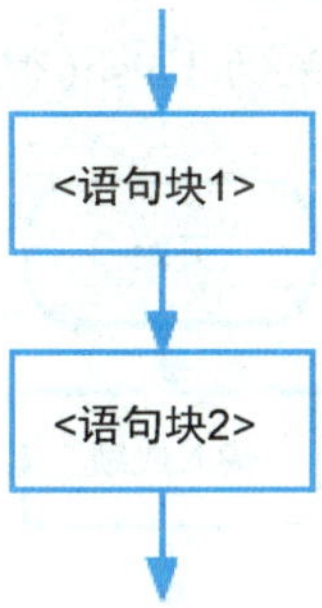

图 6－1 顺序结构

【示例 6－1】将总收入 100000 赋值给变量 R，然后再输出 R 的值。

实现代码如下：

```
R = 100000  # 将总收入100000赋值给变量R
print(R)  # 输出R的值
```

运行代码，结果如图 6－2 所示：

```
100000
```

图 6－2 顺序结构运行结果

（二）分支结构

分支结构是程序根据条件判断选择不同的向前执行路径。如图 6－3 所示，如果满足表达式中的条件，则执行语句块 1，否则执行语句块 2。

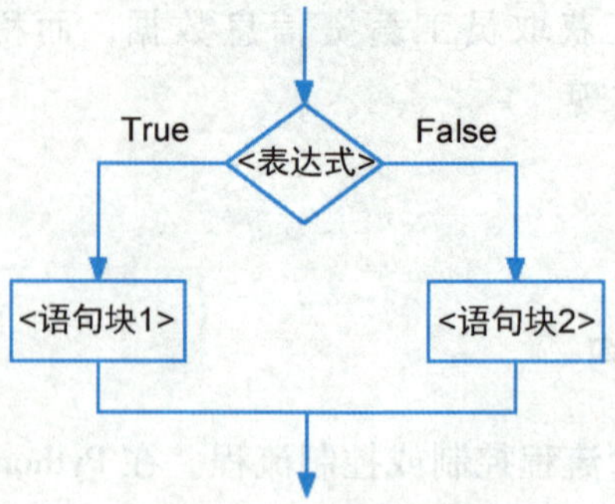

图 6－3　分支结构

【示例 6－2】画出流程图，要求输入成绩，并判断成绩是否及格。如果小于 60 分则输出不及格，如果大于等于 60 分则输出及格。

在画流程图时，一般用长方形表示一个语句块，菱形表示条件判断。图 6－4 中，首先按顺序执行输入成绩的语句，然后判断该成绩是否大于等于 60，如果结果为 True（真）时则执行语句块“输出及格”，如果结果为 False（假）时执行语句块“输出不及格”。

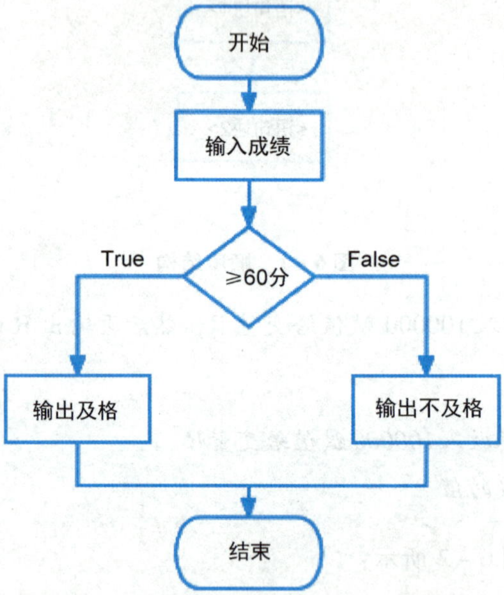

图 6－4　判断成绩是否及格的分支结构流程图

（三）循环结构

循环结构是程序根据条件判断结果向后执行的一种运行方式。如图 6－5 所示，当表达式的判断结果为 True（真）时，则向后执行语句块。由于向后执行是对已执行代码的反复执行，因此这种逻辑被称为循环。当表达式的判断结果为 False（假）时，则退出循环。

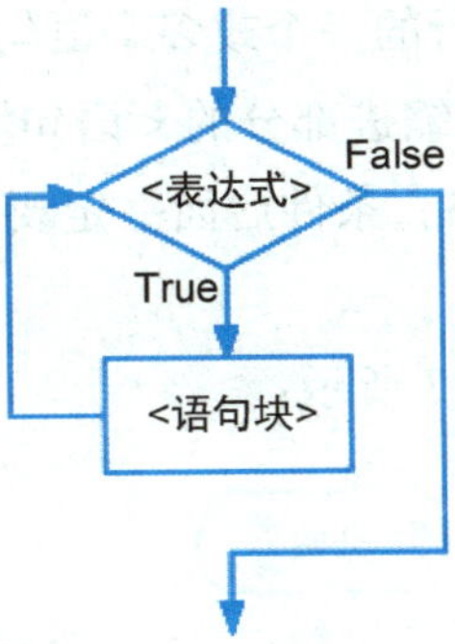

图 6－5　循环结构

【示例 6－3】如图 6－6 所示，老师批改作业的过程可以用循环结构表示。老师给学生批改作业，批改完之后就打上分数。在看下一份学生作业时，如果没有批阅分数，就需要继续批阅打分，如果有分数就停止这项工作。

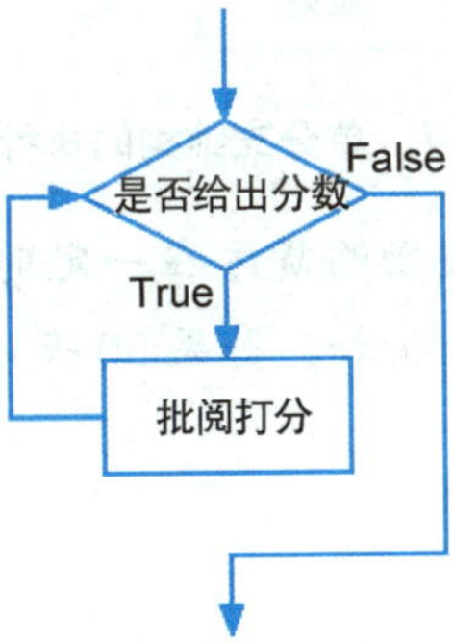

图 6－6　批改成绩的循环结构图

分支结构判断语句

二、分支结构判断语句

本次计算个人所得税的任务中，最关键的部分是根据应纳税所得额判断对应的税率和速算扣除数，这就需要分支结构判断语句来实现。分支结构可以细分为单分支结构（if 语句）、二分支结构（if-else 语句）和多分支结构（if-elif-else 语句），我们先来看单分支结构。

（一）单分支结构（if 语句）

在 Python 中，if 语句是最简单的条件判断语句，它是只有一个条件的条件语句，所以也被称为单分支结构，它的语法结构如下：

```
if <条件>:
    <语句块>
```

<条件>是一个产生 True 或 False 结果的语句，当结果为 True 时，执行<语句块>，否则跳过<语句块>。

<语句块>是 if 条件满足后执行的一个或多个语句序列。

注意：if <条件>语句以及后面缩进部分的<语句块>是一个完整的的代码块。

if 和<条件>之间一定要有空格，条件后面一定要加上冒号，后面<语句块>必须缩进四格（或者一个 TAB 键）。

单分支结构的执行过程如图 6－7 所示：

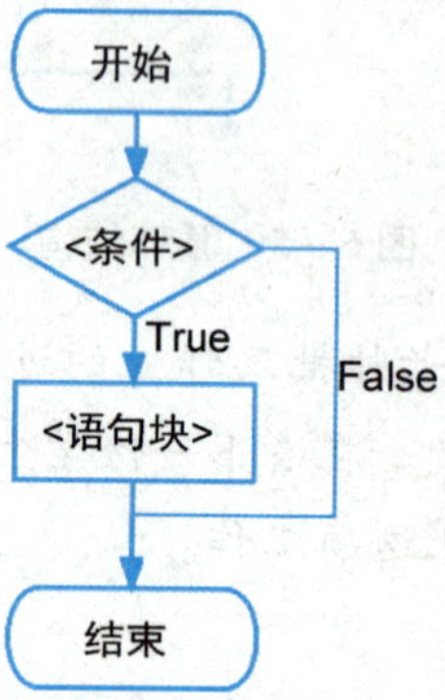

图 6－7　单分支结构的执行过程

【示例 6－4】现金折扣是为了鼓励购货方在一定时期内早日付款而给予的价格扣除。甲公司为鼓励客户付款，设置了现金折扣，如果 30 天以内还款，可以享受 1% 的折扣，超过 30 天不享受折扣。

if　还款时间小于等于 30 天：

　　享受 1% 的折扣

现 A 客户的还款时间是 20 天，判断 A 客户是否享受 1% 的现金折扣。

实现代码如下：

```
#【示例6－4】甲公司的现金折扣政策是30 天以内还款，可以享受1%的折扣，超过30天不享受折扣。A 客户购货后第20天还款
# 判断A 客户是否享受现金折扣
days = 30              # 享受现金折扣的天数范围是0—30天
pay_days = 20          # 支付款项的天数
if pay_days <= days:
    print('享受 1% 的现金折扣')
```

运行代码，结果如图 6－8 所示：

```
享受1%的现金折扣
```

图 6－8　【示例 6－4】单分支结构运行结果

在此例中，pay_days < = days 为一个判断条件。由于 pay_days = 20，小于 days = 30，满足这个判断条件。因此程序会执行 print('享受 1% 的现金折扣') 的语句。若把 pay_days 的值改为 40，其他代码不变，再次执行上述语句，则不满足 pay_days < = days 这个条件，程序会自动跳过 print('享受 1% 的现金折扣') 语句。

（二）双分支结构（if-else 语句）

在实际工作中除了在条件成立时执行某些操作，在条件不成立时也需要执行另外一些操作。比如在【示例 6 – 4】中，如果条件成立，则输出享受了 1% 折扣后的付款金额，如果条件不成立，则输出无折扣的付款金额。这时，就需要双分支结构。Python 中的双分支结构是通过 if-else 语句形成，语法格式如下：

```
if <条件>:
    <语句块1>
else:
    <语句块2>
```

其中 <语句块 1> 在 if <条件> 满足时，即为 True 时执行， <语句块 2> 在 if <条件> 不满足时，即为 False 时执行。双分支结构的执行过程如图 6 – 9 所示。

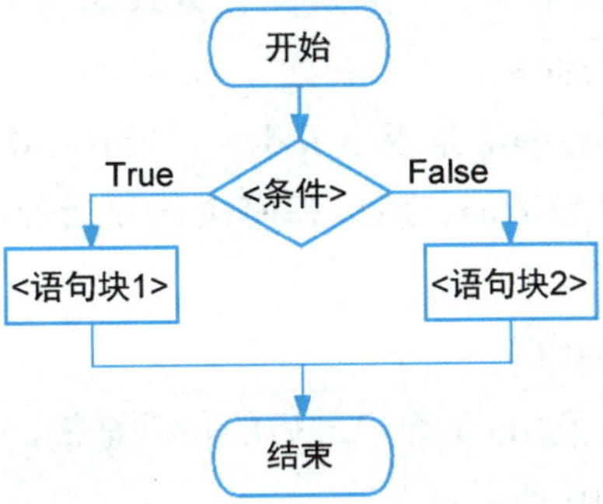

图 6 – 9　双分支结构的执行过程

注意：if 和 else 语句以及各自的缩进部分共同构成一个完整的代码块。

else 后面一定要加冒号，else 后面的 <语句块 2> 必须缩进四格（或者一个 TAB 键）。

【示例 6 – 5】接【示例 6 – 4】。甲公司为鼓励客户付款，设置了现金折扣，如果 30 天以内还款，可以享受 1% 的折扣，超过 30 天不享受折扣：

```
if  还款时间小于等于 30 天:
    享受 1% 的折扣
else :
    不享受折扣
```

现 A 客户的货款金额为 10000 元，根据 A 客户的还款时间，判断 A 客户是否享受 1%

的现金折扣，并计算得出还款的金额。

实现代码如下：

```
#【示例6-5】甲公司的现金折扣政策是30天以内还款，可以享受1%的折扣，超过30天不享受折扣。
AR = 10000          # A客户的货款金额为10000元
days = 30           # 享受现金折扣的天数范围是0—30天
pay_days = int(input ('输入 A 客户还款的天数'))
# 交互输入A 客户还款的天数
if pay_days <= days:   # 判断A客户是否享受折扣
    revenue = AR * 0.99   # 计算享受1%折扣后的付款金额
else:
    revenue  = AR * 1       # 计算不享受折扣后的付款金额
print('A客户最后的付款金额为%.2f' % revenue)
 # 根据输入的还款天数，输出A公司最后应付款的金额
```

第一步：将 A 客户的货款总金额 10000 元赋值给 AR(Account Receivable 的缩写)，把享受现金折扣的天数 30 天赋值给 days，通过交互方式输入 A 客户的还款天数(输入 20)，转换为整数型，并赋值给 pay_days。

第二步：用 if 语句判断 pay_days 是否小于 days，当 pay_days = 20 时，判断结果为 True。

第三步：因为第二步结果为 True，所以程序执行 if 后面的代码，计算享受 1% 折扣后的付款金额。

第四步：跳过 else 后面的代码。

第五步：执行 print 语句，输出 A 客户最后的付款金额。

运行代码，结果如图 6-10 所示：

```
输入A客户还款的天数20
A客户最后的付款金额为9900.00
```

图 6-10 【示例 6-5】条件成立时运行结果

如果第一步中输入的客户还款天数为 35，第二步判断结果为 false，第三步跳过 if 后面的代码，第四步执行 else 后面的代码，最后输出结果如图 6-11 所示：

```
输入A客户还款的天数35
A客户最后的付款金额为10000.00
```

图 6-11 【示例 6-5】条件不成立时运行结果

（三）多分支结构（if-elif-else 语句）

在实际工作中，可能会存在有多个条件需要进行判断的情形。比如【示例 6－4】中，甲公司会设置多个现金折扣，不同天数之内还款享受不同的折扣。那么这时候简单的双分支结构就不能满足实际需求，于是就要需要用到 Python 中的多分支结构。多分支结构使用 if-elif-else 语句实现，其语法结构如下：

```
if <条件1>:
    <语句块1>
elif <条件2>:
    <语句块2>
elif <条件3>:
    <语句块3>
……
else:
    <语句块n>
```

多分支结构从上到下依次对条件进行判断，当条件满足时就执行该条件后面的语句，并跳过其他的条件判断；若没有条件满足，则执行最后的 else 语句块，如果没有 else 语句块，则直接执行该结构后面的语句。其具体执行过程如图 6－12 所示。

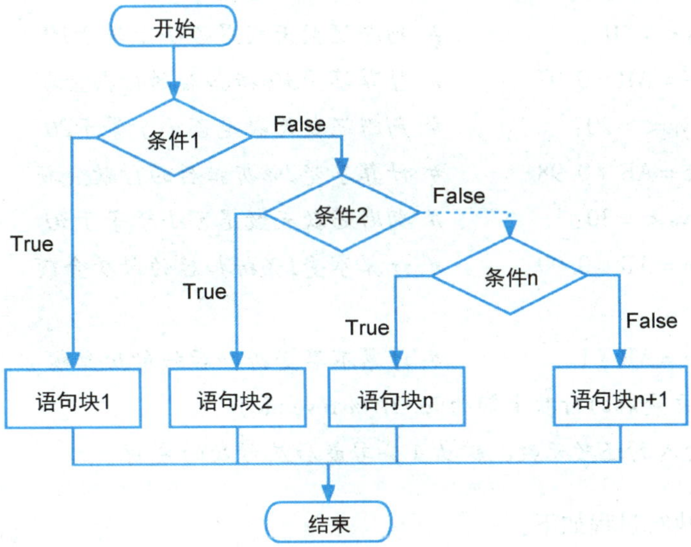

图 6－12　多分支结构的执行过程

注意：elif 和 else 语句都必须和 if 联合使用，不能单独使用。可以将 if、elif 和 else 语句以及各自缩进的代码，看成一个完整的代码块。

【示例 6－6】甲公司为鼓励客户付款，设置了现金折扣，如果 10 天以内还款，可以享受 3% 的折扣；如果 20 天以内还款，可以享受 2% 的折扣；如果 30 天以内还款，可以享受 1% 的折扣，超过 30 天不享受折扣：

if 还款时间小于等于 10 天：

　　享受 3% 的折扣

elif 还款时间小于等于 20 天：

　　享受 2% 的折扣

elif 还款时间小于等于 30 天：

　　享受 1% 的折扣

else：

　　不享受折扣

如果 A 客户购买了 10000 元的商品，在交易完成后的 15 天支付货款，则 A 客户实际应支付多少款项？

实现代码如下：

```
#【示例6－6】
AR = 10000          # A客户的货款金额为10000元
pay_days = int(input ('输入 A客户还款的天数'))
 # 交互输入A客户还款的天数
if pay_days < =10:                # 判断还款天数是否小于等于10
    revenue = AR * 0.97           # 计算享受3%折扣后的付款金额
elif pay_days < =20:              # 判断还款天数是否小于等于20
    revenue = AR * 0.98           # 计算享受2%折扣后的付款金额
elif pay_days < =30:              # 判断还款天数是否小于等于30
    revenue = AR * 0.99           # 计算享受1%折扣后的付款金额
else:
    revenue = AR * 1              # 计算不享受折扣后的付款金额
print('A客户最后的付款金额为%.2f' % revenue)
 # 根据输入的还款天数，输出A公司最后应付款的金额
```

上述示例的执行过程如下：

第一步：变量赋值。

把应收账款 10000 元赋值给变量 AR；交互输入还款天数 15 赋值给 pay_days。

第二步：用 if 语句判断 pay_days 是否小于等于 10。

如果判断结果为 True，则执行 if 后面的代码，计算享受 3% 折扣的收入并执行最后的

print()函数，程序到此结束，不再执行后面的 elif 语句。

此例题中 pay_days 为 15，大于 10，所以判断结果为 False，继续执行后面 elif 语句。

第三步：用 elif 语句判断 pay_days 是否小于等于 20。

如果判断结果为 True，则执行 if 后面的代码，计算享受 2% 折扣的收入并执行最后的 print()函数，程序到此结束，不再执行后面的 elif 语句。

此例题中 pay_days 为 15，小于 20，所以判断结果为 True，不再执行后面 elif 和 else 语句。

运行代码，结果如图 6－13 所示：

```
输入A客户还款的天数15
A客户最后的付款金额为9800.00
```

图 6－13 【示例 6－6】运行结果

注意：多分支结构中，几个分支语句之间是存在一定的逻辑关系的，不能随意颠倒顺序。

如果将【示例 6－6】的代码中的 30 天和 10 天的判断条件交换，当我们输入 15 天的还款天数时，Python 会返回的结果是什么？

技能拓展提升

❖if 嵌套

【示例 6－6】中的判断条件是互斥的，不会同时成立。但是实际工作中需要在几个条件同时成立时才能执行下一项操作，这就需要用到嵌套 if 语句。嵌套 if 语句是指在已有 if 语句块中插入另一个 if 语句块，实现条件的嵌套判断，if 语句块可以多层嵌套。嵌套 if 语句语法结构如下：

```
if <条件1>:
    <语句块1>:
    if<条件2>:
        <语句块2>
    else:
        <语句块3>
else:
    <语句块4>
```

嵌套 if 判断语句的执行过程如图 6－14 所示。

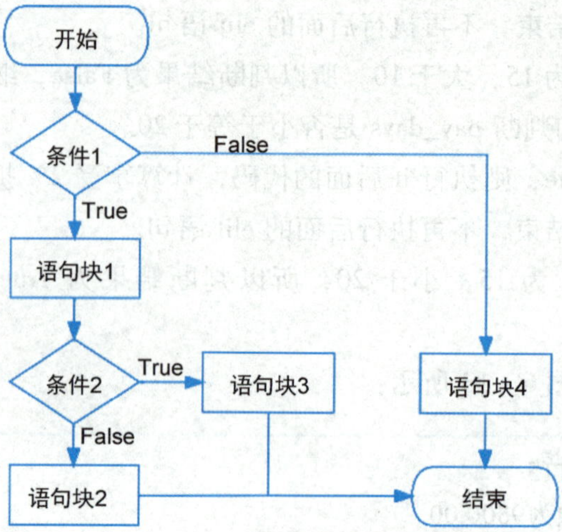

图 6-14　嵌套 if 语句的执行过程

开始以后，判断条件 1，如果条件 1 为 False，则执行语句块 4，程序结束。如果条件 1 为 True，则执行语句块 1，并继续判断条件 2。如果条件 2 为 True，则执行语句块 2，程序运行结束。如果条件 2 为 False，则执行语句块 3，程序运行结束。

【示例 6-7】甲公司新设置的现金折扣需要满足两个条件：①交易金额超过 10000 元；②交易后 30 天以内付款。同时满足以上两个条件才可以享受 1% 的现金折扣。

```
if 交易金额大于 10000 元：
    if 还款时间小于等于 30 天：
        享受 1% 的折扣
    else：
        不享受折扣
else：
    不享受折扣
```

如果 A 客户购买了 15000 元的商品，在交易完成后的 20 天支付货款，则 A 客户实际应支付多少款项？

实现代码如下：

```
#【示例6-7】
AR = int(input('输入 A 客户交易金额'))
# 交互输入A 客户的交易金额
pay_days = int(input ('输入 A 客户还款的天数'))
# 交互输入A 客户还款的天数


if AR > 10000：  # 判断交易金额是否大于10000
```

```
        if pay_days <= 30:              # 判断还款天数是否小于等于30
            revenue = AR * 0.99         # 计算享受1% 折扣后的付款金额
        else:
            revenue = AR * 1            # 计算不享受折扣后的付款金额
    else:
        revenue = AR * 1                # 计算不享受折扣后的付款金额

    print('A 客户最后的付款金额为%.2f' % revenue)
```

上述示例的执行过程如下：

第一步：变量赋值。

把 A 客户的交易金额 15000 赋值给 AR，将还款天数 20 赋值给 pay_days。

第二步：用 if 语句判断 AR 是否大于 10000。

如果判断结果为 True，则执行 if 后面的代码。如果判断结果为 False，则计算不享受折扣后的付款金额，执行最后的 print( ) 函数，程序到此结束。

此例题中 AR 为 15000，大于 10000，所以判断结果为 True，继续执行后面 if 天数判断语句。

第三步：继续执行 if 语句判断 pay_days 是否小于等于 30。

如果判断结果为 True，则执行 if 后面的代码，计算享受 1% 折扣的收入并执行最后的 print( ) 函数，程序到此结束。如果判断结果为 False，则计算不享受折扣后的付款金额，执行最后的 print( ) 函数，程序到此结束。

此例题中 pay_days 为 20，小于 30，所以判断结果为 True，计算享受 1% 折扣的收入并执行最后的 print( ) 函数。

运行代码，结果如图 6-15 所示：

```
输入A客户交易金额15000
输入A客户还款的天数20
A客户最后的付款金额为14850.00
```

图 6-15 【示例 6-7】运行结果

工作任务实施

使用多分支结构 if-elif-else 语句为深圳米多物联科技有限公司制作一个计算个人所得税的交互式小程序。

步骤 1：设计一个程序开头，显示程序名称为“个人所得税自动计算器”。代码如下：

```
# 设计程序开头
a = '=' * 10
b = '个人所得税自动计算器'
print(a, b, a)
```

步骤 2：获取计算应纳税所得额的基本数据并计算应纳税所得额，代码如下：

```
# 获取计算应纳税所得额的基本数据
wages = float(input('请输入您本年的综合收入额'))
sip = float(input('请输入您本年工资中的各项扣除总额'))
# 定义免征额60000元
exemption = 60000
# 计算应纳税所得额
income = wages - exemption - sip
```

步骤 3：使用 if-elif-else 语句自动判断适用的税率和速算扣除数，代码如下：

```
if income > 960000:       # 如果应纳税所得额超过960000
    rate = 0.45
    quick_cd = 181920     # 那么适用的税率为45%，速算扣除数为181920
elif income > 660000:
    rate = 0.35
    quick_cd = 85920
elif income > 420000:
    rate = 0.30
    quick_cd = 52920
elif income > 300000:
    rate = 0.25
    quick_cd = 31920
elif income > 144000:
    rate = 0.20
    quick_cd = 16920
elif income > 36000:
    rate = 0.10
    quick_cd = 2520
```

```
elif income > 0:          # 如果应纳税所得额超过0，小于36000
    rate = 0.03
    quick_cd = 0          # 那么适用的税率为3%，速算扣除数为0
else:                     # 如果应纳税所得额没有超过0
    rate = 0
    quick_cd = 0          # 那么适用的税率为0%，速算扣除数为0
```

步骤4：根据适用税率和速算扣除数计算得到应交个税，并输出结果，代码如下：

```
# 定义个人所得税计算方法
tax = income * rate - quick_cd
# 打印结果
print("您当年应缴纳的个人所得税为:%.2f" % tax)
```

运行代码，将本年的综合收入额150000，本年工资中的各项扣除总额36000交互录入，得到结果如图6－16所示：

```
==========个人所得税自动计算器==========
请输入您本年的综合收入额150000
请输入您本年工资中的各项扣除总额36000
您当年应缴纳的个人所得税为：2880.00
```

图6－16 任务实施结果

任务二 循环结构在财务数据处理中的应用

工作任务描述

深圳米多物联科技有限公司财务部小明将设计一个固定资产年数总和法计提折旧的Python程序，程序化资产折旧计算不仅准确高效，也可以降低错误率，帮助企业更准确地理解和管理其固定资产状况，从而提高财务管理质量。

工作任务分析

年数总和法，是指用固定资产原值减去预计残值后的净额，乘以一个逐年递减的分数（称为折旧率），计算折旧额的一种加速折旧的方法。计算公式为：

（年限期间的递减数/年限期间的年数总和）×（资产原值 - 预计残值）

本任务中，首先需要确定基本参数，包括折旧期限、资产原值、预计残值，这些都是计算折旧的关键因素。其次计算年限期间的年数总和，即为从折旧开始之日起直到预计可使用年限届满为止所有年份的年数。再次计算年限期间的递减数，为从折旧开始之日起直到该年末止的年数。最后根据公式计算折旧额。

在这个过程中，同一个固定资产每年重复执行相同的计算过程，只是折旧计算的参数（如剩余的使用寿命）在每年会不同，因此使用 Python 的循环结构可以极大地简化编程过程，提高代码的效率和可读性，保证折旧计算的准确性。

任务知识储备

循环结构语句

一、条件循环——while 循环

while 循环通过条件判断是否循环，其语法结构如下：

```
while <条件表达式>:
    <代码块>
```

while 条件以及缩进部分的代码是一个完整的代码块。while 为关键字，其和条件之间一定要有空格，条件后面一定要加上冒号；后面的代码块也称为循环体，其需要缩进四个空格。

while 循环语句的执行流程如图 6 - 17 所示：

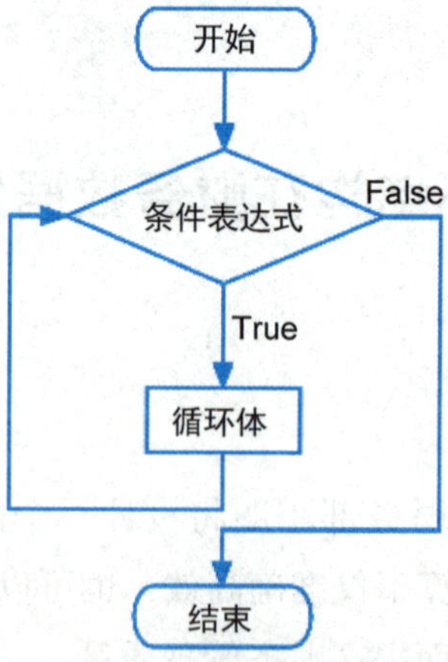

图 6 - 17　while 循环语句的执行流程

（1）程序执行到 while 时，先判断条件的值；

（2）条件判断为真时，执行循环体代码；

（3）程序继续回到条件位置继续判断；

（4）如果为真，则重复（2）（3）步骤，如果为假，则不执行循环体，循环结束，继续执行循环体外其他语句。

【示例6-8】用while循环输出1到10的整数。

实现代码如下：

```
i = 1                    # 初始化变量
while i <= 10:           # 条件判断
    print(i)             # 循环体
    i = i + 1            # 改变变量，一般朝着循环结束方向变化
print('循环结束')
```

在上面的代码中，首先初始化变量，将1的值赋值给变量i；然后进行条件判断，如果i小于等于10，则进入循环体，即执行下面的print语句。接下来，通过执行i = i + 1，i重新被赋值，i开始的值为1，经过一次循环后i的值为2。随着每次循环往复，i都会在上一次的基础上被重新赋值，都会增加1，直至i等于11，即不满足i< =10的条件，循环停止。最后执行循环语句之后输出‘循环结束’的语句。

运行代码，结果如图6-18所示：

```
1
2
3
4
5
6
7
8
9
10
循环结束
```

图6-18 【示例6-8】运行结果

示例中改变变量是通过增加变量值，变量值不仅可以随着循环增加，还可以随着循环减少，甚至成倍数增加。

二、计数循环——for循环

for循环是Python中最常见的循环类型之一。它被用于遍历任何序列类型(例如列表或字符串)，或其他可迭代对象。其语法结构如下：

```
for <迭代变量> in <可迭代对象>:
    <代码块>
```

for 是关键字，而后紧跟着的迭代变量用于存放从可迭代对象中读取出来的元素，该迭代变量的名称可以自己定，命名规则跟变量命名规则一致；在关键字 in 后面接着的是可迭代对象，可迭代对象可以是包括序列和集合在内的任何可以迭代的对象，如字符串、列表、元组、字典、集合等。代码块是指具有相同缩进格式的多行代码，由于和循环结构联用，因此代码又称为循环体，其执行流程如图 6－19 所示。

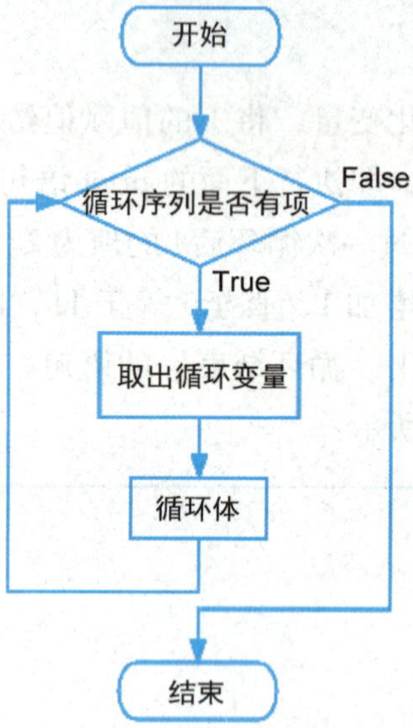

图 6－19　for 循环的执行流程图

for 循环首先会从可迭代对象中获取第一元素，将其的值赋值给迭代变量，然后执行代码块。执行完代码块后，再取下一个元素的值赋给迭代变量，再次执行代码块，直到可迭代对象中的所有元素都被遍历一遍，循环就会结束。

【示例 6－9】用 for 循环计算并输出 1 到 10 的整数和。

实现代码如下：

```
s=0                                 # 定义变量s存放累加求和结果
for i in [1,2,3,4,5,6,7,8,9,10]:    # 变量i遍历列表中的每一个元素
    print(i, end='')                # 输出i的值，每个i值空格连接
    s=s+i                           # 将i的值累加到s中
print('的和为:%d' %s)               # 输出1—10累加的值
```

运行代码，结果如图 6－20 所示：

```
1 2 3 4 5 6 7 8 9 10 的和为：55
```

图 6－20 【示例 6－9】运行结果

从以上示例可知，该循环执行了 10 次，这是因为变量 i 的值从 1 开始(i＝1)，循环会依次对应列表中的每一个值，把循环体中的所有操作依次执行，示例中输出了每一个 i 的值，并将 i 的值累加到 s 中。

三、range ( ) 函数

【示例 6－9】中的循环只循环了 10 次，如果想计算 1 到 100 的整数和就需要循环运行 100 次，该怎么做呢？是否需要创建一个 1 到 100 的列表呢？这个时候，我们就可以用到一个内置函数——range。range 函数常常结合 for 循环使用，用于生成一个整数序列。range( ) 函数的语法如下：

```
range([start,] stop [,step])
```

- start：计数从 start 开始，默认是从 0 开始。例如 range(3) 等价于 range(0，3)。
- stop：计数到 stop 结束，但不包括 stop。例如：range(0，3)是[0,1,2]没有 3。
- step：步长，默认为 1。例如：range(0，3)等价于 range(0，3，1)。

【示例 6－10】使用 range 函数和 for 循环，计算 100 以内所有偶数的和。

实现代码如下：

```
s =0                          # 定义变量s 存放累加求和结果
for i inrange(2, 101, 2):     # 变量i遍历列表100以内的偶数
    s = s + i                 # 将i的值累加到s中
print('100以内的所有偶数和为%d。' %s)
```

运行代码，结果如图 6－21 所示：

```
100以内的所有偶数和为2550。
```

图 6－21 【示例 6－10】运行结果

上面的示例中，变量 i 按照步长 2 在 2—101 序列中取数。初始值是 2，结束值是 100，依次取到的数为 2，4，6，8，…，100。

四、while 循环与 for 循环的区别

虽然 while 循环和 for 循环的主要功能都是执行一段代码多次，但它们的使用场景和实

现方式有所不同。以下是一些主要的区别：

（一）控制方式

while 循环：当给定的条件为真(也就是说，满足条件)时，循环体中的代码会被执行。只有当条件不再为真时，才会退出循环。

for 循环：通常针对可迭代的对象(如列表、元组、字典、字符串、range 对象等)进行循环。它会按照序列中的元素顺序，逐个取出元素并执行循环体的代码，直到所有元素都遍历完，才会退出循环。

（二）使用场景

while 循环经常用于需要在条件满足时持续执行某段代码的场景，例如等待用户输入、持续从数据流中读取数据等。

for 循环适合用于已知循环次数的场景，例如遍历序列的所有元素、执行固定次数的操作等。

（三）循环控制

while 循环的控制更为灵活，因为它可以在任何条件满足时结束循环，而这个条件可以非常自由地设定。然而，这个特性也可能导致一些问题，如可能会因为条件设置不当而导致无限循环。

for 循环的循环体执行次数通常在循环开始前就已经确定(通过要遍历的序列长度确定)，因此它在编程时要相对容易控制一点。

【示例 6 – 11】分别用 while 循环和 for 循环，计算 1—100 的所有整数和。

实现代码如下：

```
# while循环计算1到100的整数和
s=0
i=1
while i<=100:
    s=s+i
    i=i+1
print('while 循环计算 1 到 100 的整数和为%d' %s)

# for循环计算1到100的整数和
s_f=0
for j in range(1, 101):
    s_f=s_f+j
print('for 循环计算 1 到 100 的整数和为%d' %s_f)
```

运行代码，结果如图 6－22 所示：

```
while循环计算1到100的整数和为5050
for循环计算1到100的整数和为5050
```

图 6－22 【示例 6－11】运行结果

如【示例 6－11】所示，while 和 for 循环可以达到相同的作用。总的来说，while 和 for 循环各有优势，具体使用哪种循环取决于具体需求。

技能拓展提升

❖提前跳转和跳出循环

在 Python 循环结构中，可以使用 continue 和 break 语句来辅助控制循环的执行。

一、提前跳转——continue 语句

当遇到 continue 语句时，Python 会忽略当前循环内 continue 之后的所有语句，并直接进入下一次的循环迭代。

【示例 6－12】认识 continue，计算 1—10 之间不是 5 的倍数的所有整数和。

实现代码如下：

```
# 认识continue
s =0
for i in [1,2,3,4,5,6,7,8,9,10]:
    if i%5 ==0:                          # 判断i 除以5的余数是否等于0
        continue
    else:
        print(i, end ='')
        s =s +i
print('的和为：%d' %s)
```

运行程序，结果如图 6－23 所示：

```
1 2 3 4 5 6 7 8 9 的和为：40
```

图 6－23 【示例 6－12】运行结果

【示例 6－12】是在【示例 6－9】代码的基础上，加入了 if 控制语句，来作为是否要进行跳转的判断条件。当 i 能够被 5 整除时，即 i 除以 5 的余数为 0 时，条件为真，执行

continue 语句，不执行 print 和累加的语句，直接跳转到下一次循环。当 i 不能够被 5 整除，条件为假，不执行 continue，执行 print 和累加的语句。

二、跳出循环——break 语句

当遇到 break 语句时，Python 会完全跳出当前循环，不再执行其后的迭代，并继续执行循环之后的代码。

【示例 6－13】认识 break，代码如下：

```
# 认识break
s =0
for i in [1,2,3,4,5,6,7,8,9,10]:
    if i%5 ==0:                          # 判断i除以5的余数是否等于0
        break
    else:
        print(i, end ='')
        s =s +i
print('的和为：%d' %s)
```

运行程序，结果如图 6－24 所示：

```
1  2  3  4  的和为：10
```

图 6－24　【示例 6－13】运行结果

【示例 6－13】是将【示例 6－12】中的 continue 改为 break，当满足 i 可以被 5 整除的条件时，执行 break 语句，直接跳出循环，执行最后的 print('的和为:%d' %s)语句。i 依次取数为 1、2、3、4、5，到 5 满足 if 判断条件，停止循环，因此最后输出的结果为 1—4 的整数和。

continue 和 break 的区别简单来说，continue 是跳过本次循环，而 break 是结束整个循环。

工作任务实施

编写一个 Python 程序，使用 for 循环实现固定资产的年数总和法计提折旧。

步骤 1：获取基本参数：资产原值、折旧期限、预计残值率。代码如下：

```
# 交互获取基本参数：cost 为资产原值、life 为折旧期限、salvage 为预计残值率
cost = float(input('请输入固定资产原值(元)'))
life = int(input('请输入固定资产使用年限(年)'))
salvage = float(input('请输入固定资产的残值率(用小数表示)'))
```

在交互获取数据时，第一需要注意提示用户输入正确的数据格式；第二需要将数据转换为合适的数据类型，比如 int( ) 可以转换为整数型，float( ) 转换为浮点型，还可以使用 eval( ) 函数。

步骤 2：计算年数总和。代码如下：

```
# 定义变量h，初始赋值为0；通过for 循环累计年数和，从1+2+ …+life 年
h=0
for i in range(1, life+1):
    h+=i
```

步骤 3：计算年数递减数，并根据公式计算每月的折旧额。代码如下：

```
# 定义变量h，并通过for 循环累计年数和，从1+2+ …+life 年
for i in range(life, 0, -1):                          # 倒序循环
    d_rate=i/h                                         # 年数总和法折旧率
    p_depreciation=cost*(1-salvage)*d_rate/12          # 计算月折旧额
    n=life+1-i                                         # 计算正序年份
    print('第%d 年每月折旧额为%.2f' %(n, p_depreciation))
```

通过将 range 函数中的步长设置为 -1，让 i 从 life 开始倒序遍历，这样就可以循环得到每期的年数递减数。

然后，年数递减数 i 除以年数总和 h 得到年数总和法年折旧率。再根据公式：月折旧额 =（年限期间的递减数/年限期间的年数总和）×[资产原值 ×（1 - 预计残值率）]/12。计算得到每月的折旧额。最后输出每年对应的月折旧额。

将固定资产原值为 10000 元，使用年限为 5 年，残值率为 5% 的数据输入到程序中，得到以下结果，如图 6-25 所示。

```
请输入固定资产原值（元）10000
请输入固定资产使用年限（年）5
请输入固定资产的残值率（用小数表示）0.05
第1年每月折旧额为263.89
第2年每月折旧额为211.11
第3年每月折旧额为158.33
第4年每月折旧额为105.56
第5年每月折旧额为52.78
```

图 6-25 任务实施结果

技能训练

一、单项选择题

1. 以下关于顺序结构的说法中错误的是(　　)。

A. 顺序结构是最基本的结构

B. 顺序结构为所有程序的默认结构

C. 顺序结构可以与其他结构组合

D. 顺序结构是指程序按照语句编写的先后顺序依次执行

2. 哪个选项是实现多路分支的最佳控制结构(　　)。

A. if　　　　B. if-elif-else

C. try　　　　D. if-else

3. 甲公司为促进 A 产品销售采用商业折扣的方式进行销售，具体折扣条件如下所示：

if 购买数量小于 100 件：

　没有折扣

elif 100 件 < = 购买数量 <300 件：

　享受 5% 的折扣

elif 300 件 < = 购买数量 <500 件：

　享受 8% 的折扣

else：

　享受 10% 的折扣

如果产品的单价为 10 元/件。客户乙购买 A 产品 380 件，则甲公司应确认多少销售收入(　　)。

A. 3800　　　　B. 3420

C. 3496　　　　D. 3610

4. 下列有关 break 语句与 continue 语句不正确的是(　　)。

A. 当多个循环语句彼此嵌套时，break 语句只适用于最里层的语句

B. continue 语句必须在 for、while 循环中使用

C. continue 语句结束循环，继续执行循环语句的后继语句

D. break 语句结束循环，继续执行循环语句的后继语句

5. 下面语句不符合语法要求的是(　　)。

A. for i in 123　　　　B. for i in 'hello'：

C. for i in range(10)：　　　　D. for i in [1,2,3]：

二、多项选择题

1. 关于流程控制语句，下列描述错误的有(　　)。

A. 流程控制语句分为：顺序执行、分支语句、循环语句

B. 顺序执行：编写的代码按照条件满足与否执行相应的语句块

C. 分支语句：编写的代码按照编写的上下顺序一行一行执行

D. 循环语句：在满足条件下周而复始的运行

2. 以下关于 if-elif-else 语句的说法中正确的有(　　)。

A. elif 必须和 if 联合使用，但是 else 可以单独使用

B. 只要所有条件中的某个条件成立，Python 就会忽略接下来的所有 elif 条件

C. elif 后面的“”一定要往里缩进四格

D. 可以将 if、elif、和 else 以及各自缩进的代码，看成一个完整的代码块

3. Python 中 for 循环和 while 循环的区别有(　　)。

A. for 循环是有限次数的循环　　B. for 循环是基于循环对象判断的循环

C. while 循环是基于条件判断的循环　　D. while 循环是基于循环对象判断的循环

三、判断题

1. 分支结构包括单分支结构和二分支结构。(　　)

2. if-else 语句中，else 与 if 同级，不需要额外缩进。(　　)

3. Python 中语句块缩进只是为了美观好看。(　　)

4. 对于 while 循环，当条件满足时，将一直处于循环状态。(　　)

5. for 循环中的循环对象只可以是字符串和列表。(　　)

四、实操题

1. 某企业 2021 年 3 月 31 日 A 商品的账面余额(成本)为 100000 元，已计提存货跌价准备 20000 元。由于市场价格的波动，使得 A 商品的预计可变净值为 75000 元。判断 A 产品是否发生减值，如果发生减值，需要计提的存货跌价准备是多少?

2. 使用 range 函数和 for 循环，求 1—100 之间的奇数和。

项目小结

项目	任务列表	学习内容
财务数据处理流程控制	任务一 分支结构在财务数据处理中的应用	程序的流程控制结构
		分支结构判断语句：单分支结构
		分支结构判断语句：双分支结构
		分支结构判断语句：多分支结构
		if 嵌套
	任务二 循环结构在财务数据处理中的应用	条件循环——while 循环
		计数循环——for 循环
		range( ) 函数
		while 循环与 for 循环的区别
		提前跳转——continue 语句
		跳出循环——break 语句

项目七

财务数据处理重复调用

项目目标

知识目标

1. 了解内置函数和自定义函数的含义；
2. 掌握内置函数和自定义函数的调用方法；
3. 了解函数参数的种类和含义。

技能目标

1. 能够通过自定义函数解决现实项目中出现的问题；
2. 能够理解函数参数传递的原理和方式，熟练运用函数参数传递到函数的定义和调用中。

素质目标

1. 具有终身学习的理念；
2. 具有解决复杂问题的模块化思维方式；
3. 具有社会责任感和勇于担当的精神。

德技并修

持续投资：企业责任的经济回报与公众认同

赤云公司是一家全球知名的供应链公司，主要为其他企业提供优化生产和销售过程的服务。很长一段时间，这家公司一直在全球范围内扩张业务。最近，他们计划进一步加大投资，将开发大幅度提升利润的新服务。

然而，在这个决策过程中，赤云公司面临着一个十分困难的选择。该公司可用的资金有限，而其考虑的服务项目有两个：一是更能让公司在短期内实现利润的新营销策略，二是对社会利益更大但潜在回报可能较低的可持续供应链方案。

CEO 王生一直对社会事务保持热爱和关注。他希望赤云公司不仅关注眼前的利益，还要考虑长远的社会责任。他向公司委员会推荐了这个可持续供应链项目，他解释道，这项服务有助于客户减少废弃物的产生，降低对环境的破坏，长远来看，它会对社会产生深远影响。

虽然部分股东对这个决策持怀疑态度，但王生坚信他的决定是正确的。他说道："作为一家具有全球影响力的公司，我们有责任推动社会的改善。我们的投资决策不能只看眼前的收益，还需要关注对社会环境的影响。这也是我们长远发展的保障。"

最后，公司决定按照王生的建议行事，投资并开发新的可持续供应链服务。这项服务在推出后，受到社会和客户的高度赞扬，媒体甚至将之评为最具社会责任心的服务之一。尽管该服务初始的盈利并不高，但赤云公司的股价却因这一决策而大幅上涨。

思考与启示

这个故事告诉我们，对社会及环境的长期投资将为企业未来带来更为持久和广泛的回报，同时也赢得了公众的尊重和认同。企业在决策投资项目时，不仅要看到眼前的利益，还应该看到社会责任。

项目任务描述

深圳米多物联科技有限公司有许多重复的数据处理和分析工作，比如计算不同投资项目的净现值、计算不同理财产品的投资收益等。将这些计算功能封装在函数中，当有新的数据需要处理时，只需调用这些函数，而不需要重新编写这些步骤的代码。这将大大提高代码的复用性、提升工作效率、减少出错率，并且使得代码更容易维护和更新。

项目知识图谱

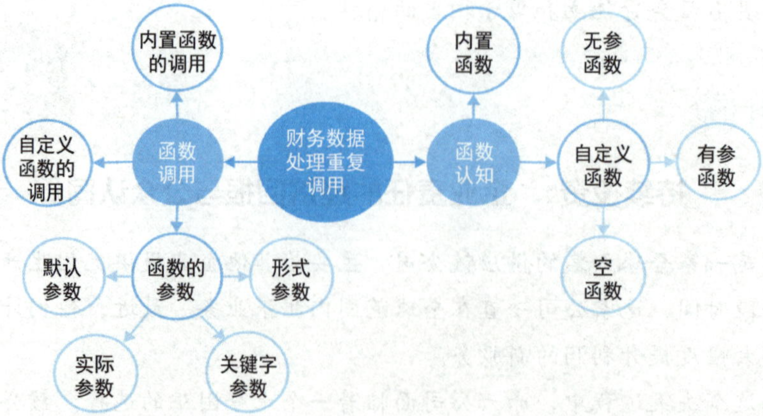

项目任务分解

项目七 财务数据处理重复调用	任务一 函数定义在财务分析计算中的应用
	任务二 函数调用在财务分析计算中的应用

任务一 函数定义在财务分析计算中的应用

工作任务描述

深圳米多物联科技有限公司在进行项目投资时，需要计算项目的净现值来评估投资项目是否可行。财务部打算用 Python 编写计算项目净现值的函数，编写的函数可以在需要的时候被再次使用，无须重复编写代码，而且该函数可允许修改各种参数，使得同一个函数可以计算和评估不同的投资项目，提高工作效率。

工作任务分析

净现值(NPV)用于衡量一个投资项目的经济效益，它是指将未来的现金流量折现回当前时间的价值，再减去投资项目的成本得出的结果。如果净现值为正，说明投资项目的收益大于成本，是一个值得考虑的投资机会；如果净现值为负，则说明投资项目的成本大于收益，不值得投资。

净现值的计算公式为：

$$NPV = \frac{现金流}{(1+i)^t} - 初始投资$$

其中 i ＝所需收益率或贴现率，t＝时间段数

因此编写计算项目净现值的函数需要获取一系列现金流量数、折现率等数据，并运用净现值计算公式计算出结果。

任务知识储备

一、内置函数

Python 内置函数指的是 Python 内部已经定义好的，可以直接使用的函数。这些内置函数为编程提供了基本的操作和处理，使得开发变得更加方便和高效。Python 的内置函数涵盖了很多方面，比如数学运算(如 abs()、max()、min())，数据类型转换(如 int()、float()、str())，序列操作(如 len()、range()、sorted())，以及其他一些常用功能(如 print

()、input()、open())等。这些函数针对不同的需求，提供了丰富的功能。

在工作任务中，我们需要进行幂运算，就可以用到内置函数 pow()。在这里我们介绍 pow()函数的用法。这个函数接受两个或三个参数，基本格式如下：

```
pow(a, b)或者 pow(a, b, m)
```

在 pow(a, b)中，a 是底数，b 是指数，函数会返回 a 的 b 次方的结果。

在 pow(a, b, m)中，m 是模数，函数会返回 a 的 b 次方除以 m 的余数(即(a ** b)%m)。需要注意的是，a、b 和 m 都应该是数值类型(整数或浮点数)。

【示例 7-1】运用 pow()函数进行以下运算。

实现代码如下：

```
print(pow(2, 3))
print(pow(4, 3))
print(pow(4, 3, 2))
print(pow(4, 3, 3))
```

运行代码，结果如图 7-1 所示：

```
8
64
0
1
```

图 7-1 【示例 7-1】运行结果

自定义函数

二、自定义函数

(一)语法结构

在实际工作中，有些特殊需求，例如计算项目的净现值，可能无法通过内置函数实现。在这种情况下，我们需要自己编写函数，即用户自定义函数。对于经常需要使用的功能，使用自定义函数可以避免反复编写相同的代码，从而提高程序的模块化程度，节省编码时间。

Python 定义函数的语法结构如下：

```
def <函数名>(<参数列表>):
    <函数体>
    return <返回值列表>
```

说明如下：

- def 是定义函数的关键词，后接函数名和英文圆括号，最后应以冒号结尾。
- 函数名就是给函数的标识。按照 Python 的命名规则，它可以包含字母、数字和下划线，但不能以数字开头。
- 参数列表也称为形参，是调用该函数时传递给它的值，必须放在圆括号之内，根据需求进行设置。可以创建一个没有参数的函数，如果有多个参数，它们应该用逗号隔开。
- 函数体，即函数被调用后，要执行的功能代码，函数体相对于 def 关键字需要缩进 4 个空格。
- return 关键词用于指定函数的返回值。这也是可选的，如果省略，函数将返回 None。

（二）自定义函数的形式

自定义函数的形式有无参函数和有参函数两种。

1. 无参函数

【示例 7－2】 圆括号( )里面不带任何参数。

实现代码如下：

```
def hello( ) :
    print("Hello World!")
```

在【示例 7－2】中，hello 是函数的名字，该函数没有参数，函数的任务是打印出问候语 Hello World!

2. 有参函数

【示例 7－3】 圆括号( )里面有参数，无返回值。

实现代码如下：

```
def print_welcome(name):
    print("Welcome", name)
```

在【示例 7－3】中，print_welcome 是函数的名字，name 是传入的参数，函数的任务是打印出一个问候语。比如传入 name = 小明，打印的结果为 Welcome 小明。

【示例 7－4】 圆括号( )里面有参数，有返回值。

实现代码如下：

```
def add(a, b):
    c = a + b
    return c
```

在【示例 7－4】中，add 是函数的名字，a 和 b 是传入的参数，函数的任务是计算 a

+b 的值并赋值给 c，然后 return 返回 c 的值。

技能拓展提升

❖空函数

在 Python 中，有时我们需要一个函数占位符，但并不希望它执行任何操作。这就是所谓的空函数。

我们可以使用 pass 语句来创建空函数。pass 是 Python 中的一个特殊语句，表示无操作。它的主要作用是占位，以保持程序结构的完整性。

以下是一个空函数的示例：

【示例 7-5】定义空函数。

实现代码如下：

```
def empty_function():
    pass
```

在上述代码中，empty_function 是一个不执行任何操作的函数。当调用这个函数时，没有任何事情会发生。

工作任务实施

编写计算项目净现值函数的主要步骤如下：

步骤 1：定义函数名 calculate_npv，这个函数至少需要两个参数：现金流量列表 cashflows 和折现率 discount_rate。现金流量列表是一个包含各期现金流量的列表，折现率是投资者的资金成本。

```
def calculate_npv(cashflows, discount_rate):
```

步骤 2：在函数体中，首先定义一个变量 npv，初始值为 0，这个变量用来存放计算的结果。

```
npv = 0
```

步骤 3：用 for 循环遍历现金流量列表。对于列表中的每一个元素，都用它除以(1+折现率)的序号次幂，然后把结果累加到 npv 变量中。

```
for i in range(len(cashflows)):
    npv += cashflows[i] / pow(1 + discount_rate, i)
```

步骤 4：返回 npv 变量的值。

```
return npv
```

计算项目净现值函数定义好之后，通过函数调用将项目对应的预期现金流量和折现率代入，就可以得到项目的净现值。接下来我们继续学习如何调用函数。

任务二 函数调用在财务分析计算中的应用

工作任务描述

深圳米多物联科技有限公司现在面临 2 个投资项目的决策问题。这 2 个项目的现金流和折现率如表 7－1 所示。

表 7－1 投资项目信息表

	初始投资(万元)	每年的现金流(万元)	折现率 1	折现率 2
项目 a	200	10，10，10，10，10，250	5%	10%
项目 b	200	250，10，10，10，10，10	5%	10%

要求通过计算项目 a 和 b 的净现值来判断是否进行投资。

工作任务分析

在任务一中我们已经定义了计算项目净现值的函数，现在需要将投资项目的信息转换为函数中所需的参数，函数中的 cashflows 对应项目从年初到年末的现金流，discount_rate 对应项目的折现率。最后再调用函数即可得到结果。

任务知识储备

函数的调用

一、内置函数的调用

内置函数是预定义在 Python 解释器中的函数，可以在代码中直接使用，不需要任何导入或定义。但是在调用时要注意以下事项：

（1）函数名称和参数的拼写、大小写要准确：Python 函数名称和参数的大小写都是敏感的，必须参考 Python 官方文档的描述准确拼写。

【示例 7－6】函数名称大小写错误。

```
print('Hello')
```

比如以上代码中将输出函数 print 的第一个字母大写，会出现以下错误提示，大写 Print 未被识别为内置函数 print，而被认为是一个新的没有被定义的变量。运行结果如图 7－2 所示。

```
NameError                         Traceback (most recent call last)
Input In [45], in <cell line: 1>()
----> 1 Print('Hello')
NameError: name 'Print' is not defined
```

图 7－2 【示例 7－6】运行结果

（2）遇到不熟悉的内置函数可以使用 help( ) 函数查看使用文档，了解函数的功能和使用方法。

【示例 7－7】使用 help(len) 查看 len( ) 函数的帮助信息，示例代码及运行结果如图 7－3 所示。

```
help(len)
```

```
Help on built-in function len in module builtins:
len(obj, /)
    Return the number of items in a container.
```

图 7－3 【示例 7－7】运行结果

（3）参数类型和数量必须匹配：在调用函数时，传入的参数类型、数量和顺序必须符合函数定义。例如，【示例 7－7】中显示 len( ) 函数只接受一个集合类型（如列表、元组、字符串）的参数。

【示例 7－8】参数类型错误

```
len(100)
```

比如以上代码中 len( ) 函数中输入一个整数 100，会出现图 7－4 中的错误提示，整数型不能用 len 函数计算长度：

```
TypeError                    Traceback (most recent call last)
Input In [49], in <cell line: 1>()
----> 1 len(100)
TypeError: object of type 'int' has no len()
```

图 7－4 【示例 7－8】运行结果

【示例 7－9】参数数量错误

```
len('hello', 5)
```

在 len( ) 函数中输入 2 个参数，会报 TypeError 的错误，并告知错误原因是 len( ) 函数只有一个参数，但是现在给了 2 个。运行结果如图 7 – 5 所示。

```
TypeError                          Traceback (most recent call last)
Input In [50], in <cell line: 1>()
----> 1 len('hello',5)
TypeError: len() takes exactly one argument (2 given)
```

图 7 – 5 【示例 7 – 9】运行结果

二、自定义函数的调用

在自定义函数的阶段，Python 只会检查语法是否正确，而不会执行代码。如果想要执行代码，我们需要调用函数。调用函数的基本语法结构如下：

```
<函数名>(<参数列表>)
```

调用函数时，需要遵循以下规则：

（1）确保函数名的准确性。在调用自定义函数之前，必须确认该函数已经成功地被定义，Python 不能调用未定义的函数。此外，确保使用的函数名是正确的，如【示例 7 – 10】所示，Python 会将 hello( ) 和 Hello( ) 理解为两个不同的函数。

【示例 7 – 10】调用【示例 7 – 2】中定义的 hello( ) 函数。

```
def hello( ):                  # 定义函数
    print("Hello World!")
hello()                        # 调用函数
Hello()                        # 调用函数Hello()
```

运行代码，结果如图 7 – 6 所示：

```
Hello World!
---------------------------------------------------------------
NameError                          Traceback (most recent call last)
Input In [54], in <cell line: 4>()
      2     print("Hello World!")
      3 hello()
----> 4 Hello()
NameError: name 'Hello' is not defined
```

图 7 – 6 【示例 7 – 10】运行结果

其中 hello()语句成功执行，得到结果 Hello World!；而 Hello()语句执行显示错误为大写的 Hello 没有被定义。

（2）参数的个数和类型应符合函数定义：如果函数定义了接受参数，那么在调用时必须传递相应的参数，且类型应与定义时一致。

【示例 7 – 11】调用【示例 7 – 3】中定义的 print_welcome 函数。

```
def print_welcome(name):
    print("Welcome", name)
print_welcome(name)('清晨阳光')
```

运行代码，结果如图 7 – 7 所示：

```
Welcome  清晨阳光
```

图 7 – 7 【示例 7 – 11】运行结果

（3）理解函数的返回值：如果函数有返回值，应理解返回值的类型和含义，并在函数调用后正确地处理返回值。

【示例 7 – 12】调用【示例 7 – 4】中定义的 add 函数。

```
def add(a, b):
    c = a + b
    return c
print(add(1, 100))
```

运行代码，结果如图 7 – 8 所示：

```
101
```

图 7 – 8 【示例 7 – 12】运行结果

技能拓展提升

❖参数设置

自定义函数时，如果不需要参数的传递，可以不设置参数，比如【示例 7 – 2】中括号内不添加任何值，也没有结果的返回，仅实现输出的功能。但是为了满足更多的需求，需要在定义函数时设置参数，使得函数可以接受输入，对输入进行处理。这使得函数可以对各种不同的数据进行操作。因此，用好函数的参数非常重要，下面我们来讨论一下 Python 函数参数的用法。

一、形式参数与实际参数

形式参数，是在函数定义时使用的参数的名称，又称为形参。当我们定义一个函数与其操作的值时，使用形式参数。例如在定义函数 def add(a, b)：中，a 和 b 就是形式参数。

实际参数，是在函数调用时传递给函数的实际值，又称为实参。例如在调用函数 add(2, 3)中，2 和 3 就是实际参数。

【示例 7－13】调用【示例 7－4】中定义的 add 函数。

实现代码如下：

```
def add(a, b):              # a, b 为形参
    c = a + b
    return c
print(add(2, 3))            # 2, 3 为实参
print(add(5, 10))           # 5, 10 为实参
```

运行代码，结果如图 7－9 所示：

```
5
15
```

图 7－9 【示例 7－13】运行结果

形式参数仅在函数定义中存在，在函数被调用时，形式参数接收实际参数的值以便进行后续的计算或操作。实际参数可以是常量、变量、表达式或函数等，只要最后能够给出一个值供形式参数使用即可。

二、位置参数与关键字参数

在 Python 函数中，参数可以通过位置或关键字传递。

位置参数，是最常见的参数类型。在函数调用时，参数的值是根据其在函数定义中的位置来确定的。例如，def func(a, b, c)：中，a、b、c 都是位置参数。在调用 func(1, 2, 3)时，1、2、3 就是根据它们的位置，分别赋值给 a、b、c。

【示例 7－14】位置参数。

```
def func(a, b, c):
    print(a, b, c)
func(1, 2, 3)
```

运行代码，结果如图 7－10 所示：

```
1 2 3
```

图 7－10 【示例 7－14】运行结果

关键字参数：在函数调用时，通过参数的名字明确指定参数的值，而不是通过位置。这意味着参数的顺序并不重要。例如，我们可以这样调用上面定义的 func 函数：func(b=2，c=3，a=1)。根据名字，1、2、3 分别赋值给 a、b、c，尽管它们的顺序在调用的时候和在定义的时候不一致。

【示例 7－15】关键字参数。

```
def func(a, b, c):
    print(a, b, c)
func(b=2, c=3, a=1)
```

运行代码，结果如图 7－11 所示：

```
1 2 3
```

图 7－11 【示例 7－15】运行结果

关键字参数通常用于函数有很多参数或默认值的情况，它可以增加代码的可读性，同时也可以简化调用的复杂性。

三、默认参数

在 Python 中，函数可以有一个或多个默认参数。这意味着在函数定义时，这些参数被赋予了默认值。当函数被调用时，如果不提供这些参数的值，那么就会使用默认值。

【示例 7－16】默认参数。

```
def func(a, b, c=100):          # 给c设定一个默认值100
    print(a, b, c)
func(1, 2)                      # 调用函数，不提供c参数的值
func(1, 2, 3)                   # 调用函数，提供c参数的值
```

运行代码，结果如图 7－12 所示：

```
1 2 100
1 2 3
```

图 7－12 【示例 7－16】运行结果

在这个例子中，函数 func 有 3 个参数，a，b 和 c。其中 c 参数有一个默认值 100。当只提供 2 个参数调用 func 函数时，c 参数将使用其默认值。

默认参数可以使得函数调用变得更简单，因为不必为每个参数都提供值。

工作任务实施

深圳米多物联科技有限公司运用 Python 计算项目净现值，并进行投资决策的步骤如下：

步骤 1：定义计算项目净现值的函数。

```
def calculate_npv(cashflows, discount_rate):
    npv = 0
    for i in range(len(cashflows)):
        npv += cashflows[i] / pow(1 + discount_rate, i)
    return npv
```

步骤 2：确认实际参数的值。

正确理解自定义函数 calculate_npv 中形参 cashflows 和 discount_rate 的数据类型和含义：cashflows 对应的是一系列现金流，可以用列表来表示，且该现金流包括初始投资，但是需要与流入的现金流的数值相反；discount_rate 折现率的数据类型为数值型。

因此根据表 7－1 中的信息可知项目 a 的现金流 cashflows = [－200,10,10,10,10,10,250]，折现率 discount_rate 有两个值，分别为 0.05 和 0.1。项目 b 的现金流 cashflows = [－200,250,10,10,10,10,250]，折现率 discount_rate 有两个值，分别为 0.05 和 0.1。

步骤 3：调用函数。

```
# 计算项目a 在5% 的折现率下的净现值
a1 = calculate_npv([-200,10,10,10,10,10,250],0.05)
# 计算项目a 在10% 的折现率下的净现值
a2 = calculate_npv([-200,10,10,10,10,10,250],0.1)
print('项目 a 在 5% 的折现率下的净现值为', '%.2f' % a1)
print('项目 a 在 10% 的折现率下的净现值为', '%.2f' % a2)
```

运行代码，结果如图 7－13 所示：

```
项目a在5%的折现率下的净现值为 29.85
项目a在10%的折现率下的净现值为 -20.97
```

图 7－13　计算项目 a 净现值运行结果

```
# 计算项目b 在5% 的折现率下的净现值
b1 = calculate_npv([ -200,250,10,10,10,10,10],0.05)
# 计算项目b在10%的折现率下的净现值
b2 = calculate_npv([ -200,250,10,10,10,10,10],0.1)
print('项目 b 在 5% 的折现率下的净现值为', '%.2f' % b1)
print('项目 b 在 10% 的折现率下的净现值为', '%.2f' % b2)
```

运行代码，结果如图 7－14 所示：

```
项目b在5%的折现率下的净现值为 79.33
项目b在10%的折现率下的净现值为 61.73
```

图 7－14　计算项目 b 净现值运行结果

步骤 4：分析结果。

在折现率为 5% 的时候，项目 a 和 b 的净现值都大于零，都可以投资；在折现率为 10% 的时候，项目 a 的净现值小于零，不建议投资，项目 b 的净现值大于零，建议投资。

技能训练

一、单项选择题

1. 以下不属于内置函数的是（　　）。

A. print( ) 函数　　B. input( ) 函数

C. int( ) 函数　　D. do_nothing( ) 函数

2. 以下函数名不合法的是（　　）。

A. PRICE　　B. price1

C. 1price　　D. _pric

3. 以下关于自定义函数语法结构描述错误的是（　　）。

```
def <函数名>(<参数列表>):
    <函数体>
    return <返回值列表>
```

A. 参数列表也称为形参，是调用该函数时传递给它的值

B. 参数列表中可以为 0 个

C. 函数体是函数被调用后，要执行的功能代码

D. 函数体相对于 def 关键字必须保持一定的语句缩进

4. 自定义函数如下：

```
def func(a, b, c=100):
    print(c, b, a)
```

如果调用函数时语句：func(1，10，200)

输出的结果为(　　)。

A. 1 10 100

B. 100 10 1

C. 200 10 1

D. 报错

5. 函数中定义了 3 个参数，其中 2 个参数都指定了默认值，调用函数时参数个数最少是(　　)。

A. 0

B. 2

C. 1

D. 3

二、多项选择题

1. 以下关于自定义函数说法中正确的有(　　)。

A. 使用自定义的函数能节约重复写代码的时间，提高程序的模块化水平

B. 自定义函数的函数代码块以 def 关键字开头，最后应以英文冒号结尾

C. 自定义函数的命名不可以与 Python 内置函数重复

D. 自定义函数时，return 可以省略

2. 以下关于自定义函数中 return 描述中正确的有(　　)。

A. 返回函数的处理结果给调用

B. 标志着函数的结束

C. 若函数没有返回值，可以省略

D. 若函数没有返回值，可以省略

3. 以下关于 Python 函数的描述中，正确的有(　　)。

A. 函数是一段可重用的语句组

B. 每次使用函数需要提供相同的参数作为输入

C. 函数通过函数名进行调用

D. 函数是一段具有特定功能的语句组

4. 函数如下，下面哪些在调用函数时不会报错(　　)。

```
def showNnumber(numbers):
    for n in numbers:
        print(n)
```

A. showNnumer([2,4,5])

B. showNnumber('abcesf')

C. showNnumber(3.4)　　　　D. showNnumber((12，4，5))

三、判断题

1. 函数是一个组织好的、可重复使用的、用来实现某些功能的代码段。（　）

2. 自定义函数没有参数时，可以去掉参数列表的括号。（　）

3. 自定义函数需要传递多个参数时各参数由逗号分隔。（　）

4. 参数传递是指在程序运行过程中实际参数将参数值传递给相应的形式参数，然后在函数中实现数据处理和返回的过程。（　）

5. 在自定义函数阶段，Python 会检测语法是否正确，但不会执行代码。（　）

四、实操题

1. 编写一个计算圆的面积的函数 circle()，并用该计算半径为 5 的圆面积为多少。

2. 编写一个计算 BMI 值的函数，该函数能够根据用户的身高和体重，用公式 BMI = 体重/(身高 × 身高)计算出 BMI 的值，并给出建议：

BMI < 18.5：太轻啦！

18.5 ≤ BMI ≤ 24.9：继续保持

24.9 < BMI：该运动啦！

项目小结

项目	任务列表	学习内容
财务数据处理重复调用	任务一　函数定义在财务分析计算中的应用	内置函数
		自定义函数：语法结构
		自定义函数的形式：无参函数
		自定义函数的形式：有参函数
		空函数
	任务二　函数调用在财务分析计算中的应用	内置函数的调用
		自定义函数的调用
		形式参数与实际参数
		位置参数与关键字参数
		默认参数

项目八

财务文件操作

项目目标

知识目标

1. 掌握 txt 文本文件的操作方法；
2. 掌握 Word 文档文件的操作方法；
3. 掌握 Excel 表格文件的操作方法。

技能目标

1. 能够使用函数读取、写入和追加 txt 文本格式的财务文件；
2. 能够使用 Python 语句读取和写入 Word 文档格式的财务文件；
3. 能够使用 Python 语句读取和写入 Excel 表格格式的财务文件；
4. 具备大数据运营能力。

素质目标

1. 养成大局观念，形成通过多途径获取大数据并在财务工作灵活运用的大数据思维；
2. 具有多维视角思维，形成多维视角下财务信息保护意识。

德技并修

严防网络诈骗，保护财务信息

财务人员是企业运营中的“大管家”，掌握着企业大量的财务信息和资产，麻痹大意容易造成巨大的经济损失。近年来，企业财务人员成了犯罪分子进行诈骗的首要目标，各种网络诈骗手段层出不穷。

第一种，利用聊天软件，冒充“老板”，指示付款。常用诈骗手法：犯罪分子常常利用木马等电脑病毒窃取老板的 QQ、微信等网络聊天账号，添加财务人员为好友并将头像、名称改为与老板一致，之后冒充老板指示财务人员向“客户、供应商、领导”付款。典型案例：A 公司老板在国外出差期间，电话无法接通。某日，一男子打电话到公司，称有一笔款需要支付到 A 公司，与 A 公司财务核对账户信息是否准确。10 分钟后，A 公司财务接到“老板”发来的 QQ 消息，询问刚才是否有客户来核对账户，并告知财务稍后对方会付款，注意查收。之后“老板”又称有一笔款项亟须转给某客户，财务没有丝毫怀疑，急忙按要求转给对方 56 万元。第二天，财务与老板核实方知被骗，那个“老板”的 QQ 账户只是一个与老板头像、昵称均一致的仿冒者，而之前来核实账户的客户电话也是骗子安排的“剧本”。

第二种，冒充行政执法机关，谎称涉案。常用诈骗手法：骗子冒充公安局、检察院、法院等执法部门，以涉嫌犯罪为名，要求受害人根据提示操作银行账户，将账户内的钱款转走。典型案例：林女士是某大型企业财务管理人员，某日接到自称来自某省公安机关的电话，称其涉嫌一桩特大洗钱案，已被公安机关列为通缉对象，并向其出示了一张网络逮捕令。在对方的诱导下，林女士信以为真，便按要求进入一个“最高人民检察院”的虚假网站，下载了网站中的“资金清算软件”。并在该软件页面输入了公司账户账号和支付密码，按对方要求将公司对公账户的 U 盾插入电脑。对方以资金清算需保密为由，要求其关闭电脑屏幕，林女士照做后，短短两个小时，对方分次将公司账上的数千万元全部转走。经查，该犯罪团伙诱导林女士下载的所谓资金清算软件实则是一款远程控制软件，骗子正是通过这个软件远程操控了林女士的办公电脑直接实施转账。

思考与启示

不得随意泄露单位财务状况及财务信息，是财务人员必备的职业道德。随着网络技术的发展，网络诈骗无处不在，手段日出不穷，财务人员具备财务信息防范意识非常重要。财务人员要严格执行国家和单位制定的财产信息管理制度；严格遵守公司财务管理制度，严格保护公司财务平台账号和银行账号，不将账号和密码泄露给他人，不在其他网站使用；不断加强学习，提高自身的反诈防骗意识和能力，确保财务信息安全。

项目任务描述

深圳米多物联科技有限公司的业务和财务数据来自于多个部门，各部门根据不同业务需求将数据存储在不同的文件格式中，主要有 txt、Word、Excel 三种常用的文件格式，如用于存放在客户手机终端的产品电子说明文档（txt 格式）、需要编辑处理的各种工作文案（Word 格式）、用于统计分析的数据文件（Excel 格式）。虽然这些文件都有其独立的软件进行处理，但当涉及处理大量的数据时，就存在着卡顿或耗时长的问题，为了提高工作效率，需要借助 Python 软件来辅助操作。

项目知识图谱

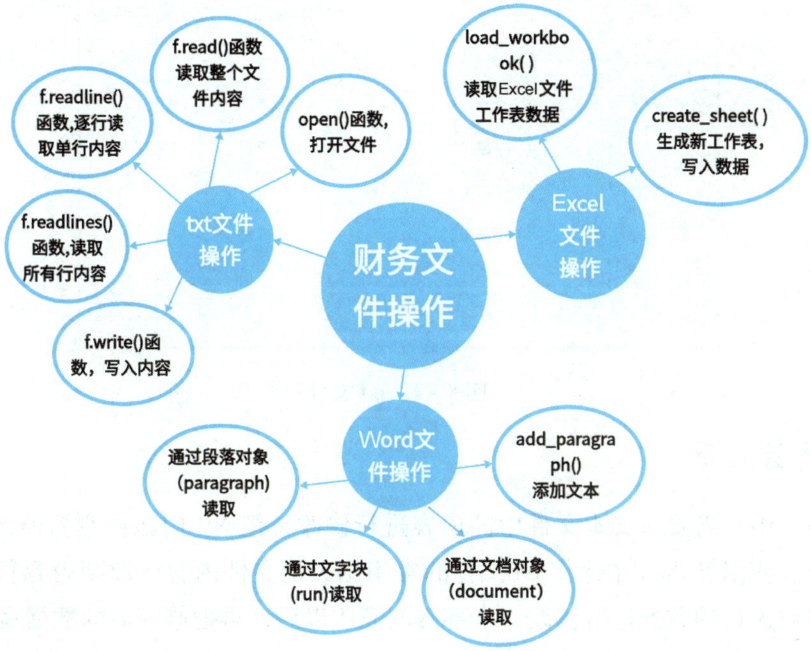

项目任务分解

项目八 财务文件操作	任务一 txt 文件操作
	任务二 Word 文件操作
	任务三 Excel 文件操作

任务一 txt 文件操作

工作任务描述

深圳米多物联科技有限公司财务部的小李为了简化操作，将门店销售数据保存在文本文件中(如图 8－1 所示)，现需要把文本文件中的所有 NB 门磁探测器修改为 NB 遥感探测器。

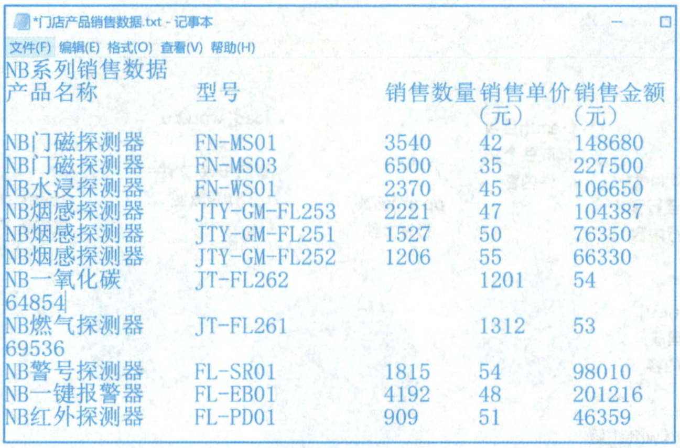
*门店产品销售数据.txt - 记事本
文件(F) 编辑(E) 格式(O) 查看(V) 帮助(H)
NB系列销售数据

产品名称	型号	销售数量	销售单价（元）	销售金额（元）
NB门磁探测器	FN-MS01	3540	42	148680
NB门磁探测器	FN-MS03	6500	35	227500
NB水浸探测器	FN-WS01	2370	45	106650
NB烟感探测器	JTY-GM-FL253	2221	47	104387
NB烟感探测器	JTY-GM-FL251	1527	50	76350
NB烟感探测器	JTY-GM-FL252	1206	55	66330
NB一氧化碳	JT-FL262		1201	54
64854				
NB燃气探测器	JT-FL261		1312	53
69536				
NB警号探测器	FL-SR01	1815	54	98010
NB一键报警器	FL-EB01	4192	48	201216
NB红外探测器	FL-PD01	909	51	46359

图 8－1　txt 文件

工作任务分析

在本任务中，需要对文本文件中的内容进行修改，把 NB 门磁探测器修改为 NB 遥感探测器，可以使用 Python 中操作 txt 文件的常用函数把文件内容读取到内容行列表中，然后按照条件对该行的数据进行修改，全部修改完成以后，再把修改后的数据写回文件。

任务知识储备

txt 文件操作

一、txt 文件简介

txt 文件是一种常见的文本文件格式，它以纯文本形式存储数据，并使用 .txt 扩展名命名。txt 文件不包含任何格式化或特殊的标记，只是简单地将字符序列保存到文件中。txt 文件的默认编码格式是 ANSI 格式，此外还有 UTF8 格式等。用代码操作 txt 文件的时候，要注意文件的编码格式。

二、常用函数

（一）open（）函数

open( ) 函数用于打开文件并返回一个文件对象。其语法格式如下：

```
open(file, mode='r', buffering=-1, encoding=None)
```

参数说明：

- file：要打开的文件路径或文件名。
- mode：可选参数，指定文件打开的模式。默认为 'r'，表示以只读方式打开文件。常用的模式有：

'r'：只读模式。

'w'：写入模式，如果文件存在则覆盖，如果文件不存在则创建新文件。

'a'：追加模式，在文件末尾追加内容，如果文件不存在则创建新文件。

'x'：独占创建模式，如果文件不存在则创建新文件，如果文件已存在则抛出异常。

- buffering：可选参数，设置缓冲策略。默认为 -1，表示使用系统默认的缓冲区大小。为 0 表示不进行缓冲，为正整数表示缓冲区大小。
- encoding：可选参数，指定文件的编码格式，常用的编码如 utf8、gbk 等。

（二）f. read（）函数

f. read()是文件对象(f)的一个方法，用于读取文件中的内容。其语法格式如下：

```
f. read(size = -1)
```

参数说明：

size：可选参数，指定要读取的字节数。默认为 -1，表示读取整个文件内容。如果指定了一个正整数，则只读取指定数量的字节。

返回值：返回一个字符串，包含文件中的内容。

（三）f. readline（）函数

f. readline()是文件对象(f)的一个方法，用于从文件中逐行读取内容。其语法格式如下：

```
f. readline()
```

返回值：返回一个包含文件中当前行内容的字符串。

（四）f. readlines（）函数

f. readlines()是文件对象(f)的一个方法，用于按行读取文件中的内容，并返回一个包含所有行内容的列表。其语法格式如下：

```
f. readlines()
```

返回值：返回一个包含文件中每一行内容的列表，每一行作为列表的一个元素。

（五）f. write（）函数

f. write()是文件对象(f)的一个方法，用于向文件中写入内容。其语法格式如下：

```
f. write(string)
```

参数说明：

string：要写入文件的字符串或字节序列。

返回值：返回写入文件的字符数或字节数。

需要注意的是，写入文件时，write()方法会将内容写入文件的当前位置。如果文件已经存在，写入操作会覆盖原有内容。如果文件不存在，则会创建新文件并写入内容。

三、txt 文件的读取

读取 txt 文件，首先用 open( ) 函数以只读的方式打开文件，得到文件对象 f，然后利用文件对象 f 的函数 read( ) 或者 readlines( ) 进行读取，下面用两种方式进行展示。

方式 1：利用 read( ) 函数进行读取

【示例 8－1】使用 read( ) 函数打开"门店产品销售数据 . txt"文件。

实现代码如下：

```
# 以只读方式，采用utf8 编码格式打开文件
f = open('d:/门店产品销售数据.txt', mode = 'r', encoding = 'utf8')
d = f.read()    # 读取文件所有内容
print(d)
f.close()  # 关闭文件
```

【示例 8－1】中，mode = 'r'表示用只读的方式打开文件，encoding = 'utf8'表示用 utf8 格式打开文件，这个要看所需打开文件创建的时候用的是什么编码，两者保持一致即可，否则会有异常出现。

方式 2：利用 readlines( ) 函数进行读取

【示例 8－2】使用 readlines( ) 函数打开"门店产品销售数据 . txt"文件。

实现代码如下：

```
f = open('d:/门店产品销售数据.txt', mode = 'r', encoding = 'utf8')
lines = f.readlines()   # 读取文件所有行内容存入列表lines
for line in lines:
    print(line, end = '')
f.close()  # 关闭文件
```

【示例 8－2】中，读取的数据行 line 中本身包含了一个换行符，print( ) 函数在输出的时候会默认输出一个换行符，此处不需要，所以此处添加了一个参数 end = ' '，表示末尾输出一个空字符。

运行代码，结果如下：

```
NB 系列销售数据
产品名称        型号              销售数量  销售单价(元)  销售金额(元)
NB 门磁探测器   FN - MS01         3540      42            148680
NB 门磁探测器   FN - MS03         6500      35            227500
NB 水浸探测器   FN - WS01         2370      45            106650
NB 烟感探测器   JTY - GM - FL253  2221      47            104387
```

```
产品名称      型号              销售数量  销售单价(元)  销售金额(元)
NB烟感探测器  JTY-GM-FL251      1527      50            76350
NB烟感探测器  JTY-GM-FL252      1206      55            66330
NB一氧化碳    JT-FL262          1201      54            64854
NB燃气探测器  JT-FL261          1312      53            69536
NB警号探测器  FL-SR01           1815      54            98010
NB一键报警器  FL-EB01           4192      48            201216
NB红外探测器  FL-PD01           909       51            46359
4G系列销售数据
产品名称      型号              销售数量  销售单价(元)  销售金额(元)
4G门磁探测器  FN-MS01           1240      57            70680
4G水浸探测器  FN-WS01           2990      57            170430
4G烟感探测器  JTY-GM-FL253      2390      60            143400
4G烟感探测器  JTY-GM-FL251      2630      62            163060
4G一氧化碳    JT-FL262          558       72            40176
4G燃气探测器  JT-FL261          2206      66            145596
4G一键报警器  FL-EB01           1380      72            99360
```

四、txt文件的写入

写入txt文件，首先用open()函数以写入的方式打开文件，得到文件对象f，然后利用文件对象f的函数write()写入数据。

【示例8-3】使用write()函数在“门店产品销售数据.txt”文件中写入数据。

实现代码如下：

```
# 以写入的方式，采用utf8编码格式打开或创建文件
f=open('d:/门店产品销售数据副本.txt', mode='w', encoding='utf8')
f.write('出口系列销售数据\n')
f.write('产品名称 型号 销售数量 销售单价 销售金额\n')
f.write('SK506      Smoke Sensor   2040   29   59160\n')
f.write('SK507      Smoke Sensor   3500   29   101500\n')
f.write('SK508      WiFi Smoke Sensor   7830   33   258390\n')
f.write('Smoke Sensor   2221   28   62188\n')
f.close()
```

【示例 8－3】中，open( )函数的参数 mode＝'w'表示以写入的方式打开 txt 文件。

运行代码，结果如图 8－2 所示：

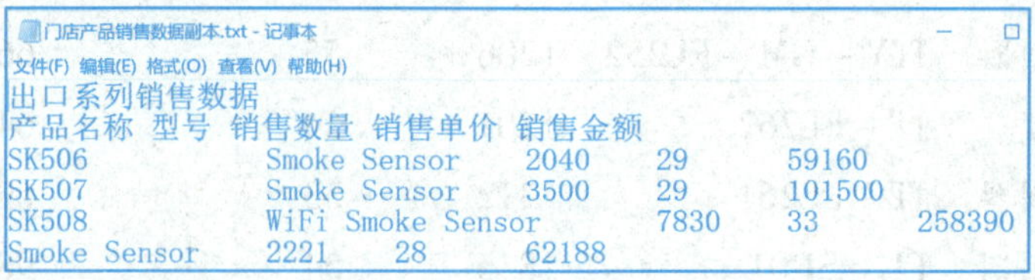
门店产品销售数据副本.txt - 记事本
文件(F) 编辑(E) 格式(O) 查看(V) 帮助(H)
出口系列销售数据
产品名称 型号 销售数量 销售单价 销售金额
SK506 Smoke Sensor 2040 29 59160
SK507 Smoke Sensor 3500 29 101500
SK508 WiFi Smoke Sensor 7830 33 258390
Smoke Sensor 2221 28 62188

图 8－2　txt 文件的写入

技能拓展提升

❖txt 文件的追加

txt 文件的追加，首先用 open( )函数以追加的方式打开文件，得到文件对象 f，然后利用文件对象 f 的函数 write( )追加数据。

【示例 8－4】使用 write( )函数在“门店产品销售数据 . txt”文件中追加数据。

实现代码如下：

```
# 以追加的方式，采用utf8编码格式打开或创建文件
f = open('d：/门店产品销售数据副本 . txt', mode = 'a', encoding = 'utf8')
f. write('出口系列销售数据\n')
f. write('产品名称 型号 销售数量 销售单价 销售金额\n')
f. write('SK506   Smoke Sensor   2040   29   59160 \ n')
f. write('SK507   Smoke Sensor   3500   29   101500 \ n')
f. write('SK508   WiFi Smoke Sensor   7830   33   258390 \ n')
f. write('Smoke Sensor   2221   28   62188 \ n')
f. close( )
```

【示例 8－4】中，open( )函数的参数 mode＝'a'表示以追加的方式打开 txt 文件。

运行代码，打开文件，可以看到文件在原有的数据基础上添加了“出口系列销售数据”，增加部分的内容如图 8－3 所示：

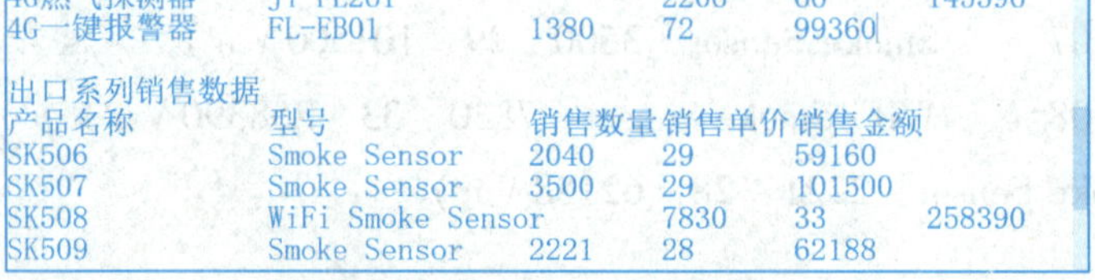
*门店产品销售数据.txt - 记事本
文件(F) 编辑(E) 格式(O) 查看(V) 帮助(H)
4G烟感探测器 JTY-GM-FL251 2630 62 163060
4G一氧化碳 JT-FL262 558 72 40176
4G燃气探测器 JT-FL261 2206 66 145596
4G一键报警器 FL-EB01 1380 72 99360

出口系列销售数据
产品名称 型号 销售数量 销售单价 销售金额
SK506 Smoke Sensor 2040 29 59160
SK507 Smoke Sensor 3500 29 101500
SK508 WiFi Smoke Sensor 7830 33 258390
SK509 Smoke Sensor 2221 28 62188

图 8－3　txt 文件的追加

工作任务实施

在本任务中，需要把“门店产品销售数据.txt”文件中的所有 NB 门磁探测器修改为 NB 遥感探测器。

步骤 1：查看文件原始内容。

```
f = open('d：/门店产品销售数据.txt', mode = 'r', encoding = 'utf8')
print('文件修改前的内容')
print(f. read( ) )
f. close( )  # 关闭文件
```

步骤 2：读取文件行内容，存储在行字符串列表中。

```
# 以读写方式，采用utf8编码格式打开或创建文件
f = open('d：/门店产品销售数据.txt', mode = 'r', encoding = 'utf8')
lines = f. readlines( )
```

步骤 3：循环修改内容，同时把行数据保存在临时变量 strs 中。

```
strs = ''
oldstr = 'NB 门磁探测器'
newstr = 'NB 门遥感测器'
for line in lines：
    if oldstr in line：
        line = line. replace( oldstr， newstr)
    strs + = line
f. close( )
```

步骤 4：把 strs 写入文件，达到文件修改的目的。

```
f = open('d：/门店产品销售数据.txt', mode = 'w', encoding = 'utf8')
f. write( strs)
f. close( )  # 关闭文件
```

步骤 5：查看文件修改后的内容。

```
f = open('d：/门店产品销售数据.txt', mode = 'r', encoding = 'utf8')
print('文件修改后的内容')
print(f. read( ) )
f. close( )  # 关闭文件
```

运行结果如下：

```
NB 系列销售数据
产品名称        型号                销售数量  销售单价(元)  销售金额(元)
NB 遥感探测器   FN-MS01             3540      42            148680
NB 遥感探测器   FN-MS03             6500      35            227500
NB 水浸探测器   FN-WS01             2370      45            106650
NB 烟感探测器   JTY-GM-FL253        2221      47            104387
NB 烟感探测器   JTY-GM-FL251        1527      50            76350
NB 烟感探测器   JTY-GM-FL252        1206      55            66330
NB 一氧化碳     JT-FL262            1201      54            64854
NB 燃气探测器   JT-FL261            1312      53            69536
NB 警号探测器   FL-SR01             1815      54            98010
NB 一键报警器   FL-EB01             4192      48            201216
NB 红外探测器   FL-PD01             909       51            46359
4G 系列销售数据
产品名称        型号                销售数量  销售单价(元)  销售金额(元)
4G 门磁探测器   FN-MS01             1240      57            70680
4G 水浸探测器   FN-WS01             2990      57            170430
4G 烟感探测器   JTY-GM-FL253        2390      60            143400
4G 烟感探测器   JTY-GM-FL251        2630      62            163060
4G 一氧化碳     JT-FL262            558       72            40176
4G 燃气探测器   JT-FL261            2206      66            145596
4G 一键报警器   FL-EB01             1380      72            99360
```

通过结果对比，NB 门磁探测器全部被修改为 NB 遥感探测器。

任务二 Word 文件操作

工作任务描述

深圳米多物联科技有限公司财务部的小李将销售数据保存在 Word 文件中，具体内容如图所示，现需要将 Word 文件“门店各系列销售数据”中的 NB 门磁探测器替换成 NB 遥感探测器。原始文档数据如图 8-4 所示：

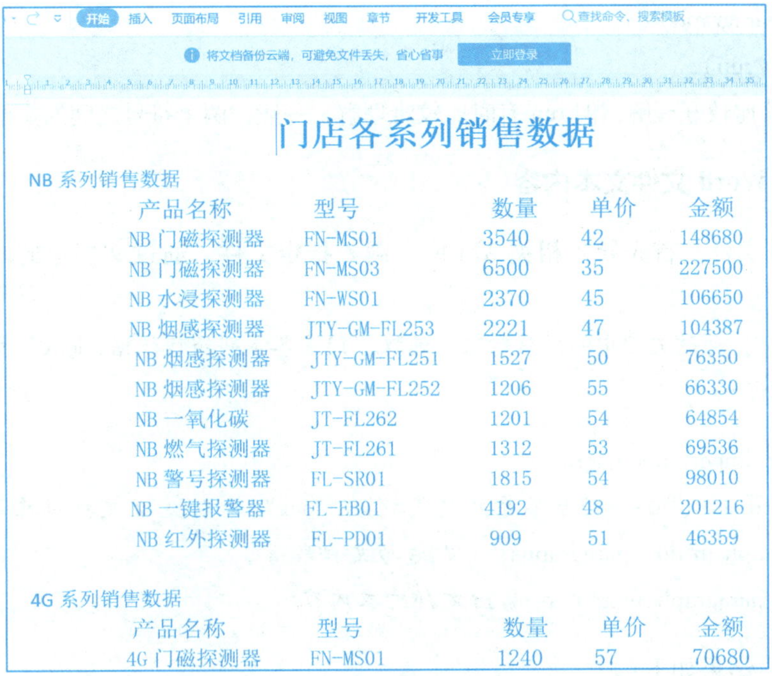

门店各系列销售数据

NB 系列销售数据

产品名称	型号	数量	单价	金额
NB 门磁探测器	FN-MS01	3540	42	148680
NB 门磁探测器	FN-MS03	6500	35	227500
NB 水浸探测器	FN-WS01	2370	45	106650
NB 烟感探测器	JTY-GM-FL253	2221	47	104387
NB 烟感探测器	JTY-GM-FL251	1527	50	76350
NB 烟感探测器	JTY-GM-FL252	1206	55	66330
NB 一氧化碳	JT-FL262	1201	54	64854
NB 燃气探测器	JT-FL261	1312	53	69536
NB 警号探测器	FL-SR01	1815	54	98010
NB 一键报警器	FL-EB01	4192	48	201216
NB 红外探测器	FL-PD01	909	51	46359

4G 系列销售数据

产品名称	型号	数量	单价	金额
4G 门磁探测器	FN-MS01	1240	57	70680

图 8－4　原始文档数据 Word 文件

工作任务分析

在本任务中，需要通过 docx 库的 API 读取 Word 文件各段落文本，然后进行指定文本的替换，需要注意的是替换是在内存中完成，要修改文档，还需要把替换后的数据写回文档。

任务知识储备

一、Word 文件操作知识

Word 文档，在我们的日常生活中被广泛地使用。使用 Python 操作 Word 文档的时候，首先需要导入 docx 库，然后通过 docx 库提供的 API 函数进行各种 Word 文档操作。

1. docx 库的安装

在命令终端，使用 pip 命令安装 docx 库的语法如下：

```
pip install python-docx
```

2. doc 文档结构

Word 文档结构一般分为三个部分：

- 文档(document)

- 段落(paragraph)
- 文字块(run)

文档和段落比较好理解，但 run 有时比较难理解，一般，两个符号之间的文本就是文字块。

二、读取 Word 文件文本内容

读取 Word 文件，首先导入相关 API 库，载入指定文件，通过文档中的段落对象，读取文本内容。

【示例 8-5】通过文档中的段落对象，读取“门店各系列销售数据.docx”文件的内容。

实现代码如下：

```
from docx import Document
doc = Document("d:/门店各系列销售数据.docx")  # 定义文档对象
for paragraph in doc.paragraphs:   # 遍历文档段落
    print(paragraph.text)   # 输出文档文本内容
```

运行代码，结果如下：

```
门店各系列销售数据
NB 系列销售数据
产品名称        型号              数量   单价(元)   金额(元)
NB 门磁探测器   FN-MS01           3540   42         148680
NB 门磁探测器   FN-MS03           6500   35         227500
NB 水浸探测器   FN-WS01           2370   45         106650
NB 烟感探测器   JTY-GM-FL253      2221   47         104387
NB 烟感探测器   JTY-GM-FL251      1527   50         76350
NB 烟感探测器   JTY-GM-FL252      1206   55         66330
NB 一氧化碳     JT-FL262          1201   54         64854
NB 燃气探测器   JT-FL261          1312   53         69536
NB 警号探测器   FL-SR01           1815   54         98010
NB 一键报警器   FL-EB01           4192   48         201216
NB 红外探测器   FL-PD01           909    51         46359
4G 系列销售数据
产品名称        型号       数量   单价(元)   金额(元)
4G 门磁探测器   FN-MS01    1240   57         70680
4G 水浸探测器   FN-WS01    2990   57         170430
```

三、读取 Word 文件文字块

Word 文件的一个段落有若干个文字块内容组成，可以通过读取 Word 文件文字块的方式来显示文件内容。

【示例 8-6】通过读取 Word 文档中的文字块，读取“门店各系列销售数据.docx”文件的内容。

实现代码如下：

```
from docx import Document
doc = Document("d:/门店各系列销售数据.docx")  # 定义文档对象
for paragraph in doc.paragraphs:  # 遍历文档段落
  for run in paragraph.runs:  # 遍历段落的各文字块
    print(run.text, end='')
print('')
```

运行代码，结果如下：

```
门店各系列销售数据
NB 系列销售数据
产品名称        型号              数量    单价(元)    金额(元)
NB 门磁探测器    FN-MS01          3540    42          148680
NB 门磁探测器    FN-MS03          6500    35          227500
NB 水浸探测器    FN-WS01          2370    45          106650
NB 烟感探测器    JTY-GM-FL253     2221    47          104387
NB 烟感探测器    JTY-GM-FL251     1527    50          76350
NB 烟感探测器    JTY-GM-FL252     1206    55          66330
NB 一氧化碳      JT-FL262         1201    54          64854
NB 燃气探测器    JT-FL261         1312    53          69536
NB 警号探测器    FL-SR01          1815    54          98010
NB 一键报警器    FL-EB01          4192    48          201216
NB 红外探测器    FL-PD01          909     51          46359
4G 系列销售数据
产品名称        型号          数量    单价(元)    金额(元)
4G 门磁探测器    FN-MS01      1240    57          70680
4G 水浸探测器    FN-WS01      2990    57          170430
```

四、读取 Word 文件中表格数据

Word 文件中会插入各种表格，如果需要读取表格数据，可以通过文档对象中的 tables 集合进行表格数据的读取。

【示例 8-7】通过文档对象中的 tables 集合，读取“门店各系列销售数据.docx”文件的内容。

```
from docx import Document
doc = Document("d:/门店各系列销售数据.docx")  # 定义文档对象
for table in doc.tables:  # 遍历所有表格
    for row in table.rows:  # 遍历表格中各行
        for cell in row.cells:  # 遍历行中单元格数据
            print(cell.text, end='')
        print('')
```

运行代码，结果如下：

```
产品名称        型号              数量   单价(元)   金额(元)
NB 门磁探测器   FN-MS01           3540   42         148680
NB 门磁探测器   FN-MS03           6500   35         227500
NB 水浸探测器   FN-WS01           2370   45         106650
NB 烟感探测器   JTY-GM-FL253      2221   47         104387
NB 烟感探测器   JTY-GM-FL251      1527   50         76350
NB 烟感探测器   JTY-GM-FL252      1206   55         66330
NB 一氧化碳     JT-FL262          1201   54         64854
NB 燃气探测器   JT-FL261          1312   53         69536
NB 警号探测器   FL-SR01           1815   54         98010
NB 一键报警器   FL-EB01           4192   48         201216
NB 红外探测器   FL-PD01           909    51         46359
产品名称        型号              数量   单价(元)   金额(元)
4G 门磁探测器   FN-MS01           1240   57         70680
4G 水浸探测器   FN-WS01           2990   57         170430
4G 烟感探测器   JTY-GM-FL253      2390   60         143400
4G 烟感探测器   JTY-GM-FL251      2630   62         163060
4G 一氧化碳     JT-FL262          558    72         40176
```

```
4G 燃气探测器    JT - FL261    2206    66    145596
4G 一键报警器    FL - EB01    1380    72    99360
```

技能拓展提升

❖Word 文件的写入

通过文档对象的 add_paragraph( )方法进行段落文本的添加，向 Word 文件写入或添加数据。

【示例 8 - 8】向 Word 文件“门店各系列销售数据 . docx”写入出口系列销售数据。

```
from docx import Document
doc = Document("d:/门店各系列销售数据.docx")  # 定义文档对象
doc.add_paragraph('')  # 添加空行
doc.add_paragraph('出口系列销售数据')
doc.add_paragraph('产品名称    型号    数量    单价(元)    金额(元)')
doc.add_paragraph('SK506    Smoke Sensor    2040    29    59160')
doc.add_paragraph('SK507    Smoke Sensor    3500    29    101500')
doc.add_paragraph('SK508    WiFi Smoke Sensor    7830    33    258390')
doc.add_paragraph('SK509    Smoke Sensor    2221    28    62188')
doc.save("d:/门店各系列销售数据.docx")  # 保存数据
```

运行结果，查看 Word 文件，会发现在文档的末尾添加了出口系列销售数据。

工作任务实施

将 Word 文件“门店各销售数据 . docx”中的所有 NB 门磁探测器修改为 NB 遥感探测器。

步骤 1：载入文件。

```
from docx import Document
doc = Document("d:/门店各系列销售数据.docx")
```

步骤 2：遍历输出修改前的数据，同时进行数据的修改。

```
oldstr = 'NB 门磁探测器'
newstr = 'NB 遥感探测器'
print("修改前数据：")
for paragraph in doc.paragraphs:
    print(paragraph.text)  # 打印修改前的数据
    paragraph.text = paragraph.text.replace(oldstr, newstr)  # 修改数据
```

步骤 3：输出修改后的数据。

```
print("修改后数据：")
for paragraph in doc. paragraphs:
    print(paragraph. text)
```

步骤 4：更新 Word 文件。

```
# 把修改后的数据写回文件，以更新文件
doc. save("d：/门店各系列销售数据 . docx")
```

运行结果如下：

```
修改前数据：
门店各系列销售数据
NB 系列销售数据
产品名称        型号                数量  单价(元)  金额(元)
NB 门磁探测器   FN – MS01           3540  42        148680
NB 门磁探测器   FN – MS03           6500  35        227500
NB 水浸探测器   FN – WS01           2370  45        106650
NB 烟感探测器   JTY – GM – FL253    2221  47        104387
NB 烟感探测器   JTY – GM – FL251    1527  50        76350
NB 烟感探测器   JTY – GM – FL252    1206  55        66330
NB 一氧化碳     JT – FL262          1201  54        64854
NB 燃气探测器   JT – FL261          1312  53        69536
NB 警号探测器   FL – SR01           1815  54        98010
NB 一键报警器   FL – EB01           4192  48        201216
NB 红外探测器   FL – PD01           909   51        46359
修改后数据：
门店各系列销售数据
NB 系列销售数据
产品名称        型号                数量  单价(元)  金额(元)
NB 遥感探测器   FN – MS01           3540  42        148680
NB 遥感探测器   FN – MS03           6500  35        227500
NB 水浸探测器   FN – WS01           2370  45        106650
NB 烟感探测器   JTY – GM – FL253    2221  47        104387
```

NB 烟感探测器	JTY - GM - FL251	1527	50	76350
NB 烟感探测器	JTY - GM - FL252	1206	55	66330
NB 一氧化碳	JT - FL262	1201	54	64854
NB 燃气探测器	JT - FL261	1312	53	69536
NB 警号探测器	FL - SR01	1815	54	98010
NB 一键报警器	FL - EB01	4192	48	201216
NB 红外探测器	FL - PD01	909	51	46359

从结果中可知，NB 门磁探测器被修改成 NB 遥感探测器，打开 Word 文件查看，内容得到了修改。

任务三 Excel 文件操作

工作任务描述

深圳米多物联科技有限公司财务部的小李为了方便计算，尝试着将销售数据存储在 Excel 文档中，现需要将 Excel 文件“产品销售数据”中数量和金额进行汇总。

工作任务分析

Excel 文档的操作是财务工作中的常见操作，除了 Excel 文档表格数据的读取和常规数据的写入，还需要进行各种计算。在本任务中，需要通过 Excel 库的 API 读取 Excel 文件的表单数据，然后对“产品销售数据”表中的数量和金额进行汇总，最后将汇总后的数据写入 Excel 文档。

任务知识储备

一、Excel 文件操作知识

使用 Python 操作 Excel 文档，首先需要导入 Excel 库，然后通过 Excel 库提供的 API 函数进行各种 Excel 文档操作。

1. Excel 库的安装

在命令终端，使用 pip 命令安装 Excel 库的语法如下：

```
pip install openpyxl
```

2. Excel 文档结构

Excel 文档结构一般分为三个部分：

- 工作簿(workbook)
- 工作表(worksheet)
- 单元格(cell)

一个 workbook 包含若干个 worksheet，一个 worksheet 包含若干个单元格，单元格由行号和列号进行定位，如 A1。

二、读取 Excel 文件第一工作表数据

读取 Excel 文件，首先导入相关 API 库，载入指定文件，获取工作簿对象 workbook 进行数据的读取。

【示例 8 -9】读取 Excel 文件“产品销售数据 . xlsx”中的第一个工作表数据。

实现代码如下：

```
from openpyxl import load_workbook
file ='d:/产品销售数据 . xlsx'
# 载入Excel 文件，data_only = True 表示读取的数据如果是公式计算值，则只读取数据，不读取公式
workbook = load_workbook(file, data_only = True)
# 获取工作表名字列表
worksheets = workbook. sheetnames
# 获取第一个工作表
worksheet1 = workbook[worksheets[0]]
# 获取工作表中数据的最大行数
rows = worksheet1. max_row
# 获取工作表中数据的最大列数
cols = worksheet1. max_column
for i in range(1, rows + 1):    # 循环各行
    for j in range(1, cols + 1): # 循环每行的各列
        print(worksheet1. cell(i, j). value, end ='\t')  # 输出每行的各单元格数据
print('')   # 换行
```

运行代码，结果如下：

```
产品名称        型号              数量   单价(元)   金额(元)
NB 门磁探测器   FN-MS01           3540   42         148680
NB 门磁探测器   FN-MS03           6500   35         227500
NB 水浸探测器   FN-WS01           2370   45         106650
NB 烟感探测器   JTY-GM-FL253      2221   47         104387
NB 烟感探测器   JTY-GM-FL251      1527   50         76350
NB 烟感探测器   JTY-GM-FL252      1206   55         66330
NB 一氧化碳     JT-FL262          1201   54         64854
NB 燃气探测器   JT-FL261          1312   53         69536
NB 警号探测器   FL-SR01           1815   54         98010
NB 一键报警器   FL-EB01           4192   48         201216
NB 红外探测器   FL-PD01           909    51         46359
```

三、向 Excel 文件添加工作表及数据

向 Excel 文件添加工作表及数据，首先通过 load_workbook( ) 函数载入 Excel 文件生成工作簿对象，其次通过工作簿对象的函数 create_sheet( ) 生成新的工作表，最后给各单元格赋值，填入新数据。

【示例 8-10】向 Excel 文件“产品销售数据.xlsx”添加工作表“出口商品”，并向该表添加数据标题。

实现代码如下：

```
from openpyxl import load_workbook
file = 'd:/产品销售数据.xlsx'
workbook = load_workbook(file)
# 创建新的工作表
worksheet = workbook.create_sheet('出口商品')
# 合并A1:C1 单元格
worksheet.merge_cells('A1:D1')
worksheet['A1'] = '出口系列销售数据'    # 标题
worksheet['A2'] = '产品名称'
worksheet['B2'] = '型号'
worksheet['C2'] = '销售数量'
worksheet['D2'] = '销售单价'
worksheet['E2'] = '销售金额'
workbook.save(file)  # 保存数据
```

运行结果，打开“产品销售数据.xlsx”，发现增加了一个工作表，工作表如图 8－5 所示：

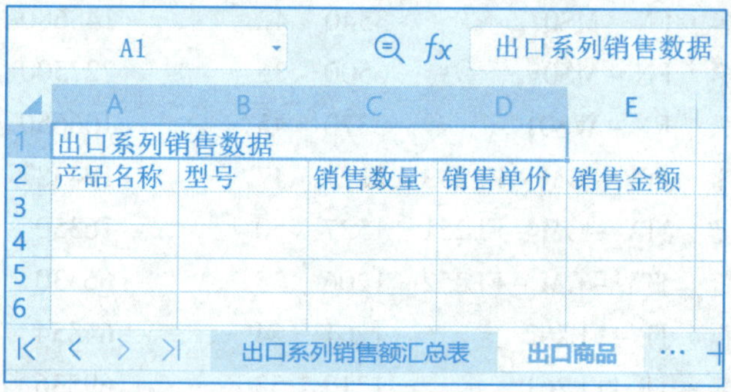

图 8－5　商品信息工作表

工作任务实施

在本任务中，将 Excel 文件“产品销售数据.xlsx”中的数量和金额数据进行汇总，并写入 Excel 文档。

步骤 1：载入文件。

```
from openpyxl import load_workbook
file ='d：/产品销售数据.xlsx'
# 载入工作簿，data_only = True 表示当读取的是计算单元格时读取为数据，而不是计算公式
workbook = load_workbook(file, data_only = True)
```

步骤 2：初始化各种对象与变量。

```
worksheets = workbook. sheetnames  # 获取所有工作表名
worksheet1 = workbook[worksheets[0]]  # 获取第一个表单
rows = worksheet1. max_row
cols = worksheet1. max_column
sumsl =0  # 数量
sumje =0  # 金额
```

步骤 3：循环读取各行数据进行数据的汇总。

```
for i in range(2, rows +1):
    sumsl = sumsl + int(worksheet1. cell(i, 3). value)  # 数量汇总
    sumje = sumje + int(worksheet1. cell(i, 5). value)  # 金额汇总
```

步骤 4：添加汇总行，保存数据到文件。

```
worksheet1.append(['汇总',str(sumsl), '', str(sumje)])
# 保存数据
workbook.save(file)
```

运行程序，打开 Excel 文档进行查看，结果如图 8－6 所示：

	A	B	C	D	E
1	产品名称	型号	数量	单价	金额
2	NB门磁探测器	FN-MS01	3540	42	148680
3	NB门磁探测器	FN-MS03	6500	35	227500
4	NB水浸探测器	FN-WS01	2370	45	106650
5	NB烟感探测器	JTY-GM-FL253	2221	47	104387
6	NB烟感探测器	JTY-GM-FL251	1527	50	76350
7	NB烟感探测器	JTY-GM-FL252	1206	55	66330
8	NB一氧化碳	JT-FL262	1201	54	64854
9	NB燃气探测器	JT-FL261	1312	53	69536
10	NB警号探测器	FL-SR01	1815	54	98010
11	NB一键报警器	FL-EB01	4192	48	201216
12	NB红外探测器	FL-PD01	909	51	46359
13		汇总	26793		1209872

图 8－6　任务实施结果

技能训练

一、单项选择题

1. 打开或创建文件的函数是(　　)。

A. read( )函数　　B. write( )函数

C. readline( ) 函数　　D. open( )函数

2. 读取文件中数据的函数是(　　)。

A. read( )函数　　B. write( )函数

C. close( ) 函数　　D. open( )函数

3. 在文件中写入数据的函数是(　　)。

A. read( )函数　　B. write( )函数

C. close( ) 函数　　D. open( )函数

4. 操作系统中的文件默认处于(　　)。

A. 存储状态　　B. 占用状态

C. 游离状态　　D. 独占状态

5. 打开后的文件处于(　　)。

A. 存储状态　　B. 占用状态

C. 游离状态　　　　D. 独占状态

二、多项选择题

1. Python 可以操作的文件有(　　)。

A. txt 文件　　　　B. Word 文件

C. Excel 文件　　　　D. Jsp 文件

2. 文件操作的步骤包括(　　)。

A. 打开文件　　　　B. 阅读文件

C. 操作文件　　　　D. 关闭文件

3. 以下说法正确的有(　　)。

A. open()函数打开文件的语法规则为：变量名 = open()

B. open()函数的第一个参数文件名可以是文件的实际名字，也可以是包含完整路径的名字

C. open()函数的第二个参数“打开模式”是用于控制使用何种方式打开文件

D. open()函数的第一个参数表示路径时，使用双斜杠或反斜杠代替斜杠

4. open()函数的第二个参数“打开模式”，以下说法正确的有(　　)。

A. “r”表示只读模式

B. “w”表示覆盖写模式，写入新内容替换旧内容

C. “x”表示创建写模式，创建文件并写入内容

D. “a”表示追加写模式，添加新内容到已有文件的末尾

三、判断题

操作系统中的文件默认处于存储状态，首先需要将其打开，当前程序才能有权操作这个文件，如果打开不存在的文件时，系统会创建这个文件。　　(　　)

四、实操题

1. 以“r 只读模式”打开 F 盘根目录下的文件“应收账款统计表 . txt”，并创建一个文件对象 f1。

2. 以“x 创建写模式”在 F 盘根目录下创建“学号 + 姓名 . txt”文件，并创建一个文件对象 f2。

3. 在 F 盘根目下找到刚刚创建的文件，打开文件并在文件中输入内容“我爱 Python”，保存并关闭文件，尝试在电脑中使用 del 键删除该文件，观察会有什么提示。

4. 以“w 写入模式”在 F 盘根目录下创建“学号 + 姓名 . txt”文件，并创建一个文件对象 f3。

5. 在F盘根目下找到刚刚创建的文件，打开文件查看之前输入的内容“我爱 Python”是否还存在。

6. 使用 Python 命令关闭刚刚创建的文件，并在电脑中使用 del 键删除该文件。

项目小结

项目	任务列表	学习内容
财务文件操作	任务一 txt 文件操作	常用函数
		txt 文件的读取
		txt 文件的写入
		txt 文件的追加
	任务二 Word 文件操作	Word 文件操作知识
		读取 Word 文件文本内容
		读取 Word 文件文字块
		读取 Word 文件中表格数据
	任务三 Excel 文件操作	Word 文件的写入
		Excel 文件操作知识
		读取 Excel 文件第一工作表数据
		向 Excel 文件添加工作表及数据

项目九

财务数据分析

项目目标

知识目标

1. 了解 pandas 库的基本概念；
2. 掌握 pandas 的主要数据结构；
3. 掌握 pandas 的统计分析方法；
4. 掌握 pandas 的文件操作方法；
5. 掌握 pandas 的数据合并方法。

技能目标

1. 能够运用 pandas 库一维或二维数据结构存储财务数据；
2. 能够运用 pandas 库完成财务数据的统计分析；
3. 能够运用 pandas 库从 Excel、网页、数据库等文件中读取或写入财务数据；
4. 能够运用 pandas 库完成多个财务数据文件的合并。

素质目标

1. 树立财务职能变革与转型的意识；
2. 具备使用数据说话的能力，形成统计思维；
3. 养成探究使用 Python 提高工作效率的精神；
4. 树立终身学习的理念。

德技并修

紧跟财务数字化转型升级，成为无法取代的“数字化”财务人

近年来，随着大数据和人工智能技术在财会领域的应用，以财务机器人为代表的人工智能逐渐进入人们的视野，并且“侵占”会计人员的岗位。早在2013年，英国牛津大学的一份研究报告就表明，会计与审计人员将会成为人工智能的受害者。2016年，麦肯锡的一份研究报告也预测了，由簿记员、会计人员与审计人员负责完成的86%的工作可能会被人工智能取代。以德勤、普华永道、安永、毕马威为代表的国际四大会计师事务所已经相继上线财务机器人，一场对于传统财务行业的变革正在进行中。德勤在自动化、人工智能方面是四家中最领先的一家，与Kira Systems联手将人工智能引入会计、税务、审计等工作当中，2017年5月中旬，率先推出财务机器人。普华紧随德勤，2017年5月下旬，推出自己的财务机器人解决方案，使用智能软件完成原本由人工执行的重复性任务和工作流程。安永和毕马威分别在2017年6月初和6月下旬推出了智能财务机器人。至此，财会领域最领先的四大会计师事务所开始了数字化的转型。

一个“机器人流程自动化”的时代正悄悄来临，给企业的财务工作带来了很多变化。财务机器人能完成多样工作，如增值税发票管理、开票、往来结转和盘点。财务岗位重新定位，一些需要占用大量时间的、繁琐的基础性工作，机器人几分钟就能完成。工作效率大大提升，一个“财务机器人”三四个小时就完成了财务人一天的工作，如预计每个开票流程可由20分钟缩减到5分钟，每天缩短6小时的工作时间(效率提升75%)，月末关账的峰值时段，机器人的7×24不间断工作，能够很好地缓解财务人员的工作压力，1天能完成40多人的工作量。

思考与启示

信息技术的不断进步，带来了会计工具的技术革新，也给会计人员带来了新的冲击和挑战。财务机器人会代替人类完成技术含量低、简单重复的工作，但机器人处理完的一堆数据和报表，只有通过人的思考分析，解读出数据背后的信息，才能转化为对企业经营有用的决策。因此，财务人员需要顺应时代的发展，紧跟财务数字化转型和职能变革趋势，树立转型的意识和终身学习的理念，学会使用大数据和人工智能技术，提高财务数据分析能力，培养多维度、多层面的思考能力，从核算会计转型为管理会计，成为无法取代的“数字化”财务人。同时，为了在未来能和财务机器人“并肩作战”，学习IT知识、程序算法也成了会计人员的一门必修课。

项目任务描述

深圳米多物联科技有限公司财务部和业务部每个月都需要对公司财务数据和业务数据进行分析，将分析结果应用于公司的经营决策中。该项工作使用的数据源来自该公司各信息系统导出的数据表，包括数据库文件、CSV 文件、Excel 文件等，涉及大量的数据集，工作量非常大。为了提高工作效率，可以使用 pandas 库的数据组织与存储、统计分析、数据读取、数据访问和数据操作相关功能来帮助该公司完成数据分析任务。

项目知识图谱

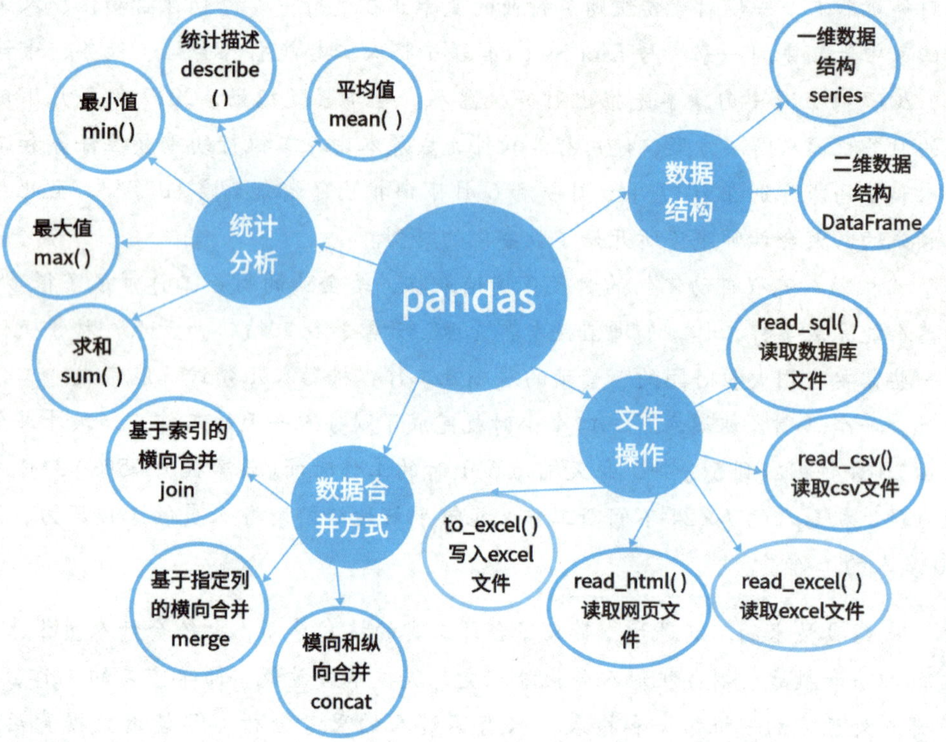

项目任务分解

项目九 财务数据分析	任务一 使用 pandas 数据结构创建财务数据表
	任务二 使用 pandas 对财务数据文件进行操作
	任务三 使用 pandas 对财务数据进行统计分析
	任务四 使用 pandas 对财务数据进行合并

任务一 使用 pandas 数据结构创建财务数据表

工作任务描述

深圳米多物联科技有限公司财务部小明将使用 pandas 库来创建 2024 年 6 月应收账款明细表，将应收账款数据表示成 pandas 的 DataFrame 形式，并为相关数据添加索引，明确各数值的具体含义，为后续对公司财务数据进行数据处理和分析提供方便。深圳米多物联科技有限公司应收账款明细表如表 9－1 所示。

表 9－1　深圳米多物联科技有限公司 2024 年 6 月应收账款明细表（部分）　单位：万元

客户名称	应收金额	已收金额	未收金额
广州兴瑞电子科技公司	2800	1000	1800
宁波嘉宁科技有限公司	2500	1800	700
长沙天际电器股份有限公司	3500	2000	1500
上海美凡电器有限公司	4000	3500	500
深圳安捷股份有限公司	4800	3500	1300

工作任务分析

在本任务中，使用 Python 程序创建二维数据表用来存储数据，首先需要安装并引入 pandas 包，再使用 pandas 包中的数据结构来创建数据表。pandas 提供 Series 和 DataFrame 两种主要的数组数据结构，财务数据使用这两种数据结构存储后，就可以利用 pandas 提供的强大数据处理方法进行处理和分析了。

任务知识储备

pandas 简介

一、pandas 简介

（一）pandas 库的基本概念

pandas 是 Python 生态环境下的核心数据分析库，常用于解决数据处理和数据分析问题。它能够提供准确的数据结构，快速地处理各种类型的数据；提供包括数据清洗、处理缺失数据、重复数据、数据合并等数据操作和转换功能；提供数据读取和写入功能，即从 CSV、Excel、SQL 数据库等多种格式的文件读取数据，将数据写入多种格式的文件中；还能提供丰富的数据分析工具，也能够与其他 Python 库（如 NumPy、Matplotlib）很好地集成，提供强大的数据分析和可视化功能。

（二）pandas 库的安装

pandas 是一个开源的第三方库，需要单独安装才能使用。安装方法有多种，如：

方法一：在已安装的 Python 环境中安装 pandas。

打开命令行工具(如 Terminal 或 CMD)，输入“pip install pandas”，使用 pip(Python 包管理工具)下载并安装 pandas。

```
pip install pandas
```

方法二：在 PyCharm 中安装 Pandas。

打开 PyCharm，在菜单栏中选择“File”（文件），点击“Settings”（设置），在打开的窗口中选择“Project”（项目)—>“Python Interpreter”（Python 解释器)，在该页面的右上角点击“+”（加号)按钮，在弹出的对话框中搜索“pandas”，然后从搜索结果中选择“pandas”，点击“Install Package”（安装包)按钮，开始安装，安装完成后就可以在 PyCharm 中使用 Pandas 了。

（三）pandas 库的引入

pandas 库安装好后，需要提前将 pandas 包导入 Python 中才能使用包中提供的各种功能。可以使用 import 语句实现，导入 pandas 包的代码如下：

```
import pandas as pd
```

此代码中用 as 给 pandas 简化命名，起别名为 pd，在后续的程序中如果用到 pandas，就可以直接用别名 pd 代替。例如，如果程序需要调用 pandas 包的某个函数，写成 pd. 函数名( )即可。

二、pandas 数据结构

pandas 数据结构-Series

要实现使用大数据技术对财务数据进行处理和分析，首先需要将数据存入计算机中，再从计算机中取读出来，计算机如何存储和组织数据，就要看存储和组织哪种数据结构？

数据结构是计算机中用来组织和存储数据的方式的集合，提供了一种在计算机程序中有效操作和管理数据的方法，常见的数据结构包括数组、链表、栈、队列、树、图、哈希表和堆。数据结构如图 9－1 所示。

pandas 提供了两种主要的数据结构：Series 和 DataFrame。这两种数据结构都属于数组，使用连续的空间存储数据序列，可以保存任何类型的数据，包括整数、字符串、浮点数、日期等。

（一）Series

Series 数据结构是 pandas 库中的一种一维数组，Series 对象由一组数据和与之相关的标签(即索引)构成，标签也称为索引，位于数据的左边，常用于对数据含义作说明，数据位于标签的右边，如图 9－2 所示。

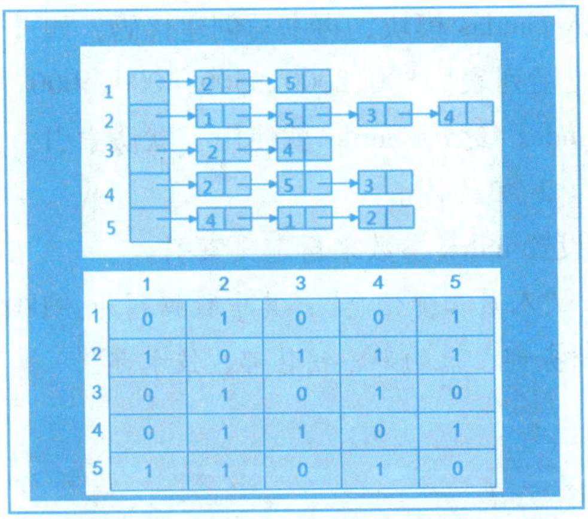

图 9-1 数据结构(数组和链表)图示

图 9-2 Series 数据结构图示

创建 Series 对象可以使用 pandas 库提供的 Series( )函数，基本的语法如下：

```
pandas. Series(data, index = [ ])
```

其中，data 是必填参数，表示要存储在 Series 中的数据，可以由列表、字典等作为参数来创建；index 是可选参数，用于指定 Series 的索引，如果没有指定索引，默认会使用从 0 开始的整数索引。

1. 使用列表创建 Series 对象

【示例 9-1】使用列表创建 Series 对象，输出“人员工资信息”，其中数据列为“1800、2000、3500、4000、5000”，使用默认索引列。

实现代码如下：

```
import pandas as pd  # 导入pandas并起别名为pd
ser1 = pd. Series([1800,2000,3500,4000,5000])      # 以列表为参数创建
Series 对象 ser1
print(ser1)  # 输出ser1对象的值
```

运行代码，结果如图 9-3 所示：

```
0      1800
1      2000
2      3500
3      4000
4      5000
dtype: int64
```

图 9-3 使用列表创建默认索引的 Series 对象

创建 Series 对象首先需要使用 import 语句导入 pandas 模块，再书写创建代码，如【示例 9－1】中的第一行代码所示。【示例 9－1】使用列表[1800,2000,3500,4000,5000]为 data 参数创建了一个 Series 对象，因为没有使用 index 参数，Series 就使用了默认索引，索引号从 0 开始，依次递增，如本示例中为“0　1　2　3　4”。

为了对各个数据进行明确标记，也可以通过设置 index 参数来自定义索引。

【示例 9－2】使用列表创建 Series 对象，输出“人员工资信息”，其中数据列为“1800、2000、3500、4000、5000”，索引列为“行政部、财务部、采购部、销售部、技术部”。

实现代码如下：

```
import pandas as pd  # 导入pandas 并起别名为pd
ser2 = pd.Series([1800,2000,3500,4000,5000],index = ['行政部','财务部',
'采购部','销售部','技术部']) # 以列表为参数创建Series 对象ser2，设置index 参数
print(ser2)  # 输出ser2 对象的值
```

运行代码，结果如图 9－4 所示：

```
行政部    1800
财务部    2000
采购部    3500
销售部    4000
技术部    5000
dtype：int64
```

图 9－4　使用列表创建自定义索引的 Series 对象

【示例 9－2】使用 index 参数将索引设置为“行政部 财务部 采购部 销售部 技术部”。

2. 使用字典创建 Series 对象

字典是由若干键值对组成的数据，使用字典为参数创建 Series 对象，字典的值会成为 Series 对象的数据，键会直接成为 Series 对象数据的索引。

【示例 9－3】使用字典创建 Series 对象，输出“人员工资信息”，其中数据列为“1800、2000、3500、4000、5000”，索引列为“行政部、财务部、采购部、销售部、技术部”。

实现代码如下：

```
import pandas as pd  # 导入pandas 并起别名为pd
ser3 = pd.Series( {'行政部': 1800, '财务部': 2000, '采购部': 3500, '销售部':
4000, '技术部': 5000})# 以字典为参数创建Series 对象ser3
print(ser3)  # 输出ser3 对象的值
```

运行代码，结果如图 9－5 所示：

```
行政部    1800
财务部    2000
采购部    3500
销售部    4000
技术部    5000
dtype：int64
```

图 9－5　使用字典创建 Series 对象

【示例 9－3】中使用字典为 Series( ) 函数的参数，字典中的键如“行政部 财务部 采购部 销售部 技术部”直接成为数据的索引标签，而字典中的各个值则为 Series 对象的数据，如“1800　2000　3500　4000　5000”。

（二）DataFrame

Pandas 数据结构－DataFrame

DataFrame 是 Pandas 库中一个重要的数据结构，用于存储和处理二维数据组，更能满足财务工作的日常需求。如果将 Series 看作是 Excel 表中的一列，那么 DataFrame 可以理解为 Excel 中的一个由行和列组成的二维表格，其中每列可以包含不同的数据类型，每行表示的是一条记录。DataFrame 既有行索引（即行标签），也有列索引（即列标签），行索引和列索引用于标识该行或该列，如图 9－6 所示。

列索引

行索引

	应收账款	应收票据
一月	4500	3700
二月	3400	4400
三月	3500	2300
四月	2600	3600
五月	4000	3900

图 9－6　DataFrame 数据结构图示

创建 DataFrame 对象可以使用 pandas 库提供的 DataFrame( ) 函数，基本的语法如下：

```
pandas.DataFrame(data, columns = [列表], index = [列表])
```

其中，data 是数据参数，可以是列表、字典、NumPy 数组等，columns 是可选参数，用于定义 DataFrame 的列索引，该参数省略时默认为使用从 0 开始的正整数为列名；index 也是可选参数，用于定义 DataFrame 的行索引，该参数省略时默认为使用从 0 开始的正整数为行名。

1. 使用列表创建 DataFrame 对象

(1)使用默认索引创建。

【示例 9－4】使用列表创建 DataFrame 对象，输出“人员工资信息”（如表 9－2 所示），第 1 列数据为“部门：行政部、财务部、采购部、销售部、技术部”，第 2 列数据为“基本工资：1800、2000、3500、4000、5000”，第 3 列数据为“绩效工资：1000、1000、2000、1500、2000”，第 4 列数据为“津贴：300、400、450、350、500”，使用默认索引列。

表 9－2　人员工资信息表

部门	基本工资	绩效工资	津贴
行政部	1800	1000	300
财务部	2000	1000	400
采购部	3500	2000	450
销售部	4000	1500	350
技术部	5000	2000	500

实现代码如下：

```
import pandas as pd  # 导入pandas并起别名为pd
df1 = pd.DataFrame([['行政部',1800,1000,300],
    ['财务部',2000,1000,400],
    ['采购部',3500,2000,450],
    ['销售部',4000,1500,350],
    ['技术部',5000,2000,500]],
    columns = ['部门', '基本工资', '绩效工资', '津贴'])  # 以列表创建DataFrame 对象
pd.set_option('display.unicode.ambiguous_as_wide', True)  # 格式对齐
pd.set_option('display.unicode.east_asian_width', True)  # 格式对齐
print(df1)  # 输出列表
```

运行代码，结果如图 9－7 所示：

```
     部门  基本工资  绩效工资  津贴
0  行政部      1800      1000   300
1  财务部      2000      1000   400
2  采购部      3500      2000   450
3  销售部      4000      1500   350
4  技术部      5000      2000   500
```

图 9－7　使用列表创建默认索引的 DataFrame 对象

【示例9－4】使用列表[['行政部', 1800, 1000, 300], ['财务部', 2000, 1000, 400], ['采购部', 3500, 2000, 450], ['销售部', 4000, 1500, 350], ['技术部', 5000, 2000, 500]]，为 data 参数创建了一个对象 DataFrame；使用列表['部门', '基本工资', '绩效工资', '津贴'] 为 columns 参数创建列索引，因为没有使用 index 参数，DataFrame 就使用了默认索引，索引号从 0 开始，依次递增，如本示例中为“0 1 2 3 4”。

(2)使用自定义索引创建。

为了对各个数据进行明确标记，可以通过设置 index 参数来自定义索引。

【示例 9－5】使用列表创建 DataFrame 对象，输出“人员工资信息”（如表 9－3 所示），第 1 列数据为“部门：行政部、财务部、采购部、销售部、技术部”，第 2 列数据为“基本工资：1800、2000、3500、4000、5000”，第 3 列数据为“绩效工资：1000、1000、2000、1500、2000”，第 4 列数据为“津贴：300、400、450、350、500”，使用索引列为“1、2、3、4、5”。

表 9－3 人员工资信息表

序号	部门	基本工资	绩效工资	津贴
1	行政部	1800	1000	300
2	财务部	2000	1000	400
3	采购部	3500	2000	450
4	销售部	4000	1500	350
5	技术部	5000	2000	500

实现代码如下：

```
import pandas as pd  # 导入pandas并起别名为pd
df2 = pd.DataFrame([['行政部',1800,1000,300],
    ['财务部',2000,1000,400],
    ['采购部',3500,2000,450],
    ['销售部',4000,1500,350],
    ['技术部',5000,2000,500]],
      columns = ['部门','基本工资','绩效工资','津贴'],  # 以列表创建Data Frame 对
象
      index = [1,2,3,4,5])
pd.set_option('display.unicode.ambiguous_as_wide', True)
pd.set_option('display.unicode.east_asian_width', True)
print(df2)  # 输出列表
```

运行代码，结果如图 9－8 所示：

```
      部门   基本工资   绩效工资   津贴
1    行政部     1800      1000    300
2    财务部     2000      1000    400
3    采购部     3500      2000    450
4    销售部     4000      1500    350
5    技术部     5000      2000    500
```

图 9－8　使用列表创建自定义索引的 DataFrame 对象

【示例 9－5】使用 index 参数将索引设置为“1、2、3、4、5”。

2. 使用字典创建 DataFrame 对象

【示例 9－6】使用字典创建 DataFrame 对象，输出“人员工资信息”（如表 9－4 所示）。

表 9－4　　　　人员工资信息表

序号	部门	基本工资	绩效工资	津贴
1	行政部	1800	1000	300
2	财务部	2000	1000	400
3	采购部	3500	2000	450
4	销售部	4000	1500	350
5	技术部	5000	2000	500

实现代码如下：

```
import pandas as pd  # 导入pandas并起别名为pd
df3 = pd. DataFrame( {'部门': ['行政部','财务部','采购部','销售部','技术部'],
    '基本工资':[1800,2000,3500,4000,5000],
    '绩效工资': [1000,1000,2000,1500,2000],
    '津贴': [300,400,450,350,500]},
    index =[1,2,3,4,5])  # 以字典创建DataFrame对象
pd. set_option('display. unicode. ambiguous_as_wide', True)
pd. set_option('display. unicode. east_asian_width', True)
print(df3)
```

运行代码，结果如图 9－9 所示：

	部门	基本工资	绩效工资	津贴
1	行政部	1800	1000	300
2	财务部	2000	1000	400
3	采购部	3500	2000	450
4	销售部	4000	1500	350
5	技术部	5000	2000	500

图 9-9 使用字典创建自定义索引的 DataFrame 对象

【示例 9-6】调用 pd. DataFrame()函数创建 DataFrame 对象，使用字典作为 DataFrame()函数的参数，字典中的键“部门、基本工资、绩效工资、津贴”直接成为数据的列索引标签，字典中的各个值则为 DataFrame 的数据，如“1800、2000、3500”等，同时运用 index 参数来设置行索引“1、2、3、4、5”。

技能拓展提升

❖输出和访问数据

1. 输出 DataFrame、Series 对象的索引和数据

DataFrame、Series 对象提供了 index 和 values 两个属性。使用 index 属性可以获取 DataFrame 和 Series 对象的索引，values 属性可以获取 DataFrame 和 Series 对象的数据。

【示例 9-7】接【示例 9-3】，输出 Series 对象 ser3 的索引和数据。

实现代码如下：

```
print(ser3. index)  # 获取ser3 的索引
print(ser3. values)  # 获取ser3 的数据
```

运行代码，结果如图 9-10 所示：

```
Index (['行政部', '财务部', '采购部', '销售部', '技术部'], dtype='object')
[1800  2000  3500  4000  5000]
```

图 9-10 输出 Series 对象的索引和数据

【示例 9-8】接【示例 9-6】，输出 DataFrame 对象 df3 的索引和数据。

实现代码如下：

```
print(df3. index)  # 获取df3 的索引
print(df3. values)  # 获取df3 的数据
```

运行代码，结果如图 9-11 所示：

```
Int64Index ([1, 2, 3, 4, 5], dtype='int64')
[['行政部' 1800 1000 300]
 ['财务部' 2000 1000 400]
 ['采购部' 3500 2000 450]
 ['销售部' 4000 1500 350]
 ['技术部' 5000 2000 500]]
```

图 9－11　输出 DataFrame 对象的索引和数据

2. 访问 DataFrame、Series 对象中的数据

(1) 访问 DataFrame 的列。

可以使用列标签来访问 DataFrame 对象特定列的数据，语法如下：

```
df['列名']或 df. 列名
```

其中，df 为 DataFrame 对象的名称。返回的结果是一个 Series 对象。

(2) 访问 DataFrame 的行。

可以使用 . loc 或 . iloc 属性来访问特定行的数据，使用切片或布尔索引来选择访问特定的多行数据，语法如下：

```
DataFrame. loc[row_label] 或 DataFrame. iloc[row_index]
```

其中，row_label 是行索引的值或切片；row_index 是行索引号或切片，遵循左闭右开原则。返回的结果是一个 Series 对象。

(3) 访问 DataFrame 的单元格。

可以使用 . loc 或 . iloc 属性来访问 DataFrame 的单元格，语法如下：

```
DataFrame. loc[row_label, column_label] 或
DataFrame. iloc[row_index, column_index]
```

其中，row_label 是行索引值，column_label 是列名，用于访问指定单元格的数据；row_index 是行索引号，column_index 是列索引号，用于访问指定单元格的数据。

【示例 9－9】接【示例 9－6】，访问 DataFrame 对象 df3 的数据："部门"列的数据、行索引值为 2 的数据、行索引号为 2 的数据、行索引值为 2 到 4 的数据、行索引号为 2 至 4 的数据、行索引值为 2 列索引值为"绩效工资"所在单元格的数据。

实现代码如下：

```
print("访问“部门”列的数据")
print(df3.部门)  # 访问“部门”列的数据-方法1
print(df3['部门'])  # 访问“部门”列的数据-方法2
print("访问行索引值为2的数据")
print(df3.loc[2])  # 访问行索引值为2的数据
print('访问行索引号2的数据')
print(df3.iloc[2])  # 访问行索引号2的数据
print('访问行索引值为2到4的数据')
print(df3.loc[2:4])  # 访问行索引值为2到4的数据
print('访问行索引号为2到4的数据')
print(df3.iloc[2:4])  # 访问行索引号为2到4的数据，遵循左闭右开原则
print('访问行索引值为2列索引值为“绩效工资”所在单元格的数据')
print(df3.loc[2,'绩效工资'])  # 访问行索引值为2列索引值为“绩效工资”所在
单元格的数据
```

运行代码，结果如图9－12所示：

```
访问“部门”列的数据
1    行政部
2    财务部
3    采购部
4    销售部
5    技术部
Name: 部门, dtype: object
1    行政部
2    财务部
3    采购部
4    销售部
5    技术部
Name: 部门, dtype: object
访问行索引值为2的数据
部门        财务部
基本工资      2000
绩效工资      1000
津贴         400
Name: 2, dtype: object
访问行索引号2的数据
部门        采购部
基本工资      3500
绩效工资      2000
津贴         450
Name: 3, dtype: object
访问行索引值为2到4的数据
    部门  基本工资  绩效工资  津贴
2  财务部    2000    1000   400
3  采购部    3500    2000   450
4  销售部    4000    1500   350
访问行索引号为2到4的数据
    部门  基本工资  绩效工资  津贴
3  采购部    3500    2000   450
4  销售部    4000    1500   350
访问行索引值为2列索引值为“绩效工资”所在单元格的数据
1000
```

图9－12 访问DataFrame对象的数据

(4)访问 Series 对象的元素。

可以使用索引值或索引号访问 Series 对象特定位置的元素，语法如下：

```
series['索引值'] 或 series. loc['索引值'] 或 series. iloc['索引号']
```

返回单个元素值。

可以使用切片操作访问多个元素，语法如下：

```
series['起始索引值':'结束索引值']
或 series. loc['起始索引值':'结束索引值']
或 series. iloc[起始索引号:结束索引号]
```

返回一个新的 Series 对象。

【示例 9-10】接【示例 9-3】，访问 series 对象 ser3 的数据：访问索引值为“销售部”的元素，访问索引值为“技术部”的元素，访问索引号为 0 的元素，访问索引值从行政部到技术部的多个元素，访问索引号从 0 至 4 的多个元素。

实现代码如下：

```
print('访问索引值为“销售部”的元素')
print(ser3['销售部'])  # 使用索引值访问特定位置元素-方法1
print('访问索引值为“技术部”的元素')
print(ser3.loc['技术部'])  # 使用索引值访问特定位置元素-方法2
print('访问索引号为0的元素')
print(ser3.iloc[0])  # 使用索引号访问特定位置元素
print('访问索引值从行政部到技术部的多个元素')
print(ser3['行政部':'技术部'])  # 使用切片访问多个元素-方法1
print('访问索引号从0至4的多个元素')
print(ser3.iloc[0:4])  # 使用切片访问多个元素-方法2，遵循左闭右开原则
```

运行代码，结果如图 9-13 所示：

```
访问索引值为“销售部”的元素
4000
访问索引值为“技术部”的元素
5000
访问索引号为0的元素
1800
访问索引值从行政部到技术部的多个元素
行政部     1800
财务部     2000
采购部     3500
销售部     4000
技术部     5000
dtype: int64
访问索引号从0至4的多个元素
行政部     1800
财务部     2000
采购部     3500
销售部     4000
dtype: int64
```

图 9-13 访问 Series 对象的数据

工作任务实施

使用 pandas 库的 DataFrame 数据结构创建深圳米多物联科技有限公司应收账款明细表。

步骤 1：导入 pandas 模块，起别名为 pd，代码如下：

```
# 导入pandas模块
import pandas as pd
```

步骤 2：使用字典作为参数创建 DataFrame 对象并输出，代码如下：

```
# 使用字典创建并输出DataFrame对象
AR = pd.DataFrame({'客户名称': ['广州兴瑞电子科技公司', '宁波嘉宁科技有限公司', '长沙天际电器股份有限公司', '上海美凡电器有限公司', '深圳安捷股份有限公司'],
        '应收账款': [2800,2500,3500,4000,4800],
        '已收金额': [1000,1800,2000,3500,3500],
        '未收金额': [1800,700,1500,500,1300]})
print(AR)
```

运行代码，结果如图 9-14 所示：

	客户名称	应收账款	已收金额	未收金额
0	广州兴瑞电子科技公司	2800	1000	1800
1	宁波嘉宁科技有限公司	2500	1800	700
2	长沙天际电器股份有限公司	3500	2000	1500
3	上海美凡电器有限公司	4000	3500	500
4	深圳安捷股份有限公司	4800	3500	1300

图 9－14　使用字典创建的 DataFrame 对象－应收账款明细表

步骤 3：使用 set_option( ) 函数设置行列对齐，代码如下：

```
# 设置行列对齐
pd.set_option('display.unicode.ambiguous_as_wide', True)
pd.set_option('display.unicode.east_asian_width', True)
```

运行代码，结果如图 9－15 所示：

	客户名称	应收账款	已收金额	未收金额
0	广州兴瑞电子科技公司	2800	1000	1800
1	宁波嘉宁科技有限公司	2500	1800	700
2	长沙天际电器股份有限公司	3500	2000	1500
3	上海美凡电器有限公司	4000	3500	500
4	深圳安捷股份有限公司	4800	3500	1300

图 9－15　设置对齐后输出的应收账款明细表

任务二　使用 pandas 对财务数据文件进行操作

工作任务描述

深圳米多物联科技有限公司存在大量的财务数据和业务数据，这些大数据存储在从其他业务系统导出或从同行企业网站爬取的外部文件中，财务部小明需要使用大数据技术对从财务系统导出来的“公司 2024 年 1 月销售数据统计明细表 . xlsx”文件进行操作。深圳米多物联科技有限公司 2024 年 1 月销售数据统计明细表如表 9－5 所示。

表 9－5　　2024 年 1 月销售数据统计明细表

	A	B	C	D	E	F	G	H
1	日期	产品名称	型号	销售数量	销售单价	销售金额	成本金额	利润
2	2024-1-2	NB门磁探测器	JTY-FL-MS01	2000	55	110000	66000	44000
3	2024-1-2	NB水浸探测器	JTY-FL-WS01	2400	55	132000	79200	52800
4	2024-1-2	NB烟感探测器	JTY-GM-FL251	3400	67	227800	136680	91120
5	2024-1-5	NB烟感探测器	JTY-GM-FL251	800	63	50400	30240	20160
6	2024-1-5	NB燃气探测器	JTY-GM-FL261	900	75	67500	40500	27000
7	2024-1-5	NB警号探测器	JTY-FL-SR01	560	90	50400	30240	20160
8	2024-1-5	NB一键报警器	JTY-FLEB11	780	58	45240	27144	18096
9	2024-1-9	NB红外探测器	JTY-FL-PD11	860	80	68800	41280	27520
10	2024-1-9	NB门磁探测器	FN-MS01	1200	70	84000	50400	33600
11	2024-1-9	NB门磁探测器	FN-MS03	1000	58	58000	34800	23200
12	2024-1-9	NB水浸探测器	FN-WS01	260	75	19500	11700	7800
13	2024-1-11	NB烟感探测器	JTY-GM-FL253	900	78	70200	42120	28080
14	2024-1-11	NB烟感探测器	JTY-GM-FL251	760	83	63080	37848	25232
15	2024-1-11	NB烟感探测器	JTY-GM-FL252	560	92	51520	30912	20608
16	2024-1-11	NB一氧化碳	JT-FL262	660	90	59400	35640	23760
17	2024-1-12	NB燃气探测器	JT-FL261	990	88	87120	52272	34848
18	2024-1-12	NB警号探测器	FL-SR01	700	90	63000	37800	25200
19	2024-1-12	NB一键报警器	FL-EB01	800	80	64000	38400	25600
20	2024-1-13	NB红外探测器	FL-PD01	860	85	73100	43860	29240
21	2024-1-13	门磁探测器	FN-MS01	1300	95	123500	74100	49400
22	2024-1-13	水浸探测器	FN-WS01	1400	95	133000	79800	53200
23	2024-1-14	4G烟感探测器	JTY-GM-FL253	1500	100	150000	90000	60000
24	2024-1-14	4G烟感探测器	JTY-GM-FL251	1500	103	154500	92700	61800
25	2024-1-14	4G一氧化碳	JT-FL262	2300	120	276000	165600	110400
26	2024-1-15	4G燃气探测器	JT-FL261	2600	110	286000	171600	114400

工作任务分析

在本任务中，使用 pandas 提供的数据文件读取和保存方法，包括 read_excel( )、to_excel( )、read_csv( )、read_sql( )、read_html( )等，对 CSV 文件、Excel 文件、SQL 数据库、html 文件等各种类型的外部数据文件进行操作。

任务知识储备

pandas 文件操作

一、读取和写入 Excel 文件

(一) 读取 Excel 文件

使用 pandas 提供的 read_excel( ) 函数读取 Excel 文件，读取出来的数据会自动转换成 DataFrame 类型的数据，语法如下：

```
pd. read_excel('filename. xlsx', sheet_name = 'Sheet1')
```

其中，filename. xlsx 是要读取的 Excel 文件名，如果文件未放在当前目录下，则需要提供存储路径；sheet_name 参数用来指定工作表的名称，如 sheet_name = 'Sheet1'表示读取名为“Sheet1”工作表的数据。默认情况下，sheet_name 参数的值为 0，表示读取第一个工作表。

【示例 9－11】使用 pandas 读取存放在 D 盘 data 文件夹中文件名为“客户信息统计表. xlsx”第一张工作表的数据。

实现代码如下：

```
import pandas as pd  # 引入pdandas 包
df4 = pd. read_excel('d：//data/客户信息统计表 . xlsx')  # 使用read_excel ( )函数读取Excel 文件
print( df4 )
```

运行代码，结果如图 9－16 所示：

```
        客户名称  所属地区             详细地址           电话
0    华联电子有限公司    湖南  长沙市岳麓区桔子洲街道  073187645399
1    欧尚科技有限公司    安徽      芜湖市镜湖区长江路  055336179873
2  兴旺商贸电子有限公司    河北        石家庄市石铜路  031183874521
3    聚鑫科技有限公司    浙江          杭州市曙光路  057187631809
4   光福进出口有限公司    北京          北京市顺义区  010-60632113
5    富光科技有限公司    广东          广州市金华街  020828874510
6  润发兴业电子有限公司    湖南  长沙市天心区五一大道  073156884211
```

图 9－16　读取 Excel 文件结果

【示例 9－11】使用 read_excel( )函数读取了指定路径下的外部文件，默认直接读取了第一张工作表的数据，并自动用读取到的数据创建了一个 DataFrame 对象，将该对象赋值给 df4 对象。

（二）写入 Excel 文件

使用 pandas 提供的 to_excel( )函数将数据写入 Excel 文件，语法如下：

```
pd. to_excel( 'filename. xlsx', index = False)
```

其中，filename. xlsx 是要写入的 Excel 文件名，如果文件未放在当前目录下，则需要提供存储路径；index = False 表示不将行索引写入 Excel 文件中，如果需要保留行索引，可以将 index 参数设置为 True（默认值），或者省略该参数。

【示例 9－12】使用字典创建 DataFrame 对象，输出“供应商信息统计”（如表 9－6 所示），并将数据写入 D 盘 data 文件夹下文件名为“供应商信息统计表 . xlsx”的第一张工作表中。

表 9－6 供应商信息统计

供应商名称	所属地区	联系电话	分管业务员
广州万安科技有限公司	广东省	02089459988	张明
济南汇瑞电子技术公司	山东省	053167568788	张明
河北欣安安防有限公司	河北省	031189764569	张明
湖南普安科技有限公司	湖南省	073187854560	张明
浙江库瑞电子科技有限公司	浙江省	057187953413	张明

实现代码如下：

```
import pandas as pd  # 引入pandas 包
df5 = pd.DataFrame({'供应商名称':['广州万安科技有限公司','济南汇瑞电子技术公司','河北欣安安防有限公司','湖南普安科技有限公司','浙江库瑞电子科技有限公司'],
    '所属地区':['广东省','山东省','河北省','湖南省','浙江省'],
    '联系电话':['02089459988','053167568788','031189764569','073187854560','057187953413'],
    '分管业务员':['张明','张明','张明','张明','张明']})    # 使用字典创建DataFrame 对象
print(df5)
df5.to_excel("d://data/供应商信息统计.xlsx", index=False)    # 使用to_excel函数将数据写入Excel 文件中
```

运行代码，结果如图 9－17 所示：

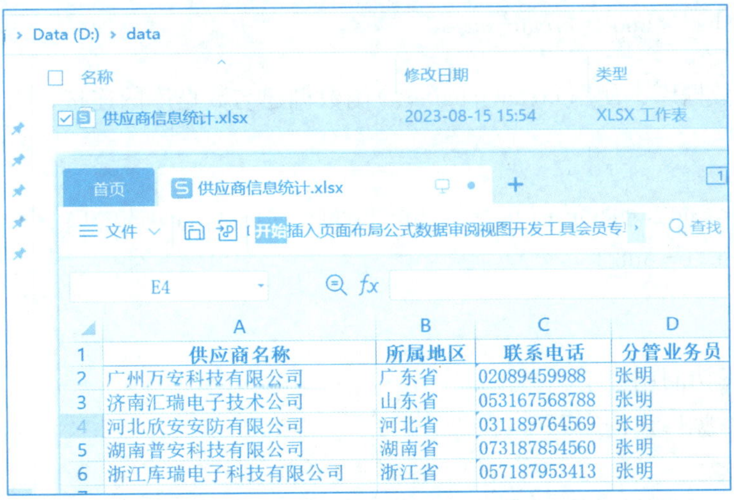

图 9－17 写入 Excel 文件结果

【示例 9－12】使用字典创建了 DataFrame 对象 df5，再使用 to_excel 函数将数据写入指定路径下的外部文件，默认直接写入 Excel 文件的第一张工作表中，参数 index = False，表示不将 DataFrame 对象的行索引写入 Excel 文件中。

二、读取 SQL 文件

pandas 不能直接读取 SQL 文件，需要先安装所需的 MySQL、sqlalchemy 库、pymysql（从 Python 连接到 MySQL 数据库服务器的接口），再使用 pandas 提供的 read_sql( ) 函数来读取 SQL 数据库中的数据，具体要求步骤和语法如下：

步骤 1：安装 MySQL 数据库。

在 MySQL 数据库官网下载安装包，完成安装即可。

步骤 2：安装 sqlalchemy，安装命令如下：

```
pip install sqlalchemy
```

步骤 3：安装 pymysql。

在 cmd 中定位到 python. exe 安装目录下的 Scripts 目录，如 D：\anaconda\Scripts，然后运行如下安装命令：

```
pip install pymysql
```

步骤 4：读取 SQL 文件。

（1）导入 pandas 和 sqlalchemy，命令如下：

```
import pandas as pd
from sqlalchemy import create_engine
```

（2）连接到数据库，使用 create_engine( ) 函数创建与数据库的连接，语法如下：

```
engine =
          create _ engine ( ' mysql + pymysql: //user: password @ host: port/Data-
baseName? charset = utf8')
```

其中：

user：数据库访问用户

password：数据库访问密码

host：主机名

port：端口号

DatabaseName：数据库名称

(3)使用 pandas 的 read_sql()函数执行 SQL 查询，并将结果转化为 pandas dataframe 对象，语法如下：

```
df = pd. read_sql( "SELECT * FROM provider" , con = engine)
```

(4)关闭数据库连接。

```
engine. dispose( )
```

【示例 9-13】使用 pandas 从固定资产管理系统的后台数据库中读取出“固定资产信息”数据表。

实现代码如下：

```
import pandas as pd  # 引入pdandas 包
from sqlalchemy import create_engine  # 导入sqlalchemy 库
engine =
        create_engine('mysql + pymysql: //root: 123456@ 127. 0. 0. 1: 3306/mydb?
charset = utf8')  # 使用create_engine ()函数创建与数据库mydb 的连接
df6 = pd. read_sql( "SELECT * FROM provider" , con = engine)    # 使用pandas 的
read_sql ()函数执行SQL 查询，读取数据表provider 中的数据
print( df6)
```

运行代码，结果如图 9-18 所示：

	编号	固定资产名称	类别	使用部门	使用年限	折旧方法	开始使用日期 \
0	0001	联想电脑	办公设备	办公室	5	平均年限法	2017-03-01
1	0002	戴尔电脑	办公设备	销售部	5	平均年限法	2018-07-01
2	0003	东风汤车	运输工具	销售部	10	平均年限法	2018-08-01
3	0004	仓库	厂房	仓储部	30	平均年限法	2015-10-10
4	0005	联想电脑	办公设备	财务部	5	平均年限法	2018-03-01
5	0002	戴尔电脑	办公设备	销售部	5	平均年限法	2018-07-01

	原值	净残值率	净残值	累计折旧
0	9000	0. 0	270	4801
1	10000	0. 0	300	2748
2	160000	0. 0	8000	202661
3	300000	0. 0	6000	40833
4	9000	0. 0	270	3041
5	10000	0. 0	300	2748

图 9-18 读取 sql 文件结果

【示例 9-13】使用 create_engine()函数创建与数据库 mydb 的连接，其中

root：为数据库访问用户

123456：为数据库访问密码

127. 0. 0. 1：代表主机

3306：为端口号

mydb：数据库名称

技能拓展提升

❖读取网页文件数据

如果需要读取网页文件数据，可以使用 pandas 库中的 read_html( ) 函数，该函数将从 HTML 页网中提取表格数据，并转换 DataFrame 对象，语法如下：

```
pd.read_html(url)
```

其中，url 为将要读取的网页文件的网页路径，可以事先定义好。

【示例 9-14】需要了解电子信息行业上市公司 2023 年第一季度的营运能力，可以使用 pandas 将新浪财经网站相关数据读取出来。

实现代码如下：

```
import pandas as pd  # 导入pandas包
url =
   "http://vip.stock.finance.sina.com.cn/q/go.php/vFinanceAnalyze/kind/operation/index.phtml?s_i=new_dzxx&s_a=&s_c=&reportdate=2023&quarter=1"  # 定义一个链接地址
dfs = pd.read_html(url)  # 用pandas 库中的read_html 函数将网页数据读取出来
df7 = dfs[0]  # 获取第一个DataFrame对象
print(dfs)  # 输出
```

运行代码，结果如图 9-19 所示：

[	股票代码	股票名称	应收账款周转率(次)	应收账款周转天数(天) \
0	300383	光环新网	0.8265	108.8929
1	600455	博通股份	21.4643	4.1930
2	2027	分众传媒	1.8900	47.6190
3	300113	顺网科技	5.6047	16.0580
4	600050	中国联通	2.8325	31.7741
5	600556	天下秀	0.3841	234.3140
6	300017	网宿科技	0.9342	96.3391
7	2148	北纬科技	3.0500	29.5082
8	601519	大智慧	1.9164	46.9631
9	2649	博彦科技	0.9594	93.8086
10	2354	天娱数科	1.4768	60.9426
11	300051	三五互联	16.9625	5.3058
12	32	深桑达A	1.2443	72.3298
13	300226	上海钢联	7.1367	12.6109
14	300020	银江技术	0.3516	255.9727
15	2467	二六三	3.5755	25.1713
16	300288	朗玛信息	2.3225	38.7513
17	2115	三维通信	3.4846	25.8279

图 9-19 读取网页文件结果

【示例 9-14】中使用 url 变量定义了一下包涵所需数据的网页链接地址；使用 read_html ()函数读取 url 所指定的网页内容，并将其转换为一个或多个 DataFrame 对象，存储在一个列表中；网页中包含多个表格，所以返回的 dfs 列表中可能包含多个 DataFrame 对象。可以根据具体情况选择要提取的 DataFrame 对象，示例中使用索引 dfs[0]获取第一个 DataFrame 对象。

工作任务实施

使用 pandas 库中的 read_excel( ) 函数读取财务系统导出的“2024 年 1 月销售数据统计明细表 . xlsx” 文件，该文件存储在 D 盘 F-Data 文件夹中。

步骤 1：导入 pandas 模块，起别名为 pd，代码如下：

```
# 导入pandas模块
import pandas as pd
```

步骤 2：使用 read_excel( ) 函数读取存储在 E 盘 F – Data 文件夹中的“深圳米多物联科技有限公司 2024 年 1 月销售数据明细表 . xlsx” 文件，代码如下：

```
# 使用read_excel ( ) 函数读取Excel 文件
import pandas as pd
df8 = pd. read_excel('D:\\F-Data\深圳米多物联科技有限公司 2024 年 1 月销售数据
明细表 . xlsx')
```

步骤 3：输出所读取的数据，代码如下：

```
print(df8)
```

运行代码，结果如图 9 – 20 所示：

	日期	产品名称	型号	销售数量	销售单价	销售金额
0	2024-01-02	NB门磁探测器	JTY-FL-MS01	2000	55	110000
1	2024-01-02	NB水浸探测器	JTY-FL-WS01	2400	55	132000
2	2024-01-02	NB烟感探测器	JTY-GM-FL251	3400	67	227800
3	2024-01-05	NB烟感探测器	JTY-GM-FL251	800	63	50400
4	2024-01-05	NB燃气探测器	JTY-GM-FL261	900	75	67500
5	2024-01-05	NB警号探测器	JTY-FL-SR01	560	90	50400
6	2024-01-05	NB一键报警器	JTY-FLEB11	780	58	45240
7	2024-01-09	NB红外探测器	JTY-FL-PD11	860	80	68800
8	2024-01-09	NB门磁探测器	FN-MS01	1200	70	84000
9	2024-01-09	NB门磁探测器	FN-MS03	1000	58	58000
10	2024-01-09	NB水浸探测器	FN-WS01	260	75	19500
11	2024-01-11	NB烟感探测器	JTY-GM-FL253	900	78	70200
12	2024-01-11	NB烟感探测器	JTY-GM-FL251	760	83	63080
13	2024-01-11	NB烟感探测器	JTY-GM-FL252	560	92	51520
14	2024-01-11	NB一氧化碳	JT-FL262	660	90	59400
15	2024-01-12	NB燃气探测器	JT-FL261	990	88	87120
16	2024-01-12	NB警号探测器	FL-SR01	700	90	63000
17	2024-01-12	NB一键报警器	FL-EB01	800	80	64000
18	2024-01-13	NB红外探测器	FL-PD01	860	85	73100
19	2024-01-13	门磁探测器	FN-MS01	1300	95	123500
20	2024-01-13	水浸探测器	FN-WS01	1400	95	133000
21	2024-01-14	4G烟感探测器	JTY-GM-FL253	1500	100	150000
22	2024-01-14	4G烟感探测器	JTY-GM-FL251	1500	103	154500
23	2024-01-14	4G一氧化碳	JT-FL262	2300	120	276000
24	2024-01-15	4G燃气探测器	JT-FL261	2600	110	286000
25	2024-01-15	4G一键报警器	FL-EB01	1600	120	192000
26	2024-01-15	NB门磁探测器	JTY-FL-MS01	1900	55	104500
27	2024-01-15	NB水浸探测器	JTY-FL-WS01	2000	55	110000
28	2024-01-16	NB烟感探测器	JTY-GM-FL251	2500	67	167500
29	2024-01-16	NB烟感探测器	JTY-GM-FL251	1200	63	75600

	成本金额	利润
0	66000	44000
1	79200	52800

图 9 – 20 读取 Excel 文件结果

任务三 使用 pandas 对财务数据进行统计分析

工作任务描述

深圳米多物联科技有限公司的小明在 1 月底需要向主管汇报本月公司产品销售的相关情况，主管主要想了解本月产品销售数量和销售金额的最大值、最小值、和、平均值等指标。为了快速准确地获得这些统计分析指标，小明需要使用 pandas 包中的常用统计分析方法，对“2024 年 1 月销售数据统计明细表”中的数据进行操作。

工作任务分析

在本任务中，使用 pandas 包提供的多种用于统计分析的功能和方法，特别是常用统计分析函数，包括 describe( )、mean( )、min( )、max( )对应销售数据明细表中的数据进行处理和分析。

任务知识储备

pandas 统计分析

一、求最大值

如果要使用 pandas 求最大值，可以使用 DataFrame 对象或 Series 对象上的 max( ) 函数，语法如下：

```
< Series 或 DateFrame 对象 >. max( axis =0, 1)
```

其中，axis 参数为 0 时表示按列求最大值，可以省略。axis 参数为 1 时表示按行求最大值，不可以省略。

【示例 9 –15】对公司往来账款数据表进行统计分析，求出应收账款和应收票据的最大值，求出 1—4 月每行数据的最大值(该数据表的 Excel 文件已存放在指定盘符)。

表 9 –7　　公司往来账款数据表

月份	应收账款	应收票据
一月	4500	3700
二月	3400	4400
三月	3500	2300
四月	2600	3600
五月	4000	3900

实现代码如下：

```
import pandas as pd  # 导入pandas模块
df9 = pd.read_excel('D:\\F-Data\公司往来账款数据表.xlsx')  # 读取excel文件
print(df9)
print(df9.max())  # 输出每一列最大值
print(df9.max(axis=1))  # 输出每一行最大值
```

运行代码，结果如图9-21所示：

```
   月份  应收账款  应收票据
0  一月   4500   3700
1  二月   3400   4400
2  三月   3500   2300
3  四月   2600   3600
4  五月   4000   3900
月份       四月
应收账款    4500
应收票据    4400
dtype: object
0    4500
1    4400
2    3500
3    3600
4    4000
dtype: int64
```

图9-21 求最大值结果

【示例9-15】使用read_excel( )函数读取出存储在指定位置的Excel数据表；使用max( )函数求出最大值。其中，max( )函数的axis参数=0或省略时，求出的是每一列的最大值，此示例中求出了应收账款和应收票据的最大值；axis参数=1时求出的是每一行的最大值，此示例中求出了每月往来账款数据的最大值。

二、求最小值

如果要使用pandas求最小值，可以使用DataFrame对象或Series对象上的min( )函数，语法如下：

```
<Series 或 DateFrame 对象>.min(axis=0, 1)
```

其中，axis参数为0时表示按列求最小值，可以省略。axis参数为1时表示按行求最小值，不可以省略。

【示例9-16】对公司往来账款数据表进行统计分析，求出应收账款和应收票据的最小值，求出1—4月每行数据的最小值(该数据表的Excel文件已存放在指定盘符)。

实现代码如下：

```
import pandas as pd  # 导入pandas 模块
df10 = pd. read_excel('D:\\F - Data\公司往来账款数据表 . xlsx')  # 读取excel 文件
print(df10)
print(df10. min())  # 输出每一列最小值
print(df10. min(axis = 1))  # 输出每一行最小值
```

运行代码，结果如图 9 - 22 所示：

```
   月份  应收账款  应收票据
0  一月    4500    3700
1  二月    3400    4400
2  三月    3500    2300
3  四月    2600    3600
4  五月    4000    3900
月份        一月
应收账款    2600
应收票据    2300
dtype: object
0    3700
1    3400
2    2300
3    2600
4    3900
dtype: int64
```

图 9 - 22　求最小值结果

【示例 9 - 16】使用 min( )函数求出最小值。其中，min( )函数的 axis 参数 =0 或省略时，求出的是每一列的最小值，此示例中求出了应收账款和应收票据的最小值；axis 参数 =1 时求出的是每一行的最小值，此示例中求出了每月往来账款数据的最小值。

三、求平均值

如果要使用 pandas 求平均值，可以使用 DataFrame 对象或 Series 对象上的 mean( )函数，语法如下：

```
<Series 或 DateFrame 对象>. mean(axis =0, 1)
```

其中，axis 参数为 0 时表示按列求平均值，可以省略。axis 参数为 1 时表示按行求平均值，不可以省略。

【示例 9 - 17】对公司往来账款数据表进行统计分析，求出应收账款和应收票据的平均值，求出 1—4 月每行数据的平均值(该数据表的 Excel 文件已存放在指定盘符)。

实现代码如下：

```
import pandas as pd  # 导入pandas模块
df11 = pd.read_excel('D:\\F - Data\公司往来账款数据表.xlsx')  # 读取excel文件
print(df11)
print(df11.mean())  # 输出每一列平均值
print(df11.mean(axis = 1))  # 输出每一行平均值
print(df11 ['应收账款'] .mean())  # 输出指定列(应收账款)的平均值
```

运行代码，结果如图 9－23 所示：

```
   月份  应收账款  应收票据
0  一月    4500    3700
1  二月    3400    4400
2  三月    3500    2300
3  四月    2600    3600
4  五月    4000    3900
应收账款    3600.0
应收票据    3580.0
dtype: float64
0    4100.0
1    3900.0
2    2900.0
3    3100.0
4    3950.0
dtype: float64
3600.0
```

图 9－23 求平均值结果

【示例 9－17】使用 mean( ) 函数求出平均值。其中，mean( ) 函数的 axis 参数 =0 或省略时，求出的是每一列的平均值，此示例中求出了应收账款和应收票据的平均值；axis 参数 =1 时求出的是每一行的最小值，此示例中求出了每月往来账款数据的平均值。还可以在 mean( ) 函数中传递列名用于计算特定列的平均值，如示例中 df11['应收账款']. mean( )，返回的是应收账款列的平均值。

四、求和

如果要使用 pandas 求和，可以使用 DataFrame 对象或 Series 对象上的 sum( ) 函数，语法如下：

```
<Series 或 DateFrame 对象>. sum(axis =0, 1)
```

其中，axis 参数为 0 时表示按列求和，可以省略。axis 参数为 1 时表示按行求和，不可以省略。

【示例 9－18】对公司往来账款数据表进行统计分析，求出应收账款和应收票据的和，求出 1—4 月往来账款的和(该数据表的 Excel 文件已存放在指定盘符)。

实现代码如下：

```
import pandas as pd  # 导入pandas模块
df12 = pd.read_excel('D:\\F - Data\公司往来账款数据表.xlsx')  # 读取excel文件
print(df12)
print(df12.sum())  # 输出每一列的和
print(df12.sum(axis = 1))  # 输出每一行的和
print(df12['应收账款'].sum())  # 输出指定列的和
```

运行代码，结果如图 9－24 所示：

```
    月份  应收账款  应收票据
0   一月      4500      3700
1   二月      3400      4400
2   三月      3500      2300
3   四月      2600      3600
4   五月      4000      3900
月份        一月二月三月四月五月
应收账款                 18000
应收票据                 17900
dtype: object
0    8200
1    7800
2    5800
3    6200
4    7900
dtype: int64
18000
```

图 9－24　求和结果

【示例 9－18】使用 sum( )函数求出和。其中，sum( )函数的 axis 参数 =0 或省略时，求出的是每一列的和，此示例中求出了应收账款和应收票据的和；axis 参数 =1 时，求出的是每一行的和，此示例中求出了每月往来账款数据的和。还可以在 sum( )函数中传递列名用于计算特定列的和，如示例中 df12['应收账款'].sum( )，返回的是应收账款列的和。

五、统计描述函数

Pandas 中的 describe( )是一个描述性统计函数，可以一次性生成数据集的基本统计信息，提供了数据的计数、均值、标准差、最小值、25%（下四分位数）、50%（中位数）、75%(上四分位数)、最大值等统计指标。使用 describe( )可以快速了解数据的范围、大小、波动趋势等，对数据完成初步的探索，为后期选择分析模型奠定基础。

【示例 9－19】使用 describe( )函数对公司往来账款数据表进行统计分析，一次性完成多个统计指标的计算(该数据表的 Excel 文件已存放在指定盘符)。

实现代码如下:

```
import pandas as pd  # 导入pandas模块
df13 = pd.read_excel('D:\\F - Data\公司往来账款数据表.xlsx')  # 读取excel文件
print(df13.describe())  # 一次性输出多个统计指标
```

运行代码,结果如图 9 - 25 所示:

```
          应收账款        应收票据
count      5.00000     5.000000
mean    3600.00000  3580.000000
std      710.63352   779.102047
min     2600.00000  2300.000000
25%     3400.00000  3600.000000
50%     3500.00000  3700.000000
75%     4000.00000  3900.000000
max     4500.00000  4400.000000
```

图 9 - 25　描述性统计函数输出结果

【示例 9 - 19】使用 describe()函数生成了每列数据的描述性统计信息,返回了一个新的 DataFrame,其中包含计数、平均值、标准差、最小值、25%、50%、75% 和最大值等统计指标。该结果 DataFrame 的索引表示每个统计指标,列代表原数据的列名。

六、数据排序

pandas 提供了 sort_values()函数,可以对 DataFrame 或 Series 对象按照指定的列或多个列进行排序,其语法如下:

```
df.sort_values('列名', ascending = True)
```

其中,默认情况下,sort_values()将按照升序对指定列进行排序,ascending = True 参数可以省略。如果需要降序排序,可以设置 ascending = False。排序操作将返回一个新的排序后的 DataFrame 或 Series,并不会对原始数据进行就地排序。

【示例 9 - 20】对公司往来账款数据表中的数据按照"应收账款"列进行升序排序(该数据表的 Excel 文件已存放在指定盘符)。

实现代码如下:

```
import pandas as pd  # 导入pandas模块
df14 = pd.read_excel('D:\\F-Data\公司往来账款数据表.xlsx')  # 读取excel文件
print(df14)
print(df14.sort_values('应收账款'))  # 使用sort_values()函数数据进行排序
print(df14)
```

运行代码，结果如图 9-26 所示：

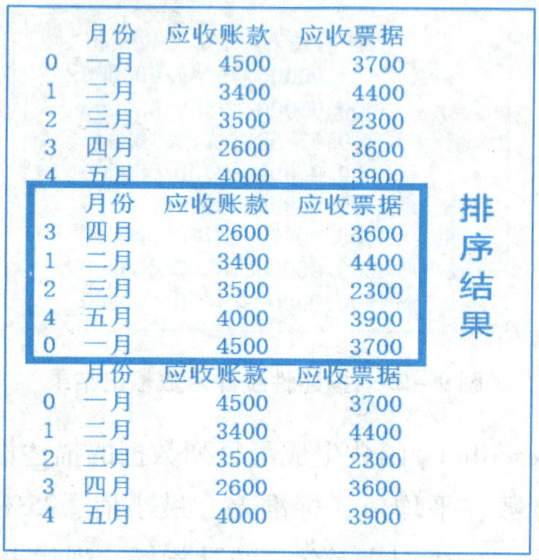

```
   月份  应收账款  应收票据
0  一月    4500    3700
1  二月    3400    4400
2  三月    3500    2300
3  四月    2600    3600
4  五月    4000    3900
   月份  应收账款  应收票据
3  四月    2600    3600
1  二月    3400    4400
2  三月    3500    2300
4  五月    4000    3900
0  一月    4500    3700
   月份  应收账款  应收票据
0  一月    4500    3700
1  二月    3400    4400
2  三月    3500    2300
3  四月    2600    3600
4  五月    4000    3900
```


图 9-26　排序结果

【示例 9-20】从代码的运行结果可知，排序操作并不会对原始数据进行就地排序，原始数据没有受到排序影响。

技能拓展提升

❖分组统计

在数据处理的过程中，如需要根据不同类别、不同地区、不同级别等不同的分析需求对数据进行整合和统计，则需要用到 pandas 提供的分组统计功能。在 pandas 中，可以使用 groupby()函数进行分组统计，该函数可以根据一个或多个列对数据进行分组，语法如下：

```
df.groupby(by = None, axis = 0, sort = True)
```

其中，by 是用于确定进行分组的依据；

axis 是表示分组轴的方向；

sort 是表示是否对分组标签进行排序，默认为 True。

分组后，可以根据需求使用相关函数对每个组进行统计分析，如求最大值、最小值、平均值、和等。

工作任务实施

对深圳米多物联科技有限公司“2024 年 1 月销售数据统计明细表”进行统计分析。

步骤 1：读取“2024 年 1 月销售数据统计明细表”中的数据。

```
import pandas as pd
# 使用read_excel()函数读取Excel文件
df15 = pd.read_excel('D:\\F-Data\深圳米多物联科技有限公司2024年1月销售数据明细表.xlsx')：
print(df15)
```

步骤 2：使用 describe()函数一次性生成计数、均值、标准差、最小值、25%(下四分位数)、50%(中位数)、75%(上四分位数)、最大值等多个统计指标，并将结果以“2024 年 1 月销售数据统计.xlsx”为文件名保存到 D 盘 F-Data 文件中。

```
# 使用describe()函数一次性生成多个统计指标
df16 = df15.describe()
print(df16)
# 将统计结果保存到指定文件中
df16.to_excel("D：//F-Data/2024年1月销售数据统计.xlsx")
```

步骤 3：使用 sort_values 函数按照销售数量对数据表进行升序排序。

```
print(df15.sort_values('销售数量'))
```

步骤 4：使用 groupby()函数按照产品名称对数据表进行分组，再对不同产品的销售金额进行求和。

```
df16 = df15.groupby("产品名称")      # 按照产品名称进行分组
print(df16["销售金额"].sum())      # 对不同产品的销售金额进行求和
```

运行代码，结果如图 9-27 所示：

```
          日期      产品名称          型号  销售数量  销售单价(元)  销售金额(元)
0  2024-01-02  NB门磁探测器   JTY-FL-MS01    2000        55       110000
1  2024-01-02  NB水浸探测器   JTY-FL-WS01    2400        55       132000
2  2024-01-02  NB烟感探测器  JTY-GM-FL251    3400        67       227800
3  2024-01-05  NB烟感探测器  JTY-GM-FL251     800        63        50400
4  2024-01-05  NB燃气探测器  JTY-GM-FL261     900        75        67500
5  2024-01-05  NB警号探测器   JTY-FL-SR01     560        90        50400
6  2024-01-05  NB一键报警器    JTY-FLEB11     780        58        45240
7  2024-01-09  NB红外探测器   JTY-FL-PD11     860        80        68800
8  2024-01-09  NB门磁探测器       FN-MS01    1200        70        84000
9  2024-01-09  NB门磁探测器       FN-MS03    1000        58        58000
10 2024-01-09  NB水浸探测器       FN-WS01     260        75        19500
11 2024-01-11  NB烟感探测器  JTY-GM-FL253     900        78        70200
12 2024-01-11  NB烟感探测器  JTY-GM-FL251     760        83        63080
13 2024-01-11  NB烟感探测器  JTY-GM-FL252     560        92        51520
14 2024-01-11    NB一氧化碳      JT-FL262     660        90        59400
15 2024-01-12  NB燃气探测器      JT-FL261     990        88        87120
16 2024-01-12  NB警号探测器       FL-SR01     700        90        63000
17 2024-01-12  NB一键报警器       FL-EB01     800        80        64000
18 2024-01-13  NB红外探测器       FL-PD01     860        85        73100
19 2024-01-13    门磁探测器       FN-MS01    1300        95       123500
20 2024-01-13    水浸探测器       FN-WS01    1400        95       133000
21 2024-01-14  4G烟感探测器  JTY-GM-FL253    1500       100       150000
22 2024-01-14  4G烟感探测器  JTY-GM-FL251    1500       103       154500
```

```
产品名称
4G一氧化碳        276000
4G一键报警器      192000
4G烟感探测器      150000
4G燃气探测器      286000
NB一氧化碳         59400
NB一键报警器       45240
NB水浸探测器       19500
NB烟感探测器       50400
NB燃气探测器       67500
NB红外探测器       68800
NB警号探测器       50400
NB门磁探测器       58000
水浸探测器        133000
门磁探测器        123500
Name: 销售金额, dtype: int64
```

图 9－27　任务实施结果

任务四　使用 pandas 对财务数据进行合并

工作任务描述

深圳米多物联科技有限公司销售产品的库存信息是按产品系列统计的，有出口系列、NB 系统、4G 系列，分别存放在三个不同的文件中。当公司需要查看三种系列的产品库存信息时，就需要将这三个文件进行合并。

工作任务分析

在本任务中，使用 pandas 包提供的数据合并方法将多个数据文件合并成一个数据文件。常见的数据合并方法有 merge( ) 函数、concat( ) 函数，merge( ) 函数主要用于基于指定列的横向合并拼接，concat( ) 函数可用于横向和纵向合并拼接。

任务知识储备

pandas 数据合并

一、merge ( ) 函数

pandas 库中的 merge( ) 函数用于合并两个或多个 DataFrame 对象，进行合并时需要基于共同的列或索引值，合并后输出一个新的 DataFrame 对象。语法如下：

```
pd. merge(left, right, how = 'inner', on = None)
```

其中：

- left 和 right：指要合并的两个 DataFrame 对象。
- how：指定合并的方式，“inner” 为内连接、“outer” 为外连接、“left” 为左连接、“right” 为右连接，默认为 “inner”。
- on：指定用于合并的列名。

【示例 9 – 21】想全面了解公司员工个人信息和薪资基本信息，现需要将“员工基本信息表”（如表 9 – 8 所示）和“员工薪资信息表”（如表 9 – 9 所示）进行数据合并。

表 9 – 8 员工个人信息表

A	B	C	D	E
员工号	姓名	性别	学历	籍贯
1001	李金泽	男	大专	湖南省益阳市
1002	宋涛	男	本科	河北省保定市
1003	黄小明	男	本科	安徽省合肥市
1004	叶璇	女	研究生	山东省烟台市
1005	李红	女	本科	湖北省宜昌市
1006	张立	男	研究生	四川省自贡市

表 9 – 9 员工薪资信息表 单位：元

A	B	C	D
员工号	基本工资	岗位工资	绩效奖金
1001	2000	2500	3000
1002	2500	2500	2800
1003	2500	3000	2500
1004	3000	3500	2000
1005	2500	2500	2800
1006	3000	3000	3500

实现代码如下：

```
import pandas as pd
# 使用read_excel()函数读取Excel文件
df17 = pd.read_excel('D:\\F-Data\员工个人信息表.xlsx')
df18 = pd.read_excel('D:\\F-Data\员工薪资信息表.xlsx')
# 使用merge()函数合并两个DataFrame对象
df19 = pd.merge(df17, df18)
print(df19)
df19.to_excel('D:\\F-Data\员工信息合并表.xlsx')
```

运行代码，结果如图 9-28 所示：

	员工号	姓名	性别	学历	籍贯	基本工资	岗位工资	绩效奖金
0	1001	李金泽	男	大专	湖南省益阳市	2000	2500	3000
1	1002	宋涛	男	本科	河北省保定市	2500	2500	2800
2	1003	黄小明	男	本科	安徽省合肥市	2500	3000	2500
3	1004	叶璇	女	研究生	山东省烟台市	3000	3500	2000
4	1005	李红	女	本科	湖北省宜昌市	2500	2500	2800
5	1006	张立	男	研究生	四川省自贡市	3000	3000	3500

图 9-28　merge( ) 函数合并结果

【示例 9-21】先使用 read_excel( ) 函数将存放在 excel 文件中的数据读取出来，转换成两个 DataFrame 对象；再使用 merge( ) 函数进行合并，merge( ) 函数基于共同的列“员工号”完成了合并，生成一个新的 DataFrame 对象；最后使用 to_excel( ) 函数将合并生成的 DataFrame 对象写入 excel 文件中。

二、concat ( ) 函数

Pandas 库中的 concat( ) 函数是合并数据方法中非常重要的一种函数，可用于对 Series 数据或 DataFrame 数据进行行拼接或列拼接。行拼接(纵向)是指上下多行进行拼接，是 concat( ) 函数的默认拼接方法，列拼接(横向)是指左右多列进行拼接。

concat( ) 函数的语法如下：

```
pd.concat([objs], axis=0, join='outer', ignore_index=False)
```

其中：

- objs：用于连接的对象序列，可以是 DataFrame、Series 或包含这些对象的列表。
- axis：指定连接的轴向。默认为 0，表示纵向连接，如果设置为 1，则表示横向连接。
- join：指定连接的方式。默认为“outer”，表示并集。其他常用选项包括“inner”

(交集)和“outer”(并集)。

- ignore_index：如果为 True，则在连接结果中重新生成索引，默认为 False。

【示例 9 - 22】公司应收票据统计表记录了 1—5 月应收票据的具体金额(如表 9 - 10 所示)，公司应收账统计表记录了 1—5 月应收账款的具体金额(如表 9 - 11 所示)，如要想全面了解公司 1—5 月往来账款情况，需对两个表进行数据合并。

表 9 - 10　　公司应收票据统计表　　单位：万元

A	B	C	D	E	F	G
项目	**客户**	**1 月**	**2 月**	**3 月**	**4 月**	**5 月**
应收票据	兴旺商贸电子有限公司	14768	35667	9765	1245	42453
应收票据	聚鑫科技有限公司	1242	26113	1367	8953	923

表 9 - 11　　公司应收票据统计表　　单位：万元

A	B	C	D	E	F	G
项目	**客户**	**1 月**	**2 月**	**3 月**	**4 月**	**5 月**
应收账款	兴旺商贸电子有限公司	45673	2358.6	46320.5	1242	9871
应收账款	聚鑫科技有限公司	14335.7	25111	9234	46321	14332

实现代码如下：

```
import pandas as pd
# 使用read_excel()函数读取Excel文件
df20 = pd.read_excel('D:\\F-Data\应收账款统计表.xlsx')
df21 = pd.read_excel('D:\\F-Data\应收票据统计表.xlsx')
# 使用concat()函数纵向合并两个DataFrame对象
df22 = pd.concat([df20,df21])
print(df22)
df22.to_excel('D:\\F-Data\往来账款统计表.xlsx')
```

运行代码，结果如图 9 - 29 所示：

```
        项目            客户       1月       2月       3月     4月     5月
0   应收账款  兴旺商贸电子有限公司  45673.0   2358.6  46320.5   1242   9871
1   应收账款      聚鑫科技有限公司  14335.7  25111.0   9234.0  46321  14332
0   应收票据      济南银座商贸公司  14768.0  35667.0   9765.0   1245  42453
1   应收票据      北京华联有限公司   1242.0  26113.0   1367.0   8953    923
```

图 9 - 29　concat( ) 函数行拼接结果

【示例 9 - 22】先使用 read_excel( ) 函数将存放在 excel 文件中的数据读取出来，转换成两个 DataFrame 对象；再使用 concat( ) 函数进行合并(因 axis 参数省略，默认为 0，则为纵向连接），生成一个新的 DataFrame 对象；最后使用 to_excel( ) 函数将合并生成的 DataFrame 对象写入 Excel 文件中。

【示例 9-23】接【示例 9-21】，想全面了解公司员工个人信息和薪资基本信息，现需要将“员工基本信息表”和“员工薪资信息表”进行数据合并。

实现代码如下：

```
import pandas as pd
# 使用read_excel()函数读取Excel文件
df23 = pd.read_excel('D:\\F-Data\员工个人信息表.xlsx')
df24 = pd.read_excel('D:\\F-Data\员工薪资信息表.xlsx')
# 使用concat( ) 函数合并两个DataFrame 对象(进行横向连接)
df25 = pd.concat([df23,df24],axis=1)
print(df25)
```

运行代码，结果如图 9-30 所示：

```
   员工号   姓名 性别   学历        籍贯   员工号  基本工资  岗位工资  \
0   1001  李金泽  男    大专   湖南省益阳市   1001   2000    2500
1   1002   宋涛  男    本科   河北省保定市   1002   2500    2500
2   1003  黄小明  男    本科   安徽省合肥市   1003   2500    3000
3   1004   叶璇  女   研究生  山东省烟台市   1004   3000    3500
4   1005   李红  女    本科   湖北省宜昌市   1005   2500    2500
5   1006   张立  男   研究生  四川省自贡市   1006   3000    3000

   绩效奖金
0   3000
1   2800
2   2500
3   2000
4   2800
5   3500
```

图 9-30 concat( ) 函数列拼接结果

【示例 9-23】concat( )函数中设置了 axis =1，则表示横向连接。

技能拓展提升

❖去除 concat( ) 函数列拼接结果重复列

示例 9-23 从代码运行结果来看，concat( )函数实现的是物理连接，如两个表有相同列将不会处理，如需要删除新 DataFrame 对象中的相同列，则需要用到 . T 属性和 drop_duplicates( )函数来删除重复行。

对于 pandas 的 DataFrame 对象，可以使用 . T 属性来进行转置操作，即将行转置为列，将列转置为行；转置后，原来的列标签变成了行标签，原来的行标签变成了列标签。

drop_duplicates()函数是 pandas 库中用于去除 DataFrame 或 Series 中重复行的函数，根据指定的列或索引来检测并删除重复的行，返回一个去重后的新对象。

接【示例9－23】去掉重复列实现代码：

```
# 删除重复列，.T 表示矩阵的转置，drop_duplicates()表示删除重复行
df26 = df25.T.drop_duplicates().T
print(df26)
```

运行代码，结果如图9－31所示：

```
   员工号   姓名  性别    学历         籍贯  基本工资  岗位工资  绩效奖金
0   1001  李金泽   男    大专   湖南省益阳市   2000    2500    3000
1   1002   宋涛   男    本科   河北省保定市   2500    2500    2800
2   1003  黄小明   男    本科   安徽省合肥市   2500    3000    2500
3   1004   叶璇   女   研究生  山东省烟台市   3000    3500    2000
4   1005   李红   女    本科   湖北省宜昌市   2500    2500    2800
5   1006   张立   男   研究生  四川省自贡市   3000    3000    3500
```

图9－31 删除重复列结果

工作任务实施

深圳米多物联科技有限公司销售产品的库存信息是按产品系列保存在三个不同的文件中(如表9－12、表9－13、表9－14所示)，现对三个文件进行数据合并。

表9－12 4G系列产品库存信息

系列	存货名称	型号	入库数量	出库数量	库存数量	单价(元)	金额(元)
4G系列	门磁探测器	FN－MS01	3440	2200	1240	57	70680
4G系列	水浸探测器	FN－WS01	7490	4500	2990	57	170430
4G系列	4G烟感探测器	JTY－GM－FL253	8890	6500	2390	60	143400
4G系列	4G烟感探测器	JTY－GM－FL251	5630	3000	2630	62	163060
4G系列	4G一氧化碳	JT－FL262	2258	1700	558	72	40176
4G系列	4G燃气探测器	JT－FL261	4550	2344	2206	66	145596
4G系列	4G一键报警器	FL－EB01	6780	5400	1380	72	99360

表9－13 出口系列产品库存信息

系列	存货名称	型号	入库数量	出库数量	库存数量	单价(元)	金额(元)
出口系列	SK506	Smoke Sensor	5440	3400	2040	29	59160
出口系列	SK507	Smoke Sensor	6700	3200	3500	29	101500
出口系列	SK508	WiFi Smoke Sensor	8700	870	7830	33	258390
出口系列	SK509	Smoke Sensor	4721	2500	2221	28	62188
出口系列	SK510	Smoke Sensor	5280	5100	180	27	4860
出口系列	SK511	温感	3450	2311	1139	25	28475

表 9－14　　　　出口系列产品库存信息

系列	存货名称	型号	入库数量	出库数量	库存数量	单价(元)	金额(元)
NB 系列	NB 门磁探测器	FN－MS01	6740	3200	3540	42	148680
NB 系列	NB 门磁探测器	FN－MS03	7700	1200	6500	35	227500
NB 系列	NB 水浸探测器	FN－WS01	8890	6520	2370	45	106650
NB 系列	NB 烟感探测器	JTY－GM－FL253	5721	3500	2221	47	104387
NB 系列	NB 烟感探测器	JTY－GM－FL251	3250	1723	1527	50	76350
NB 系列	NB 烟感探测器	JTY－GM－FL252	3550	2344	1206	55	66330
NB 系列	NB 一氧化碳	JT－FL262	6700	5499	1201	54	64854
NB 系列	NB 燃气探测器	JT－FL261	5634	4322	1312	53	69536
NB 系列	NB 警号探测器	FL－SR01	7437	5622	1815	54	98010
NB 系列	NB 一键报警器	FL－EB01	7892	3700	4192	48	201216
NB 系列	NB 红外探测器	FL－PD01	1478	569	909	51	46359

步骤 1：使用 read_excel( ) 函数读取三个文件的数据。

```
import pandas as pd
# 使用read_excel ( )函数读取Excel 文件
df27 = pd.read_excel('D:\\F - Data\深圳米多物联科技有限公司产品库存信息表(4G 系列).xlsx')
df28 = pd.read_excel('D:\\F - Data\深圳米多物联科技有限公司产品库存信息表(出口系列).xlsx')
df29 = pd.read_excel('D:\\F - Data\深圳米多物联科技有限公司产品库存信息表(NB 系列).xlsx')
```

步骤 2：使用 concat( ) 函数实现行拼接并输出。

```
df30 = pd.concat([df27,df28,df29])
print(df30)
```

步骤 3：使用 to_excel( ) 函数将合并的数据写入 excel 文件中。

```
# 使用to_excel函数写入文件，设置index = False ，指定不写入行索引到Excel文件中
df30.to_excel('D:\\F - Data\深圳米多物联科技有限公司产品库存信息表.xlsx', index = False)
```

运行代码，结果如图 9－32 所示：

```
      系列        存货名称              型号   入库数量   出库数量   库存数量  \
0    4G系列      门磁探测器          FN-MS01     3440     2200     1240
1    4G系列      水浸探测器          FN-WS01     7490     4500     2990
2    4G系列    4G烟感探测器      JTY-GM-FL253     8890     6500     2390
3    4G系列    4G烟感探测器      JTY-GM-FL251     5630     3000     2630
4    4G系列      4G一氧化碳         JT-FL262     2258     1700      558
5    4G系列    4G燃气探测器         JT-FL261     4550     2344     2206
6    4G系列    4G一键报警器          FL-EB01     6780     5400     1380
0  出口系列          SK506     Smoke Sensor     5440     3400     2040
1  出口系列          SK507     Smoke Sensor     6700     3200     3500
2  出口系列          SK508 WiFi Smoke Sensor     8700      870     7830
3  出口系列          SK509     Smoke Sensor     4721     2500     2221
4  出口系列          SK510     Smoke Sensor     5280     5100      180
5  出口系列          SK511             温感     3450     2311     1139
0    NB系列    NB门磁探测器          FN-MS01     6740     3200     3540
1    NB系列    NB门磁探测器          FN-MS03     7700     1200     6500
2    NB系列    NB水浸探测器          FN-WS01     8890     6520     2370
3    NB系列    NB烟感探测器      JTY-GM-FL253     5721     3500     2221
4    NB系列    NB烟感探测器      JTY-GM-FL251     3250     1723     1527
5    NB系列    NB烟感探测器      JTY-GM-FL252     3550     2344     1206
6    NB系列      NB一氧化碳         JT-FL262     6700     5499     1201
7    NB系列    NB燃气探测器         JT-FL261     5634     4322     1312
8    NB系列    NB警号探测器          FL-SR01     7437     5622     1815
9    NB系列    NB一键报警器          FL-EB01     7892     3700     4192
10   NB系列    NB红外探测器          FL-PD01     1478      569      909

    单价（元）    金额（元）
0         57       70680
1         57      170430
```

图 9－32 任务四实施结果

技能训练

一、单项选择题

1. 引入 pandas 第三方库的方式是(　　)。

A. import pandas as pd　　　　B. import pandas As Pd

C. import pandas pd　　　　D. import pandas AS PD

2. pandas 中，(　　)数据结构相当于一张 Excel 表。

A. series　　　　B. DataFrame

C. list　　　　D. dict

3. 能够获取 Series 对象索引的属性是(　　)。

A. . index　　　　B. Array

C. values　　　　D. DataFrame

4. 在创建 DataFrame 对象时，可以使用(　　)参数为行添加行索引 。

A. data　　B. columns

C. values　　D. . index

5. 下列函数不是 Pandas 的统计计算函数的是(　　)。

A. mean( )函数　　B. sum( )函数

C. max( )函数　　D. print( )函数

6. pandas 提供了(　　)函数来读取 Excel 文件，读取到的数据自动转换成 DataFrame 类型的数据。

A. write_excel( )　　B. to_excel( )

C. read_excel( )　　D. read

7. concat( )函数的默认的拼接方法是(　　)。

A. 列拼接　　B. 行拼接

C. 列拼接　　D. 横拼接

二、多项选择题

1. pandas 主要包含(　　)两种数据结构。

A. DataFrame　　B. Series

C. pyplot　　D. data

2. pandas 库的基本功能包括(　　)。

A. 写入数据　　B. 读取数据

C. 查询数据　　D. 数据分析

3. Series 对象提供了(　　)两个属性。

A. index　　B. array

C. values　　D. DataFrame

4. Series 是一维数据结构，能够保存以下(　　)类型的数据。

A. 字符串　　B. 浮点数

C. 整数　　D. 表格

5. DataFrame 各列数据的类型可以有(　　)。

A. 文本　　B. 整数

C. 日期　　D. 小数

6. 以下说法正确的有(　　)。

A. 求平均值语法为：对象名 . mean(axis =0 或 axis =1)

B. 求平均值语法为：对象名 . mean(axis =0，1)

C. axis 参数为 0 时表示按列纵向计算平均值，可以省略

D. axis 参数为 1 时表示按行计算平均值，不可以省略

7. pandas 提供了能完成数据文件读取和保存的方法，利用这些方法可以方便地访问(　　)等各种外部数据文件。

A. 文本文件　　B. Excel 文件

C. 网页文件　　D. 数据库文件

8. pandas 作为数据分析的利器，提供了(　　)等多种常见的数据合并方式。

A. join　　B. append

C. merge　　D. concat

三、判断题

1. pandas 是 Python 的第三方库，中文意思为熊猫，是当前 Python 数据分析中最为重要的工具，提供高性能易用数据类型和分析工具。(　　)

2. Series 对象的索引列缺省默认从 0 开始。(　　)

3. DataFrame 与 Series 不同的是，它是一个二维的数据结构。如果将 Series 看作是 Excel 表中的一列，那么 DataFrame 可以理解为是 Excel 中的一个表格。(　　)

4. 若使用 pandas 的统计函数对各行进行最大值 、最小值、求和等计算时，可使用参数 axis =1。( )(　　)

5. concat( ) 函数的默认拼接方法是行拼接。(　　)

四、实操题

1. 根据员工基本信息表完成如下操作。

序号	姓名	部门	人员类别
1	张大成	行政部	管理人员
2	林海	行政部	管理人员
3	刘晨	财务部	财务人员
4	李琴云	财务部	财务人员
5	林少雨	采购部	采购人员
6	李少华	销售部	销售人员

(1) 使用列表创建 DataFrame 对象，用于存储员工基本信息表中的数据；

(2) 在“员工基本信息”表中添加一列新数据，学历：本科、专科、本科、研究生、本科、专科；

(3) 在“员工基本信息”表中添加一行新数据：“刘宇、技术部、研发人员、本科”。

2. ABC 公司近 5 年主营业务收入、其他业务收入、营业外收入如下表。

年份	主营业务收入（万元）	其他业务收入（万元）	营业外收入（万元）
2018	5000	3000	2000
2019	6250	3200	2250
2020	6400	4000	0
2021	6500	4500	1000
2022	6800	5600	1800
2023	7900	6700	2200

请根据相关信息，完成如下操作：

（1）求近 5 年主营业务收入、其他业务收入、营业外收入的最大值和最小值；

（2）求 2018—2023 年不同年份，主营业务收入、其他业务收入、营业外收入中的最大值和最小值；

（3）求近 5 年主营业务收入、其他业务收入、营业外收入的平均值；

（4）求 2018—2023 年不同年份，主营业务收入、其他业务收入、营业外收入的平均值；

（5）求近 5 年主营业务收入、其他业务收入、营业外收入的和；

（6）求 2018—2023 年不同年份，主营业务收入、其他业务收入、营业外收入的和；

（7）用 describe( ) 函数一次性求多个统计指标。

项目小结

项目	任务列表	学习内容
财务数据分析	任务一　使用 pandas 数据结构创建财务数据表	pandas 库的基本概念
		pandas 库的安装
		pandas 库的引入
		使用列表创建 Series 对象
		使用字典创建 Series 对象
		使用列表创建 DataFrame 对象
		使用字典创建 DataFrame 对象
		输出 DataFrame、Series 对象的索引和数据
		访问 DataFrame 的列
		访问 DataFrame 的行
		访问 DataFrame 的单元格
		访问 Series 对象的元素
	任务二　使用 pandas 对财务数据文件进行操作	读取 Excel 文件
		写入 Excel 文件
		读取 SQL 文件
		读取网页文件数据

项目十

财务数据采集与清洗

项目目标

知识目标

1. 了解数据接口的基本概念；
2. 了解数据采集的概念；
3. 熟悉网络爬虫的工作流程和基本方法；
4. 掌握数据清洗的方法。

技能目标

1. 能够通过证券数据平台提供的数据接口爬取需要的数据；
2. 能够运用数据清洗常用函数处理缺失数据；
3. 能够运用数据清洗常用函数处理重复值。

素质目标

1. 树立网络安全意识，传播网络正能量；
2. 树立数据知识产权意识，通过正当途径获取网络数据；
3. 具备遵纪守法，诚实守信的职业道德。

德技并修

诚实守信， 确保财务数据的真实有效

李明是一家大型金融机构的数据清洗员，负责处理和清洗大量的财务数据，以确保数据的准确性和可靠性。李明在工作中一直秉持着真实、客观和透明的原则进行工作，从来不篡改或删除任何数据，更专注于识别并纠正潜在的数据错误。无论是数据输入错误，还

是缺失或重复的数据，李明都会仔细分析和修复，以确保数据的完整性。特别是在处理敏感数据时，李明格外谨慎和保密，严格遵守公司的数据保护政策，确保数据安全和隐私得到保护。他深知数据的价值和敏感性，始终保持高度的责任心和保密意识。李明这种诚实守信的职业道德，得到了领导和客户的高度赞赏。

今年 5 月，李明接到了一个新的工作任务，负责清洗一批关于一家新兴科技公司的财务数据。这家公司正在考虑进行首次公开募股（IPO），所以数据的准确性至关重要。在清洗的过程中，李明发现有一家公司的财务数据看起来异常，似乎经过了人为篡改。李明决定深入调查，他花了数天分析数据，查找出了潜在的错误来源，并与其他同事进行了充分的沟通。最终，他发现了一个潜在的财务欺诈行为，这可能会对投资者产生严重影响。李明将情况报告给了公司，并提供了详细的证据，引起了管理层重视，并对这一家公司财务数据进行了审查，从而揭露了财务欺诈行为，有效避免了投资者的权益和公司的声誉受到严重损失。

思考与启示

李明的故事告诉我们，诚实守信是一个数据清洗员职业生涯中非常重要的品质，只有遵守职业道德并本着诚实正直的工作态度处理数据，才能确保数据的可靠性和价值。财务数据采集与清洗已成为现代财务工作中不可或缺的重要环节，作为财务人员，为了保证财务数据的真实有效，更需要在财务数据采集与清洗的过程中遵守诚实守信的原则，为企业的经营决策提供可靠的数据支持。

项目任务描述

深圳米多物联科技有限公司为了开展精准的财务数据分析，做出准确的财务决策，需要运用多种方式开展数据采集，获取财务数据和业务数据，如企业内部系统、同行业企业、竞争对手等内部和外部数据。数据采集完成后，获取的数据可能存在缺失值、有重复值等情况，就需要对获取的数据进行数据清洗，把有用的数据留下、无用的数据删除，从而提高数据质量、增强数据价值。

项目知识图谱

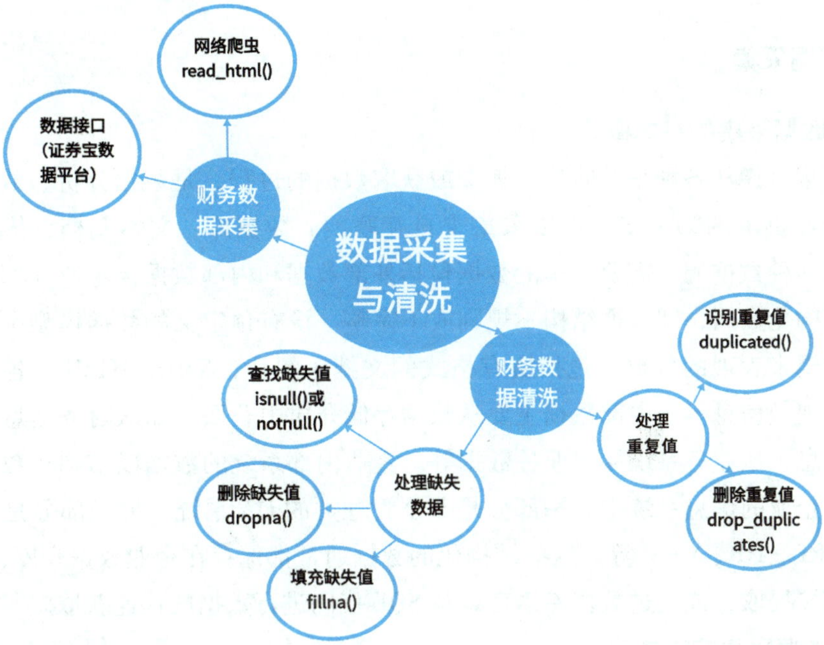

项目任务分解

项目十 财务数据采集与清洗	任务一 财务数据采集
	任务二 财务数据清洗

任务一 财务数据采集

工作任务描述

深圳米多物联科技有限公司想获取同行企业立讯精密工业股份有限公司(股票代码为sz.002475)2023年8月1日到24日的日K线数据。

工作任务分析

在本任务中，想要获取立讯精密的日K线数据，需要使用到数据接口(API)，如证券宝数据平台，该平台支持通过Python API获取证券数据信息，并将查询到的数据存入DataFrame文件中，方便输出查看。

任务知识储备

一、数据采集

（一）数据采集的基本概念

数据采集是指从各种来源收集、抓取或获取数据的过程，是数据分析、数据挖掘、机器学习和企业决策的第一步，可以采集来自互联网、数据库、文本文档、传感器、API、日志文件等多种数据源。需要采集的数据包括外部数据和内部数据，企业外部获取的数据80%是非结构化数据，即数据结构不规则或不完整，没有预定义的数据模型，不方便用数据库二维逻辑来表现的数据，包括所有格式的文档、图片、XML、HTML、各类报表、图像和音频、视频信息等。内部数据主要从数据存储介质中获取，如从财务信息系统里导出财务账套信息、从业务系统导出业务数据等。企业内部系统的数据以结构化数据为主，大多数保存在企业的信息系统中，一部分是办公管理类的 OA 系统，另一部分是业务类的系统，包括 ERP、HR、CRM 等。这些结构化的数据通常都保存在企业数据仓库，通过 BI 的功能可以直接提取，或通过数据库语言编写 SQL 代码进行数据的快速获取。

（二）数据采集的方式

数据采集可以使用多种方式，具体的方法取决于数据的来源、类型和采集需求，常见的采集方式有数据接口、网络爬虫、数据库查询、传感器数据采集、日志文件解析、传真和扫描文档等。

二、数据接口

数据采集－数据接口

（一）数据接口的基本概念

数据接口也叫 API（Application Programming Interface）接口，指“数据服务提供商向数据平台或数据需求方提供的获取数据的规范和方法”。作为数据需求用户，需要遵守数据服务平台方的规范和方法，以获取相应的数据。

数据接口的应用在日常生活很常见。例如，通过搜索引擎，可以查询天气预报；在电商购物平台中，可以查看所购商品的物流实时数据；在股票网站中，可以查看用户感兴趣的股票信息等。网上有许多这样的开放数据平台，提供了开源数据的访问接口，供用户使用。证券宝（www.baostock.com）就是一个免费、开源的证券数据平台，为投资者和金融机构提供大量准确、完整的证券市场相关数据和信息。例如，该平台提供实时和历史的股票、基金、期货、债券等金融产品的行情数据，包括股票价格、成交量、涨跌幅等信息；上市公司的财务报表和指标，包括利润表、资产负债表、现金流量表等信息。平台支持通过 Python API 获取证券数据信息，满足交易投资者、金融爱好者、计量经济从业者的数据需求，返回的数据格式为 pandas DataFrame 类型，可以方便使用 pandas、NumPy、Matplotlib 进行数据分析和可视化。

（二）证券宝数据平台的应用

1. 下载安装

方式一：使用 pip 在线安装

在安装了 Python 运行环境的电脑上，通过 cmd 进入命令行，输入如下命令：

```
pip install baostock
```

系统会自动下载 baostock 的安装包并完成安装。

方式二：使用 pip 离线安装

通过访问网址：https：//pypi. org/project/baostock/，下载安装包后，进行安装。

```
python setup. py install 或 pip install xxx. whl
```

2. 使用证券宝数据平台获取数据

证券宝提供了季频盈利能力 query_profit_data( )、季频营运能力 query_operation_data( )、季频成长能力 query_growth_data( )、季频偿债能力 query_balance_data( )、季频现金流量 query_cash_flow_data( )、季频杜邦指数 query_dupont_data( )等接口查询企业的季频财务数据信息。

【示例 10－1】 使用证券宝数据平台获取立讯精密(sz. 002475)2022 年第四季度的盈利能力。

实现步骤：

(1)查看 API 接口

证券宝官网首页地址为 www. baostock. com，进入官网，点击左侧的 API 文档，可以查看所有对外提供的 API 接口，如图 10－1 所示。

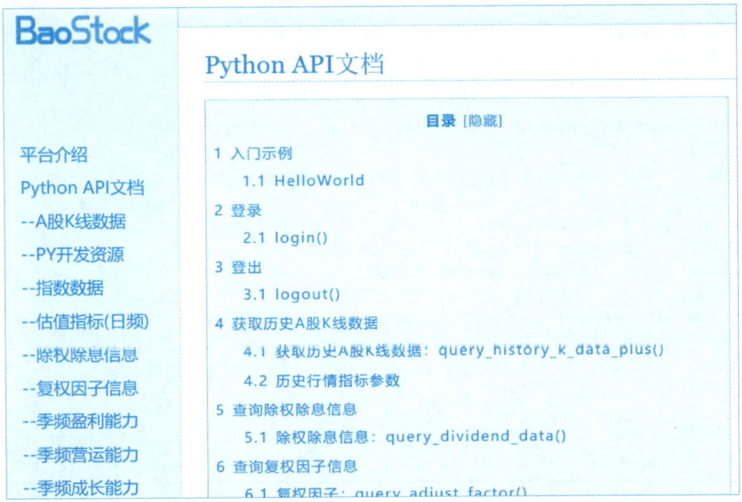

图 10－1　证券宝 Python API 文档列表

点击左侧或右侧的链接，查看各 API 接口的说明。例如，若要获取上市公司的季频盈利能力信息，可以单击“季频盈利能力”菜单，获取 query_profit_data( ) 方法的相关说明，以及系统提供的示范代码，如图 10－2 所示。

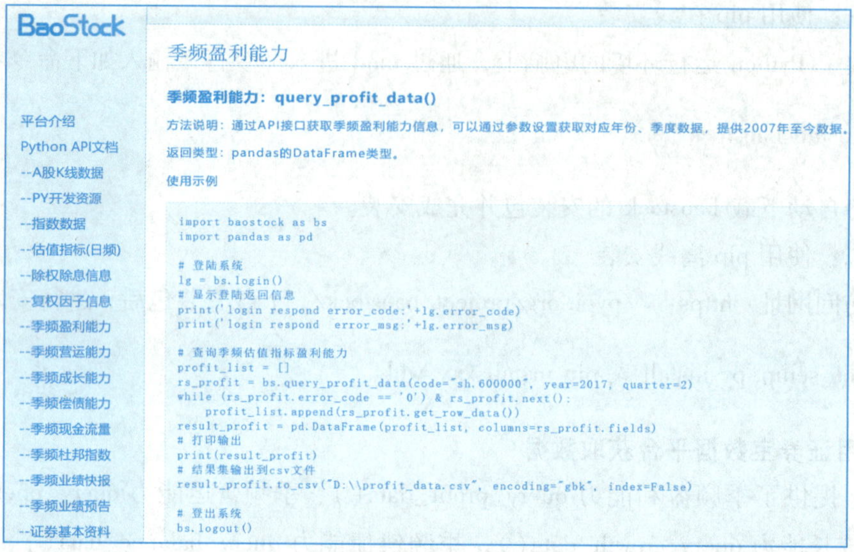

图 10－2　季频盈利能力信息接口示例

(2)运行示例代码

证券宝数据平台为每个 API 提供了示例代码，如获取上市公司的季频盈利能力信息，可以将 query_profit_data( ) 方法的示例代码(如图 10－3 所示)，拷贝到 Python 平台运行。

```
import baostock as bs
import pandas as pd

# 登录系统
lg = bs.login()
# 显示登录返回信息
print('login respond error_code:'+lg.error_code)
print('login respond  error_msg:'+lg.error_msg)

# 查询季频估值指标盈利能力
profit_list = []
rs_profit = bs.query_profit_data(code="sh.600000", year=2017,
quarter=2)
while (rs_profit.error_code == '0') & rs_profit.next():
    profit_list.append(rs_profit.get_row_data())
result_profit = pd.DataFrame(profit_list, columns=rs_profit.fields)
# 打印输出
print(result_profit)
# 结果集输出到csv文件
result_profit.to_csv("D:\\profit_data.csv", encoding="gbk",
index=False)

# 登出系统
bs.logout()
```

图 10－3　季频盈利能力示例代码

打开 D：/profit_data. csv 文件，可以查看到运行结果数据，如图 10 –4 所示。

code	pubDate	statDate	roeAvg	npMargin	gpMargin	netProfit	epsTTM	MBRevenue	totalShare	liqaShare
sh.600000	2017-08-30	2017-06-30	0.074617	0.342179		28522000000.000000	1.939029	83354000000.000000	28103763899.00	28103763899.00

图 10 –4　季频盈利能力示例运行结果

如果要了解所有英文索引的含义，可以查看表 10 –1 的参数描述。

表 10 –1　参数说明

参数名称	参数描述	算法说明
code	证券代码	
pubDate	公司发布财报的日期	
statDate	财报统计的季度的最后一天，比如 2017 –03 –31，2017 –06 –30	
roeAvg	净资产收益率(平均)(%)	归属母公司股东净利润/[(期初归属母公司股东的权益 +期末归属母公司股东的权益)/2] ×100%
npMargin	销售净利率(%)	净利润/营业收入 ×100%
gpMargin	销售毛利率(%)	毛利/营业收入 ×100% =(营业收入 –营业成本)/营业收入 ×100%
netProfit	净利润(元)	
epsTTM	每股收益	归属母公司股东的净利润 TTM 最新总股本
M BRevenue	主营营业收入(元)	
totalShare	总股本	
liqaShare	流通股本	

(3)修改示例代码，获取所需数据信息

用户可以根据需要修改示例中的相应参数或代码，以获取自己所需的数据信息。例如，想获取立讯精密(sz. 002475)2022 年第四季度的盈利能力。修改代码如下：将示例代码中的 code ="sh. 600000"改成 code ="sz. 002475"，year =2017 改成 year =2022，quarter =2 改成 quarter =4。

完整代码如下：

```
import baostock as bs
import pandas as pd
# 登录系统
lg = bs. login()
# 显示登录返回信息
```

```
print('login respond error_code：' + lg. error_code)
print('login respond  error_msg：' + lg. error_msg)

# 查询季频估值指标盈利能力
profit_list = [ ]
rs_profit = bs. query_profit_data(code = "sz. 002475", year = 2022, quarter = 4)
while (rs_profit. error_code  = =  '0') & rs_profit. next()：
    profit_list. append(rs_profit. get_row_data())
result_profit = pd. DataFrame(profit_list, columns = rs_profit. fields)

# 打印输出
print(result_profit)
# 结果集输出到csv 文件
result_profit. to_csv("D:\\profit_data. csv", encoding = "gbk", index = False)
# 登出系统
bs. logout()
```

打开 D：/profit_data. csv 文件，可以查看到运行结果数据，如图 10 -5 所示。

A	B	C	D	E	F	G	H	I	J	K
code	pubDate	statDate	roeAvg	npMargin	gpMargin	netProfit	epsTTM	MBRevenue	totalShare	liqaShare
sz.002475	2023/4/28	2022/12/31	0.227284	0.049015	0.121944	10490676779	1.28777	2.14028E+11	7115484008	7104305123

图 10 -5　修改示例代码运行结果

三、网络爬虫

网络爬虫（又称网页蜘蛛、网络机器人）是获取数据的另一种方式，是一种按照一定规则、自动抓取网络数据的程序或者脚本，用于在互联网上浏览和获取网页信息。网络爬虫通过模拟用户访问网页的行为，自动抓取网页内容，并提取所需的数据。其基本原理是用户（客户端）向服务器发送访问请求，服务器接收到客户端的请求后，验证请求的有效性，然后向客户端发送响应内容，客户端接收并将内容展示出来。网络爬虫常用于搜索引擎、数据采集、数据挖掘和监测等多个应用领域，如投资者从财经网站上爬取上市公司的交易数据或财务数据、高校就业办从招聘网站爬取某市的招聘数据、电影发行公司从影视网站爬取电影评分与观众评论数据等。

（一）网络爬虫的基本工作流程

（1）选取初始的 URL：确定需要爬取的网站或网页地址（URL）；

（2）爬取页面内容，提取数据：根据网页的结构和所需数据的位置，使用解析工具提取出目标数据；

（3）存取数据：爬取的数据保存到合适的位置，如数据库、文件或内存中；

（4）遍历链接：在爬取的网页中，可以获取到其他链接（URL），爬虫程序根据规则递归地遍历这些链接，继续抓取新的网页数据。

（二）网络爬虫应用案例

【示例 10－2】使用网络爬虫获取基金汇添富现金宝货币 A（000330）的各项数据。

实现步骤：

1. 查看基金网页数据

登录新浪基金网主页，搜索基金 000330，进入基金汇添富现金宝货币 A 的详情页面，如图 10－6 所示。

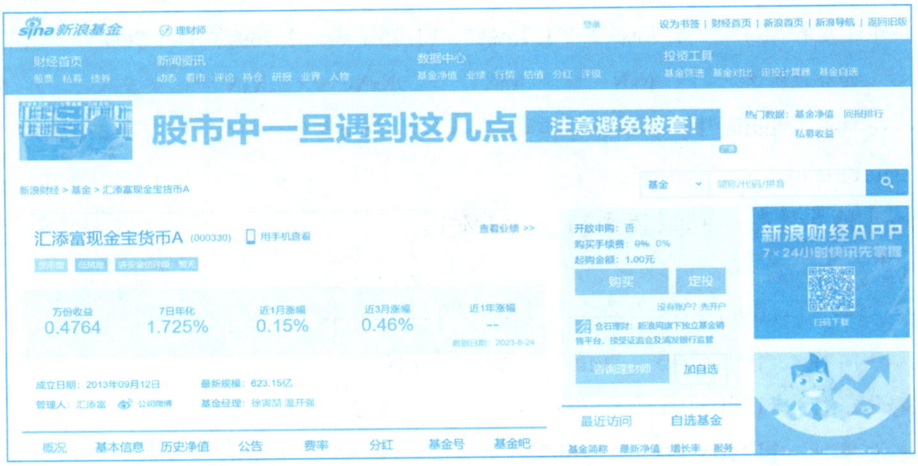

图 10－6　查看网页数据图

2. 编写代码，爬取网页表格数据

爬取网页数据，可以通过 read_html( ) 实现，但该函数只能读取网页中 table 标签的数据，并返回一个包含 DataFrame 对象的列表。该函数可以方便地将结构化的表格数据转换为 pandas 的数据结构，进行数据处理和分析。

实现代码如下：

```
import pandas as pd
import matplotlib. pyplot as plt
pd. set_option('display. unicode. east_asian_width', True)
URL ='http://finance. sina. com. cn/fund/quotes/000330/bc. shtml'
cashData = pd. read_html(URL)  # 读取网页数据表格内容
i =0
```

```
for t in cashData:
    print('-----------------table[%d]----------------------'%(i))
    i+=1
    print(t)
```

运行结果如下：

```
-----------------table[0]----------------------------
        日期区间   2023-8-24  2023-8-23  2023-8-22  2023-8-21  2023-8-20  2023-8-18
0  七日年化收益率(%)    1.725%     1.712%     1.703%     1.699%     1.660%     1.657%
1   同类排名(货币A)    257/460    256/460    249/460    256/460    247/458    238/456
2      万份收益(元)     0.4764     0.4586     0.4565     0.5213     0.9109     0.4555
3    近一年收益率(%)     1.76%      1.76%      1.76%      1.76%      1.76%      1.75%
4        四分位排名        NaN        NaN        NaN        NaN        NaN        NaN
-----------------table[1]----------------------------
Empty DataFrame
Columns: [债券种类, 市值(万元), 占比(%)]
Index: []
-----------------table[2]----------------------------
     债券简称     债券代码   市值(万元)   占比(%)
0  22建设银行  112205191    79256.4    1.27
1  22建设银行  112205140    69736.5    1.12
2    22农发11     220411    59656.6    0.96
3    22国开11     220211    50804.7    0.82
4  23农业银行  112303008    49825.6    0.80
-----------------table[3]----------------------------
  评级分类  综合评级  盈利能力  ...  基准跟踪能力  超额收益能力  整体费用
0  货币型     NaN      NaN   ...      --            --       NaN
[1 rows x 9 columns]
-----------------table[4]----------------------------                 0  ...  2
0  上海证券汇添富基金风险评价结果(2023年二季度)                  ...  2023-08-11
1  汇添富现金宝货币市场基金2023年第二季度报告                    ...  2023-07-21
2  汇添富基金管理股份有限公司旗下基金2023年第二季度报告提示性公告......
                                                              ...2023-07-21
```

```
3  上海证券汇添富基金风险评价结果(2023 年一季度)          ...  2023-05-19
4  汇添富现金宝货币市场基金 2023 年第一季度报告             ...  2023-04-21
5  汇添富基金管理股份有限公司旗下基金 2023 年第一季度报告提示性公告......
                                                         ...  2023-04-21
6  汇添富基金管理股份有限公司旗下基金 2022 年年度报告提示性公告......
                                                         ...  2023-03-31
7  汇添富现金宝货币市场基金 2022 年年度报告         ...  2023-03-31
8  汇添富现金宝货币市场基金 A 类份额更新基金产品资料概要(2023 年 03 月 20 日更
新)......
                                                         ...  2023-03-20
9  汇添富现金宝货币市场基金更新招募说明书(2023 年 3 月 20 日更新)......
                                                              2023-03-20
[10 rows x 3 columns]
-----------------table[5]----------------------------
Empty DataFrame
Columns:[报告期, 期初总份额(份), 期末总份额(份), 期间总申购份额(份), 期间总
赎回份额(份), 期间净申赎份额(份), 净申赎比例]
Index:[]
-----------------table[6]----------------------------
Empty DataFrame
Columns:[序号, 持有人名称, 持有份额(份), 占总份额比(%)]
Index:[]
-----------------table[7]----------------------------
Empty DataFrame
Columns:[日期, 单位净值(元), 累计净值(元), 净值增长率]
Index:[]
-----------------table[8]----------------------------
Empty DataFrame
Columns:[序号, 证券代码, 证券简称, 持仓市值(元), 占基金净值比(%), 持仓股数
(股), 占公司总股本比(%), 持股基金(只)]
Index:[]
-----------------table[9]----------------------------
Empty DataFrame
```

```
Columns：[序号，债券代码，债券简称，债券市值(元)，占净值比(%)，持债基金(只)]
Index：[]
------------------table[10]------------------------------
  基金简称 最新净值 增长率 服务
0 --  --   --  --
------------------table[11]------------------------------
Empty DataFrame
Columns：[基金简称，最新净值，近3月，服务]
Index：[]
------------------table[12]------------------------------
   基金简称  万份收益   7日年化  服务
0  银华日利     --    130.013%  NaN
1  兴银现金  0.6184     2.466%  NaN
2  长信长金  0.8070     2.387%  NaN
3  中银如意  0.8220     2.364%  NaN
4  创金合信  0.7226     2.361%  NaN
5  交银天利  0.9093     2.340%  NaN
6  交银天利  0.9093     2.340%  NaN
7  长信长金  0.7792     2.334%  NaN
8  创金合信  0.7115     2.320%  NaN
9  兴银现金  0.5757     2.303%  NaN
------------------table[13]------------------------------
   基金简称  最新净值  近3月  服务
0  汇添富恒  1.0703  3.56%  NaN
1  汇添富恒  0.7719  3.49%  NaN
2  汇添富恒  0.7010  3.33%  NaN
3  汇添富恒  0.6981  3.33%  NaN
4  汇添富优  0.8403  3.23%  NaN
5  汇添富优  0.8367  3.22%  NaN
6  汇添富经  1.0733  3.19%  NaN
7  添富沪港  0.8337  3.18%  NaN
8  汇添富沪  0.7573  3.05%  NaN
9  汇添富沪  0.7643  3.05%  NaN
```

3. 根据需要，筛选出所需要的数据

例如，想查看基金业绩表现及排名，可以用如下代码查看：

```
print(cashData[0])
```

运行结果如下：

	日期区间	2023-8-24	2023-8-23	2023-8-22	2023-8-21	2023-8-20
0	七日年化收益率(%)	1.725%	1.712%	1.703%	1.699%	1.660%
1	同类排名(货币A)	257/460	256/460	249/460	256/460	247/458
2	万份收益(元)	0.4764	0.4586	0.4565	0.5213	0.9109
3	近一年收益率(%)	1.76%	1.76%	1.76%	1.76%	1.76%
4	四分位排名	NaN	NaN	NaN	NaN	NaN

注意，read_html()函数只能读取静态网页中的表格数据，如果表格数据是通过动态代码生成，是不能爬取的。

工作任务实施

获取立讯精密(票票代码为sz.002475)2023年8月1日到24日的日K线数据，并存入文件中。

步骤1：在证券宝中，在左侧点击股估值指标(日频)，找到沪深A股估值指标(日频)示例，复制所有代码，修改sh.600000为sz.002475，起始日期修改为start_date='2023-08-01', end_date='2023-08-24'。

实现代码如下：

```
#1. 引入库
import pandas as pd
import baostock as bs
#### 登录系统 ####
lg = bs.login()
# 显示登录返回信息
print('login respond error_code:'+lg.error_code)
print('login respond  error_msg:'+lg.error_msg)
#### 获取沪深A 股估值指标(日频)数据 ####
#peTTM   滚动市盈率
#psTTM   滚动市销率
#pcfNcfTTM   滚动市现率
```

```
# pbMRQ    市净率
rs = bs.query_history_k_data_plus("sz.002475",
"date, code, close, peTTM, pbMRQ, psTTM, pcfNcfTTM",
start_date='2023-08-01', end_date='2023-08-24',
frequency="d", adjustflag="3")
print('query_history_k_data_plus respond error_code:'+rs.error_code)
print('query_history_k_data_plus respond  error_msg:'+rs.error_msg)
#### 打印结果集  ####
result_list=[]
while (rs.error_code == '0') & rs.next():
  # 获取一条记录，将记录合并在一起
    result_list.append(rs.get_row_data())
result = pd.DataFrame(result_list, columns=rs.fields)
#### 结果集输出到csv文件  ####
result.to_csv("D:\\history_A_stock_valuation_indicator_data.csv", encoding="gbk", index=False)
print(result)
#### 登出系统  ####
bs.logout()
```

步骤 2：运行代码，结果如下：

```
login success!
login respond error_code: 0
login respond  error_msg: success
query_history_k_data_plus respond error_code: 0
query_history_k_data_plus respond  error_msg: success
         date        code    close      peTTM     pbMRQ     psTTM  pcfNcfTTM
0  2023-08-01  sz.002475  33.2500  25.288392  5.057670  1.066449  22.773988
1  2023-08-02  sz.002475  33.3500
2  2023-08-03  sz.002475  33.8300  25.729513  5.145894  1.085052  23.171249
3  2023-08-04  sz.002475  33.7400  25.661063  5.132204  1.082165  23.109605
4  2023-08-07  sz.002475  34.1300  25.957679  5.191527  1.094674  23.376728
5  2023-08-08  sz.002475  34.8200  26.482461  5.296483  1.116805  23.849331
```

```
6  2023-08-09  sz.002475  34.1800  25.995707  5.199132  1.096278  23.410975
7  2023-08-10  sz.002475  33.9900  25.851202  5.170231  1.090184  23.280838
8  2023-08-11  sz.002475  33.1000  25.174309  5.034853  1.061638  22.671248
9  2023-08-14  sz.002475  32.5500  24.756005  4.951193  1.043998  22.294536
10  2023-08-15  sz.002475  32.5000  24.717978  4.943587  1.042394  22.260289
11  2023-08-16  sz.002475  31.8400  24.216012  4.843194  1.021225  21.808234
12  2023-08-17  sz.002475  31.8600  24.231223  4.846236  1.021867  21.821933
13  2023-08-18  sz.002475  31.0100  23.584753  4.716943  0.994604  21.239741
14  2023-08-21  sz.002475  30.3300  23.067577  4.613508  0.972794  20.773987
15  2023-08-22  sz.002475  31.7100  24.117141  4.823420  1.017056  21.719193
16  2023-08-23  sz.002475  31.1400  23.683625  4.736717  0.998774  21.328782
17  2023-08-24  sz.002475  31.4500  23.919397  4.783871  1.008717  21.541111
logout success!
```

返回数据说明：

参数名称	参数描述	说明
date	交易所行情日期	格式：YYYY-MM-DD
code	证券代码	格式：sz.002475。sh：上海，sz：深圳
close	今收盘价	精度：小数点后4位；单位：元
peTTM	滚动市盈率	精度：小数点后4位
psTTM	滚动市销率	精度：小数点后4位
pcfNcfTTM	滚动市现率	精度：小数点后4位
pbMRQ	市净率	精度：小数点后4

任务二 财务数据清洗

工作任务描述

深圳米多物联科技有限公司的小明通过网络爬虫和数据接口获取了40只股票的相关数据，但这些数据质量较低，存在着不完整、有重复值、有空值等情况，不适合用于财务分析和决策，现小明需要对这些数据进行处理，形成规范的高质量数据。

表 10－2　　股票信息表

	股票代码	股票名称	净资产收益率（%）	净利率（%）	毛利率（%）	净利润（百万元）	每股收益（元）
1	68	华控赛格	90	131	3	425	0.4225
2	600132	重庆啤酒	52	10	48	865	1.7877
3	603688	石英股份	45	71	88	2431	6.7299
4	48	京基智农	38	15	43	1285	2.4552
5	603519	立霸股份					
6	600719	大连热电	32	51	－11	207	0.5116
7	600809	山西汾酒	28	36	76	6767	5.547
8	600809	山西汾酒	28	36	76	6767	5.547
9	1269	欧晶科技		28	36	408	2.1197
10	600438	通威股份	22	18	34		2.9476
11	605499	东鹏饮料	20	20	43	1108	2.7702
12	509	华塑控股	20	12	8	34	0.0318
13	2847	盐津铺子	20	13	35	246	1.2522
14	688556	高测股份	20	28	47	714	2.1053
15	603868	飞科电器	19	23	58	608	1.3964
16	300274	阳光电源	19	15	29	4354	2.9316
17	301089	拓新药业	19	47	75	310	2.4566
18	603598	引力传媒	18	1	6	32	0.1195
19	600519	贵州茅台	18	52	92	35980	28.6423
20	300316	晶盛机电	18	26	43	2206	1.6856
21	600211	西藏药业	17	33	96	596	2.4034
22	301004	嘉益股份	17	25	39	163	1.5673
23	707	双环科技	17	15	24	298	0.6421
24	933	神火股份	16	14	27	2739	1.2169
25	408	藏格矿业	16	72	71	2026	1.282
26	688617	惠泰医疗	16	33	72	257	3.8502
27	600129	太极集团	16	6	50	565	1.0151
28	300861	美畅股份	16	41	56	893	1.8597
29	300856	科思股份	15	29	49	351	2.0702
30	300896	爱美客	15	66	95	963	4.4527
31	300729	乐歌股份	15	26	36	443	1.4226
32	2162	悦心健康	15	30	25	169	0.1819
33	2471	中超控股	15	9	9	247	0.1951
34	603198	迎驾贡酒	15	34	71	1064	1.3298

续表

	股票代码	股票名称	净资产收益率（%）	净利率（%）	毛利率（%）	净利润（百万元）	每股收益（元）
35	2737	葵花药业	15	21	59	638	1.0927
36	2789	建艺集团	15	1	17	29	－－
37	603444	吉比特	15	29	89	676	9.3831
38	603195	公牛集团	15	24	41	1822	2.043
39	601519	大智慧	15	78	59	283	0.1401
40	2027	分众传媒	15	40	64	2231	0.1545

工作任务分析

在本任务中，需要对获取的财务数据进行数据清洗，识别和纠正数据集中的错误、不一致性和不完整性。通过处理缺失值、处理异常值、去除重复数据、对数据进行标准化和归一化、处理文本数据、解决数据类型问题、数据合并和融合等一系列步骤，将原始的“脏数据”清洗干净，并对数据的质量进行验证，以确保清洗后的数据质量满足要求，具备较高的可靠性和可用性。

任务知识储备

数据清洗

一、数据清洗

（一）数据清洗的基本概念

通过数据采集工具获取的原生数据往往不能满足用户对数据的基本需求，需要对原生数据做一些处理（也就是数据清洗），得到能够直接进行分析处理的规范数据。

数据清洗（Data Cleaning）是数据预处理的重要步骤，旨在处理和纠正数据集中的错误、缺失、重复和不一致的数据，以提高数据质量和准确性。在清洗数据时，需要根据实际情况选择合适的方法和技术，并结合专业领域知识和对数据的理解来处理数据集中存在的问题。

（二）数据清洗的常用函数

数据清洗常用的函数主要有以下几个：

1. isnull（）函数

isnull（）函数，用于检测 DataFrame（或 Series）中的缺失值。当在一个 pandas DataFrame 对象上调用这个方法时，会返回一个同样大小的 DataFrame，其中的元素是布尔值，标明对应的原始数据是否为缺失值（NaN 或 None）。

2. notnull（）函数

notnull（）函数与 isnull（）函数用法一样，但返回值与 isnull（）函数返回值相反，用来判断相应值是否不为空。

3. any( )函数

any( ) 函数用于检查 DataFrame 对象中是否存在一个或多个元素满足条件(默认是非零或非 False)，该行只要存在一个 True 或非 0，则该行返回 True，否则返回 False。

any( )在数据分析和数据清理中非常有用，例如，可以使用它来快速检查 DataFrame 中是否存在缺失值，其语法如下：

```
print(df.isnull().any())
```

如果某列的输出为 True，那意味着该列中存在缺失值。

4. dropna( )函数

dropna( )函数用于从 DataFrame 或 Series 对象中删除包含至少一个缺失值的任何行(或列)，其语法如下：

DataFrame.dropna(axis =0, how ='any', thresh = None, subset = None, inplace = False)

参数说明：

- axis：确定删除包含缺失值的行还是列。

axis =0 或 axis ='index'：删除包含缺失值的行(默认)。

axis =1 或 axis ='columns'：删除包含缺失值的列。

- how：决定当我们有至少一个 NaN 或全部为 NaN 时，是否从 DataFrame 中删除行或列。

how ='any'：如果存在任何 NaN 值，则删除该行或列(默认)。

how ='all'：如果所有值都是 NaN，则删除该行或列。

- Thresh：指定每行或每列至少需要有多少个非缺失值才不会被删除。默认为 None，表示没有限制。

- subset：定义在哪些列中查找缺失值。当只考虑某些列来决定是否应删除某行时，这非常有用。

linplace：如果为 True，则会直接修改原 DataFrame 并返回 None。如果为 False(默认)，它会返回一个新的 DataFrame，并删除了行/列。

5. fillna( )函数

fillna( ) 函数用于填充(或替换)DataFrame 或 Series 对象中的缺失值(NA/NaN)，其语法如下：

```
DataFrame.fillna(value = None, method = None, axis = None, inplace = False, limit =
None)
```

参数说明：

- value：用于填充缺失值的值。
- method：填充方法。

method = 'ffill' 或 'pad'：用前一个非缺失值进行填充。

method = 'bfill' 或 'backfill'：用后一个非缺失值进行填充。

- axis：要填充的轴。

axis = 0(或'index')：沿着行方向进行填充(默认)。

axis = 1(或'columns')：沿着列方向进行填充。

- inplace：是否在原地修改数据。

True：在原 DataFrame 上进行修改。

False：返回一个新的 DataFrame，包含填充后的数据(默认)。

- limit：设置连续填充的最大数量。

6. mean()函数

mean()函数用于计算每列的平均值，其基本语法如下：

```
df.mean(axis = None, skipna = None, level = None, numeric_only = None, **kwargs)
```

参数说明：

- axis：指定计算均值的轴。默认为 axis = 0，即计算每列的平均值。如果设置为 axis = 1，则计算每行的平均值。
- skipna：是否跳过缺失值。默认为 skipna = True，即跳过计算中的缺失值。如果设置为 skipna = False，则缺失值将被视为 0 进行计算。
- level：如果 DataFrame 是具有层次结构的，可以指定层次结构的级别进行计算。
- numeric_only：是否仅计算数值列的均值。默认为 numeric_only = None，即计算所有列的均值。如果设置为 numeric_only = True，则只计算数值列的均值。

(三)数据清洗的常见操作

1. 处理缺失数据

在采集到的原生数据中，数据缺失会经常出现。在 Python 中，pandas 库是处理缺失数据最常用的工具，可以使用 isnull() 和 notnull() 函数检测数据集中的缺失值；使用 dropna() 函数删除含有缺失数据的行或列；使用 fillna() 函数填充缺失值，可以填充固定值、前一个或后一个值或使用列的统计值(如平均值)；使用 interpolate() 函数进行线性插值。

在 pandas 中，缺失值表示为 NaN(not a number)。处理缺失数据的时候，首先要查找缺失值，然后再用合适的方法进行处理。

【示例 10-3】使用 pandas 处理从财经网爬取到的“股票信息表”中的缺失数据。

表 10－3　参数说明

	股票代码	股票名称	净资产收益率（%）	净利率（%）	毛利率（%）	净利润（百万元）	每股收益（元）
1	68	华控赛格	90	131	3	425	0. 4225
2	600132	重庆啤酒	52	10	48	865	
3	603688	石英股份	45	71	88	2431	6. 7299
4	48	京基智农	38	15	43	1285	2. 4552
5	603519	立霸股份					
6	600719	大连热电	32	51	－11	207	0. 5116
7	600809	山西汾酒	28	36	76	6767	5. 547
8	600809	山西汾酒	28	36	76	6767	5. 547
9	1269	欧晶科技		28	36	408	2. 1197
10	600438	通威股份	22	18	34		2. 9476

（1）查找缺失值

方法一：使用 isnull( ) 函数查找是否存在缺失值。

实现代码如下：

```
import pandas as pd
pd. set_option('display. unicode. ambiguous_as_wide', True)
pd. set_option('display. unicode. east_asian_width', True)
pd. set_option('display. max_rows', 50)
pd. set_option('display. max_columns', 400)
pd. set_option('display. width', 160)
URL = 'd: /数据中心 . xlsx'
df =  pd. read_excel(URL). head( ) # 读取网页数据表格内容
print(df. isnull( ))
```

运行代码，结果如下：

```
     股票     股票     净资产收   净利率   毛利率   净利润      每股收益
     代码     名称     益率(%)    (%)      (%)     (百万元)    (元)
0    False    False    False      False    False    False      False
1    False    False    False      False    False    False      True
2    False    False    False      False    False    False      False
3    False    False    False      False    False    False      False
4    False    False    True       True     True     True       True
```

5	False	False	False	False	False	False	False
6	False	False	False	False	False	False	False
7	False	False	False	False	False	False	False
8	False	False	True	False	False	False	False
9	False	False	False	False	False	True	False

方法二：使用 notnull( )函数查找是否不存在缺失值。

```
print(df.notnull())
```

运行代码，结果如下：

	股票代码	股票名称	净资产收益率(%)	净利率(%)	毛利率(%)	净利润(百万元)	每股收益(元)
0	True	True	True	True	True	True	True
1	True	True	True	True	True	True	False
2	True	True	True	True	True	True	True
3	True	True	True	True	True	True	True
4	True	True	False	False	False	False	False
5	True	True	True	True	True	True	True
6	True	True	True	True	True	True	True
7	True	True	True	True	True	True	True
8	True	True	False	True	True	True	True
9	True	True	True	True	True	False	True

以上分别是用 isnull( )函数和 notnull( )函数来查找缺失值，但在一大堆 False 中查找 True，或者一大堆 True 中查找 False，很难辨别，可以考虑采用 any( )函数进行查找。

```
print(df[df.isnull().T.any()])
```

运行代码，结果如下：

	股票代码	股票名称	净资产收益率(%)	净利率(%)	毛利率(%)	净利润(百万元)	每股收益(元)
1	600132	重庆啤酒	52.38	10.17	48.4848	865.0088	NaN
4	603519	立霸股份	NaN	NaN	NaN	NaN	NaN
8	1269	欧晶科技	NaN	28.03	36.0047	407.8342	2.1197
9	600438	通威股份	21.70	17.91	34.1404	NaN	2.9476

从运行结果中，可以清楚地看到，前 10 只股票信息中有 4 只股票数据有 NaN 值。

(2)处理缺失值

处理缺失值是数据预处理的重要步骤之一，常见的缺失值处理方法有两种：

方法一，删除缺失值。包括了行删除，删除包含缺失值的整行数据；列删除，如果某一列的大部分数据都是缺失值，可以删除整列数据。

方法二，填充缺失值。包括了平均值填充，即用该列的均值填充缺失值；中位数填充，即用该列的中位数填充缺失值；众数填充，即用该列的众数填充缺失值；常数填充，即用特定的常数(如 0 或 -1)填充缺失值。

实现代码如下：

方法一：删除有缺失值的所有行。

```
print(df.dropna())
```

运行代码，结果如下：

	股票代码	股票名称	净资产收益率(%)	净利率(%)	毛利率(%)	净利润(百万元)	每股收益(元)
0	68	华控赛格	90.32	131.09	3.0913	425.3650	0.4225
2	603688	石英股份	45.19	70.80	87.7493	2431.3891	6.7299
3	48	京基智农	37.97	14.93	43.3511	1284.6902	2.4552
5	600719	大连热电	31.76	51.48	-10.7074	207.0053	0.5116
6	600809	山西汾酒	28.10	35.59	76.2992	6767.2305	5.547
7	600809	山西汾酒	28.10	35.59	76.2992	6767.2305	5.547

结果中可以看到，所有含有 NaN 的行全部被删除。

方法二：把所有 NaN 值填充为 0。

```
print(df.fillna(0))
```

运行代码，结果如下：

	股票代码	股票名称	净资产收益率(%)	净利率(%)	毛利率(%)	净利润(百万元)	每股收益(元)
0	68	华控赛格	90.32	131.09	3.0913	425.3650	0.4225
1	600132	重庆啤酒	52.38	10.17	48.4848	865.0088	0
2	603688	石英股份	45.19	70.80	87.7493	2431.3891	6.7299
3	48	京基智农	37.97	14.93	43.3511	1284.6902	2.4552
4	603519	立霸股份	0.00	0.00	0.0000	0.0000	0

	股票代码	股票名称	净资产收益率(%)	净利率(%)	毛利率(%)	净利润(百万元)	每股收益(元)
5	600719	大连热电	31.76	51.48	-10.7074	207.0053	0.5116
6	600809	山西汾酒	28.10	35.59	76.2992	6767.2305	5.547
7	600809	山西汾酒	28.10	35.59	76.2992	6767.2305	5.547
8	1269	欧晶科技	0.00	28.03	36.0047	407.8342	2.1197
9	600438	通威股份	21.70	17.91	34.1404	0.0000	2.9476

结果中可以看到，所有含有 NaN 的值全部替换为 0.00。

把所有 NaN 值填充为与上一行数据相同的值：

```
print(df.fillna(method='pad'))
```

运行代码，结果如下：

	股票代码	股票名称	净资产收益率(%)	净利率(%)	毛利率(%)	净利润(百万元)	每股收益(元)
0	68	华控赛格	90.32	131.09	3.0913	425.3650	0.4225
1	600132	重庆啤酒	52.38	10.17	48.4848	865.0088	0.4225
2	603688	石英股份	45.19	70.80	87.7493	2431.3891	6.7299
3	48	京基智农	37.97	14.93	43.3511	1284.6902	2.4552
4	603519	立霸股份	37.97	14.93	43.3511	1284.6902	2.4552
5	600719	大连热电	31.76	51.48	-10.7074	207.0053	0.5116
6	600809	山西汾酒	28.10	35.59	76.2992	6767.2305	5.547
7	600809	山西汾酒	28.10	35.59	76.2992	6767.2305	5.547
8	1269	欧晶科技	28.10	28.03	36.0047	407.8342	2.1197
9	600438	通威股份	21.70	17.91	34.1404	407.8342	2.9476

结果中可以看到，所有含有 NaN 的值全部替换成了上一行的数据。如果要替换成与下一行数据相同，则可以改成 met hod = 'backfill'。

把所有 NaN 值填充该列数据平均值：

```
df.fillna(df.mean(numeric_only=True), inplace=True)
print(df)
```

运行代码，结果如下：

	股票代码	股票名称	净资产收益率(%)	净利率(%)	毛利率(%)	净利润(百万元)	每股收益(元)
0	68	华控赛格	90.320000	131.090000	3.091300	425.365000	0.422500
1	600132	重庆啤酒	52.380000	10.170000	48.484800	865.008800	2.864173
2	603688	石英股份	45.190000	70.800000	87.749300	2431.389100	6.729900
3	48	京基智农	37.970000	14.930000	43.351100	1284.690200	2.455200
4	603519	立霸股份	22.013947	32.323077	48.188828	2136.893708	2.864173
5	600719	大连热电	31.760000	51.480000	-10.707400	207.005300	0.511600
6	600809	山西汾酒	28.100000	35.590000	76.299200	6767.230500	5.547000
7	600809	山西汾酒	28.100000	35.590000	76.299200	6767.230500	5.547000
8	1269	欧晶科技	22.013947	28.030000	36.004700	407.834200	2.119700
9	600438	通威股份	21.700000	17.910000	34.140400	2136.893708	2.947600
10	605499	东鹏饮料	20.380000	20.290000	43.104300	1108.120200	2.770200

从结果中可以看到，原来数据为 NaN 的值被替换成了该列的平均值。

上述填充数据的方法会返回一个新的 DataFrame 对象，如果要直接修改 df，则在 fillna( ) 中添加参数 inplace = True。

2. 处理重复数据

在工作过程中，很容易产生重复数据，而重复数据可能导致分析的失真和不准确的结果，因此处理重复数据是一项非常重要的工作。在 Python 中，pandas 是处理重复数据的常用工具，通常使用 pandas 的 duplicated( ) 函数识别重复数据，使用 drop_duplicates( ) 函数删除重复数据。

【示例 10 - 4】接【示例 10 - 3】，使用 pandas 处理从财经网爬取到的“股票信息表”中的重复数据。

(1)发现重复数据行

实现代码如下：

```
df = pd.read_excel(URL).head( )  # 读取数据
print(pd.DataFrame.duplicated(df))  # 查看数据重复行情况
```

运行代码，结果如下：

```
0    False
1    False
2    False
3    False
```

```
4    False
5    False
6    False
7    True
8    False
9    False
dtype: bool
```

从结果中，发现索引号为 7 的是重复行数据。当出现重复行数据的时候，需要查找重复原因。处理重复值最直接的方法是直接删除重复行。

(2) 删除重复数据行

实现代码如下：

```
df = pd.read_excel(URL).head()  # 读取数据
df.drop_duplicates(inplace = True)  # 删除重复行
print(pd.DataFrame.duplicated(df))  # 查看数据重复行情况
```

运行代码，结果如下：

```
0    False
1    False
2    False
3    False
4    False
5    False
6    False
8    False
9    False
```

从运行结果来看，索引号为 7 的重复行数据被删除了。

工作任务实施

在本任务中，需要从 Excel 表中读取二维数据：首先需要统计完整的数据记录条数，删除重复数据，再次统计记录条数；然后查看有哪些记录数据有 NaN 值；最后把所有 NaN 值替换为 0。

步骤 1：引入必须库。

```
import pandas as pd
import matplotlib. pyplot as plt
```

步骤 2：输出格式调整。

```
# 格式对齐
pd. set_option('display. unicode. ambiguous_as_wide', True)
pd. set_option('display. unicode. east_asian_width', True)
# 在控制台显示完整数据
pd. set_option('display. max_rows', 50)
pd. set_option('display. max_columns', 400)
pd. set_option('display. width', 160)
```

步骤 3：读取数据。

```
URL = 'd：/数据中心 . xlsx'
df = pd. read_excel(URL)  # 读取网页数据表格内容
```

步骤 4：删除重复记录。

```
# 统计数据记录行数
print('删除前的数据行数', df. shape[0])
# 删除重复记录
pd. DataFrame. drop_duplicates(df, inplace = True)
print('删除后的数据行数', df. shape[0])
```

步骤 5：替换 NaN 值。

```
# 查看哪些记录有NaN值
print('有 Nan 值的记录：')
print(df[df. isnull(). T. any()])
# 把所有NaN值替换为0
df. fillna(0, inplace = True)
print('替换为 0 后的数据：')
print(df)
```

运行结果如下：

删除前的数据行数 40
删除后的数据行数 39
有 Nan 值的记录:

	股票代码	股票名称	净资产收益率(%)	净利率(%)	毛利率(%)	净利润(百万元)	每股收益(元)
1	600132	重庆啤酒	52.38	10.17	48.4848	865.0088	NaN
4	603519	立霸股份	NaN	NaN	NaN	NaN	NaN
8	1269	欧晶科技	NaN	28.03	36.0047	407.8342	2.1197
9	600438	通威股份	21.70	17.91	34.1404	NaN	2.9476
35	2789	建艺集团	14.94	1.19	16.6614	28.7488	NaN

替换为 0 后的数据:

	股票代码	股票名称	净资产收益率(%)	净利率(%)	毛利率(%)	净利润(百万元)	每股收益(元)
0	68	华控赛格	90.32	131.09	3.0913	425.3650	0.4225
1	600132	重庆啤酒	52.38	10.17	48.4848	865.0088	0.0000
2	603688	石英股份	45.19	70.80	87.7493	2431.3891	6.7299
3	48	京基智农	37.97	14.93	43.3511	1284.6902	2.4552
4	603519	立霸股份	0.00	0.00	0.0000	0.0000	0.0000
5	600719	大连热电	31.76	51.48	-10.7074	207.0053	0.5116
6	600809	山西汾酒	28.10	35.59	76.2992	6767.2305	5.5470
8	1269	欧晶科技	0.00	28.03	36.0047	407.8342	2.1197
9	600438	通威股份	21.70	17.91	34.1404	0.0000	2.9476
10	605499	东鹏饮料	20.38	20.29	43.1043	1108.1202	2.7702
11	509	华塑控股	20.14	11.66	7.9277	34.1656	0.0318
12	2847	盐津铺子	19.78	12.97	35.3438	245.6734	1.2522
13	688556	高测股份	19.65	28.31	46.7610	713.8610	2.1053
14	603868	飞科电器	19.21	22.75	57.9031	608.2758	1.3964
15	300274	阳光电源	18.76	15.21	29.4206	4354.0754	2.9316
16	301089	拓新药业	18.67	47.11	75.4256	309.5329	2.4566
17	603598	引力传媒	18.02	1.40	5.9166	32.0272	0.1195
18	600519	贵州茅台	17.90	51.71	91.7981	35980.4151	28.6423

	股票代码	股票名称	净资产收益率(%)	净利率(%)	毛利率(%)	净利润(百万元)	每股收益(元)
19	300316	晶盛机电	17.52	26.24	42.6545	2206.0628	1.6856
20	600211	西藏药业	17.20	32.73	95.7982	595.9048	2.4034
21	301004	嘉益股份	16.93	24.95	38.8081	163.0531	1.5673
22	707	双环科技	16.89	15.05	23.8401	298.0509	0.6421
23	933	神火股份	16.45	14.33	27.0735	2739.2758	1.2169
24	408	藏格矿业	15.94	72.45	71.1715	2026.1286	1.2820
25	688617	惠泰医疗	15.81	32.66	71.7337	257.3955	3.8502
26	600129	太极集团	15.61	6.24	50.1503	565.3455	1.0151
27	300861	美畅股份	15.54	41.17	56.4947	892.7134	1.8597
28	300856	科思股份	15.49	29.44	49.3565	350.5327	2.0702
29	300896	爱美客	15.48	66.00	95.4137	963.3969	4.4527
30	300729	乐歌股份	15.32	26.41	35.7433	443.2242	1.4226
31	2162	悦心健康	15.21	29.70	25.1125	168.5450	0.1819
32	2471	中超控股	15.11	8.91	9.3869	247.4013	0.1951
33	603198	迎驾贡酒	14.95	33.84	70.9398	1063.8622	1.3298
34	2737	葵花药业	14.94	21.03	59.1349	638.1597	1.0927
35	2789	建艺集团	14.94	1.19	16.6614	28.7488	0.0000
36	603444	吉比特	14.90	28.77	88.5201	675.9710	9.3831
37	603195	公牛集团	14.79	23.99	40.5155	1821.9169	2.0430
38	601519	大智慧	14.75	78.06	58.6030	282.9540	0.1401
39	2027	分众传媒	14.73	40.44	63.9387	2231.4176	0.1545

技能训练

一、单项选择题

1. 网络爬虫的一般工作流程中，第一步为(　　)。

A. 获取初始的 URL　　B. 爬取页面内容并获取新 URL

C. 将新 URL 放在存储队列中　　D. 读取新 URL

2. 在 pandas 中，缺失值用(　　)表示。

A. NA　　B. NaN

C. Not　　D. None

3. 使用 isnull( )函数查找出来的空值返回值为(　　)。

A. True　　B. 是

C. False　　D. 否

4. 删除缺失值的方法为(　　)。

A. fillna( )　　B. dropna( )

C. dropna( )　　D. drop( )

5. Pandas 中删除重复数据的函数是(　　)。

A. duplicated( )　　B. drop_duplicates( )

C. dropdate( )　　D. dupdate( )

二、多项选择题

1. 数据接口已在我们生活中得到广泛应用，例如(　　)。

A. 百度查询天气情况　　B. 支付宝查询快递动态

C. 地图查询交通状况　　D. 编写代码爬取网页信息

2. 数据采集的途径一般包括(　　)。

A. 数据库调用　　B. 数据接口

C. 网络爬虫　　D. 数据清洗

3. 数据清洗是整个数据分析过程中最为重要的一环，包括(　　)等工作。

A. 检查数据一致性　　B. 处理无效值

C. 处理缺失值　　D. 处理重复值

4. 使用 isnull( )函数查找缺失值，默认会返回(　　)用于判断。

A. True　　B. 是

C. False　　D. 否

5. 在处理重复值时，要分成(　　)步骤来处理。

A. 检查数据　　B. 识别重复数据

C. 删除重复数据　　D. 定位重复数据

三、判断题

1. 网络爬虫(又称网页蜘蛛、网络机器人)，是一种按照一定规则、自动抓取网络数据的程序或者脚本。(　　)

2. 作为数据用户，我们可以随意获取数据平台或其他数据提供方提供的数据。(　　)

3. 缺失值是指现有数据集中某个或某些属性的值是不完整的，有可能是没采集成功，也有可能是传输、存储出现故障等造成的。（ ）

4. 重复值是指数据集中存在重复数据行，重复值的产生有可能是系统错误导致的，也有可能是多次输入导致的。（ ）

四、实操题

1. 使用 pandas 库打开 Excel 文件“工资信息 . xlsx”，完成如下操作，处理表中的缺失值。

部门	姓名	职称	基本工资
财务处	杨嘉怡	讲师	3500
财务处	李璀灿	副教授	4500
财务处	李慧敏	讲师	3700
人事处	刘晶	讲师	
人事处	罗佳颖	讲师	3800
财务处	李璀灿	副教授	4500

（1）运用 isnull( ) 函数和 notnull( ) 函数识别重复值；

（2）运用 dropna( ) 方函数删除重复值。

2. 使用 pandas 库打开 Excel 文件“工资信息 . xlsx”，完成如下操作，处理表中的缺失值。

部门	姓名	职称	基本工资
财务处	杨嘉怡	讲师	3500
财务处	李璀灿	副教授	4500
财务处	李慧敏	讲师	3700
人事处	刘晶	讲师	
人事处	罗佳颖	讲师	3800
财务处	李璀灿	副教授	4500

（1）运用 duplicated( ) 函数识别重复值；

（2）运用 drop_duplicates( ) 函数删除缺失值。

项目小结

项目	任务列表	学习内容
财务数据采集与清洗	任务一 财务数据采集	数据采集的基本概念
		数据采集的方式
		数据接口的基本概念
		证券宝数据平台的应用
		网络爬虫
	任务二 财务数据清洗	数据清洗的基本概念
		数据清洗的常用函数
		处理缺失数据
		处理重复数据

项目十一

财务数据可视化

项目目标

知识目标

1. 掌握 Matplotlib 库的基本使用方法；
2. 掌握折线图的绘制方法；
3. 掌握柱形图的绘制方法；
4. 掌握条形图的绘制方法；
5. 掌握饼图的绘制方法。

技能目标

1. 能够运用 Matplotlib 库绘制折线图；
2. 能够运用 Matplotlib 库绘制柱形图；
3. 能够运用 Matplotlib 库绘制条形图；
4. 能够运用 Matplotlib 库绘制饼图。

素质目标

1. 具有合理有效利用数据的意识，形成数据思维和可视化思维；
2. 具备创新意识和追求卓越的工匠精神；
3. 具有社会责任感，形成数字化战略思维。

德技并修

化繁为简，形成数据可视化思维

电商公司的小李收集了本年度来自电商平台的销售记录和订单数据向销售主管汇报，主管看过小李递交的报告后，跟小李说："我和公司上层想要了解的是公司今年的销售趋势和最受欢迎的产品类别，这一堆密密麻麻的数据，我并不能了解到想要的情况，你能否化繁为简，重新提供一份简明扼要的报告给我。"小李回到办公室后，仔细分析了这一份数据文件，发现这一年的销售数据，涵盖多个产品类别和地区，包括销售额、订单数、产品类别、地区等，销售额和订单数量随时间逐渐增加。为了更好地展示销售趋势，小李创建了一张折线图，横坐标代表时间，纵坐标代表销售金额。从折线图表可以看出，在整个年度内，销售额逐渐增加，并在最后两个月达到峰值，销售数据的增长趋势表明公司取得了良好的业绩。为了清晰地展示最受欢迎的产品类别，小李创建了一个饼图来显示各个产品类别的销售比例。从饼图可以看出，电子产品类别在销售中占据了最大的份额，而服装和家居用品类别也有显著的销售量。小李向主管重新递交了这份有图表展示的销售数据分析报告，主管非常满意。公司管理层根据分析报告，进一步分析了促销活动、广告投入和季节性因素对销售的影响，制定了新的促销活动方案和广告投入方案，根据最受欢迎的产品类别，提高了该类产品的市场份额。

思考与启示

小李借助图形化手段将复杂的销售数据以可视化的形式展示出来，向公司管理层清晰有效地传达和沟通了销售情况，为公司决策提供了有价值的信息。可见，用可视化工具将数据展示出来，化繁为简，更能方便高效地为企业解决实际问题。作为财务人员，在大数据广泛应用的背景下，应该形成合理有效利用数据的意识，养成"数据思维"和"可视化思维"。

项目任务描述

大数据时代的到来，财务人员能够合理有效地利用数据，实现数据可视化成为一项非常重要的技能。深圳米多物联科技有限公司要求财务人员需要具有数据展示思维，在完成数据处理之后，能够将公司的数据以图形的方式展现出来，以便直观地了解数据的变动趋势和经营状况，为公司提供进行业务经营决策的信息。

项目知识图谱

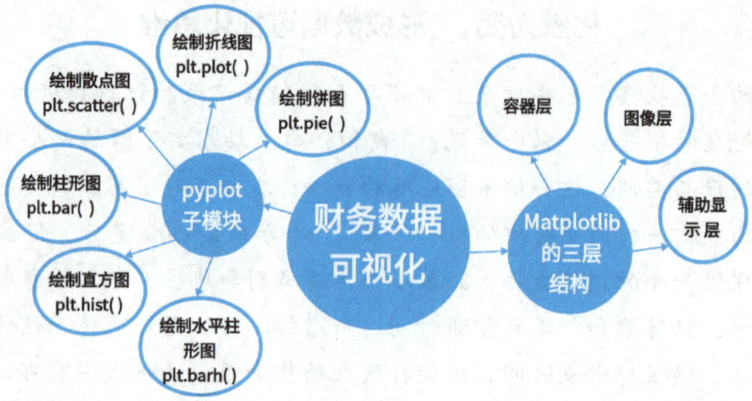

项目任务分解

项目十一　财务数据可视化	任务一　使用 Matplotlib 绘制公司年度营业利润对比折线图
	任务二　使用 Matplotlib 绘制各系列产品销售额对比柱形图
	任务三　使用 Matplotlib 绘制各地区销售利润对比动态条形图
	任务四　使用 Matplotlib 绘制各地区 NB 系列产品销售额组合图

任务一　使用 Matplotlib 绘制公司年度营业利润对比折线图

工作任务描述

深圳米多物联科技有限公司和长沙兴旺科技有限公司 2015—2022 年各年度营业利润数据如表 11－1 所示，现需要对这两家公司的营业利润情况作图形化对比，以便更直观地了解和分析两家公司近几年来的营业利润情况。

表 11－1　　2015—2022 年各年度利润数据表　　单位：万元

年份 / 公司	2015	2016	2017	2018	2019	2020	2021	2022
深圳米多物联科技有限公司	5655	6120	7000	7500	7200	6800	6300	5800
长沙兴旺科技有限公司	3500	3800	3820	4000	3800	3700	3400	3500

工作任务分析

在本任务中，需要从 Excel 表中读取二维数据，然后以折线图的形式对两家公司的营业利润数据进行展示对比，这里需要用 DataFrame 存储外部数据，利用 Matplotlib 库中 plot 函数绘制对比折线图。

任务知识储备

Matplotlib 库简介

一、Matplotlib 简介

（一）Matplotlib 的基本概念

Matplotlib 是一个 Python 的第三方 2D 绘图库，也是 Python 中最基本和最常用的数据可视化绘图库，可以为财务数据提供各种静态、动态和交互式的图表，使用方便且灵活。

Matplotlib 的功能非常丰富，可以创建各种类型的图表，包括折线图、散点图、柱状图、饼图、等高线图、直方图等，Matplotlib 使得数据可视化变得相对容易，在数据分析、科学研究、工程和机器学习等领域中广泛使用。

（二）Matplotlib 的三层结构

Matplotlib 三层结构分别是容器层、图像层和辅助显示层。

1. 容器层

Matplotlib 的容器层包括 Figure、Axes、Axis 和 Tick 等容器对象。

Figure 相当于画布，指整个图形。一个 Figure 对象可以包含一个或多个绘图区域（Axes 对象），可以通过 plt. figure（）控制整个绘图的属性，如大小、分辨率等。

Axes（坐标系），Axes 对象是图形的主要绘制区域，可以在此绘制各种类型的图表，如线图、散点图、柱状图等。

Axis（坐标轴），Axis 是 Axes 对象中的坐标轴。每个 Axes 对象通常包含两个 Axis 对象（x 轴和 y 轴），它们负责显示坐标轴上的刻度线、刻度标签和轴标签。

这些容器对象的层级关系为：一个 Figure 对象包含一个或多个 Axes 对象，每个 Axes 对象包含两个 Axis 对象（x 轴和 y 轴）。

2. 图像层

图像层指 Axes 内通过 plot、scatter、bar、histogram、pie 等函数根据数据绘制出的图像。

3. 辅助显示层

辅助显示层为绘图区（Axes）内的除了图像层以外的内容。主要包括 Axes 外观（facecolor）、边框线（spines）、坐标轴（axis）、坐标轴名称（axis label）、坐标轴刻度（tick）、坐标轴刻度标签（tick label）、网格线（grid）、图例（legend）、标题（title）等内容。该层的设置可使图像显示更加直观，更容易被用户理解。

（三）Matplotlib 中 pyplot 子模块

Pyplot 模块是 Matplotlib 库中的一个子模块，它提供了一个类似于 MATLAB 的界面，使用户能够轻松地创建各种类型的图表和可视化。通过 pyplot 模块，可以使用简洁的命令来创建和自定义图表，不必处理底层的绘图细节。通常，将 pyplot 模块导入并使用 plt 作为别名来简化代码，语法如下：

```
import matplotlib.pyplot as plt
```

pyplot 模块常用的函数如下：

函数	功能	函数	功能
plt. plot( )	绘制折线图	plt. pie( )	绘制饼图
plt. scatter( )	绘制散点图	plt. bar( )	绘制柱形图
plt. hist( )	绘制直方图	plt. barh( )	绘制水平柱形图

（四）Matplotlib 的绘图步骤

（1）引入 Matplotlib 的子库 pyplot；

（2）准备数据；

（3）创建画布；

（4）绘制折线图；

（5）展示图像。

二、绘制折线图

（一）plot（）函数介绍

plt. plot( )函数用于创建折线图，由数据点和连接数据点的线组成，常用来表示数据随时间变化的趋势。

基本语法如下：

```
plt.plot(x, y, format_string, **kwargs)
```

plt. plot( )函数的第一个参数表示 x 轴上的数据点，第二个参数表示对应的 y 轴上的数据点。

参数说明：

- x：x 轴数据，可以是一个数组或者类数组的序列；
- y：y 轴数据，可以是一个数组或者类数组的序列；
- format_string：可选参数，用于指定线条的样式、颜色和标记，格式字符串由颜色字符、线条样式字符和标记字符组成；

- ** kwargs：其他参数设置，如线条样式、颜色、标记大小等。

（二）绘制简单折线图

【示例 11 -1】请根据表 11 -2 中深圳米多物联科技有限公司 2015—2022 年的营业利润数据绘制出折线图。

表 11 -2　深圳米多物联科技有限公司营业利润数据表　单位：万元

2015 年	2016 年	2017 年	2018 年	2019 年	2020 年	2021 年	2022 年
5655	6120	7000	7500	7200	6800	6300	5800

实现代码如下：

```
# 导入pandas 并起别名为pd
import pandas as pd
#1. 引入matplotlib 的子库pyplot
import matplotlib. pyplot as plt
#2. 准备数据
year = [2015,2016,2017,2018,2019,2020,2021,2022]
profit = [5655,6120,7000,7500,7200,6800,6300,5800]
#3. 创建画布
plt. figure( )
#4. 绘制折线图
plt. plot( year, profit)
#5. 展示
plt. show( )
```

运行代码，结果如图 11 -1 所示：

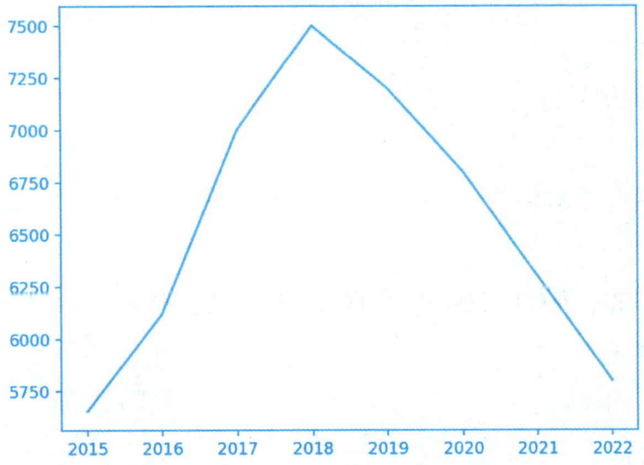

图 11 -1　年利润折线图

技能拓展提升

❖绘制有辅助信息的折线图

从【示例 11－1】的运行结果来看，只是绘制了一个简单的折线图，没有任何辅助信息，不能说明图中各数据的具体含义，为了呈现出更好的数据可视化效果，需要对图做一些辅助说明。

Matplotlib 提供了一些辅助函数。

- plt. xticks(x， ** kwargs)：添加 x 轴刻度；
- plt. yticks(y， ** kwargs)：添加 y 轴刻度；
- plt. xlabel(xlabel)：添加 x 轴名称；
- plt. ylabel(xlabel)：添加 y 轴名称；
- plt. title(title)：添加图形标题。

【示例 11－2】接【示例 11－1】，请根据深圳米多物联科技有限公司 2015—2022 年的营业利润数据绘制出折线图，并为图添加辅助信息。

实现代码如下：

```
#1. 引入matplotlib 的子库pyplot
import matplotlib. pyplot as plt
#2. 准备数据
year = [2015,2016,2017,2018,2019,2020,2021,2022]
profit = [5655,6120,7000,7500,7200,6800,6300,5800]
#3. 创建画布
plt. figure(figsize = (6, 4))
# 设置为中文字体
plt. rcParams['font. sans-serif',]  =  ['SimHei',]
#4. 绘制折线图
plt. plot(year, profit)
# 准备刻度
xticks = ['2015 年', '2016 年', '2017 年', '2018 年', '2019 年', '2020 年', '2021 年', '
2022 年']
yticks = range(5500, 7600, 200) #5500：最小值, 7600：最大值, 200：步长值
# 设置x，y 轴刻度
plt. xticks(year, xticks)
plt. yticks(yticks)
```

```
# 设置坐标轴名称
plt.xlabel('年份')
plt.ylabel('年利润')
# 设置图像标题
plt.title('深圳米多物联科技有限公司 2015 至 2022 年年利润情况')
# 显示网格
plt.grid(True, linestyle ='--', alpha =0.5)
#5. 展示
plt.show()
```

运行代码，结果如图 11－2 所示：

图 11－2　年利润折线图

注：

plt.grid(visible =True, linestyle ='--', alpha =0.5)，其参数如下：

visible：True，表示显示网格，False 表示不显示。

linestyle：网格线样式，- 实线，-- 虚线。

alpha：透明度 0－1 之间．1 不透明，0 完全透明。

工作任务实施

根据深圳米多物联科技有限公司和长沙兴旺科技有限公司 2015—2022 年各年度营业利润数据绘制折线图。

步骤 1：引入 matplotlib. pyplot 库。

```
import pandas as pd
import matplotlib. pyplot as plt
```

步骤 2：准备数据。

```
# 读取年利润数据表
fdata = pd. read_excel('d：/各公司年利润数据表 . xlsx', sheet_name ='年利润表')
# year = ['2015 年', '2016 年', '2017 年', '2018 年', '2019 年', '2020 年', '2021 年
', '2022 年']
year = fdata. columns[1:]
# profit1 = [5655 6120 7000 7500 7200 6800 6300 5800 ]
profit1 = fdata. values[0][1:]
profit2 = fdata. values[1][1:]
```

步骤 3：创建画布，figsize 为画布大小，单位为英寸。

```
plt. figure(figsize = (6, 4))
# 设置中文字体
plt. rcParams["font. sans-serif"] =["SimHei"]
```

步骤 4：绘制多折线图。

```
plt. plot(year, profit1)
plt. plot(year, profit2)
# 准备刻度
yticks = range(3400, 7600, 200) #5500：最小值, 7600：最大值, 200：步长值
# 设置y 轴刻度
plt. yticks(yticks)
# 设置坐标轴名称
plt. xlabel('年份')
plt. ylabel('年利润')
# 设置图像标题
plt. title('各公司 2015至2022 年年利润情况(单位：万元)')
# 显示网格
plt. grid(True, linestyle ='--', alpha =0.5)
# 设置图列
# plt. legend (['深圳米多物联科技有限公司','长沙兴旺科技有限公司'])
plt. legend([fdata. values[0][0],fdata. values[1][0]])
```

步骤5：展示。

```
plt.show()
```

运行代码，结果如图11－3所示：

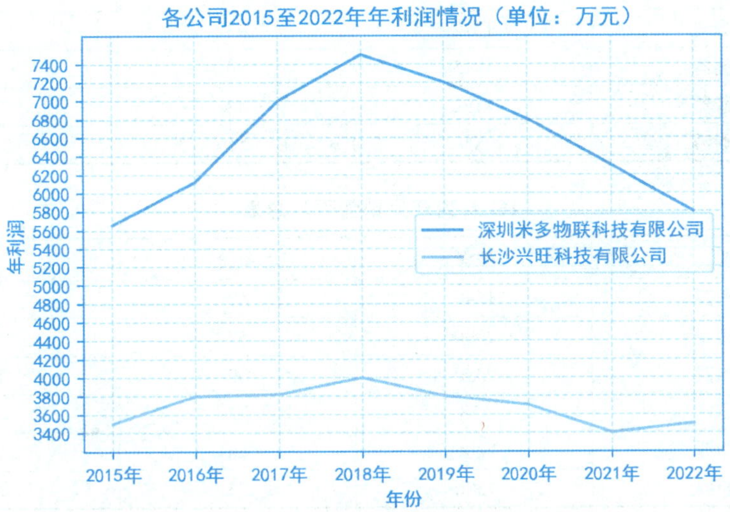

图11－3　营业利润多折线图

注：

添加多折线：

```
plt.plot(year, profit1)
plt.plot(year, profit2)
```

设置图列：

```
plt.legend(['深圳米多物联科技有限公司','长沙兴旺科技有限公司'])
```

任务二　使用Matplotlib绘制各系列产品销售额对比柱形图

工作任务描述

深圳米多物联科技有限公司各系列产品销售额数据如表11－3、表11－4所示，现在需要对两个不同系列产品销售额作图形化对比，以便更直观地了解和分析两个系列产品的销售情况。

表 11－3　　NB 系列产品销售额汇总表　　单位：元

产品名称	数量	单价	金额
NB 门磁探测器	3540	42	148680
NB 水浸探测器	2370	45	106650
NB 烟感探测器	2221	47	104387
NB 一氧化碳	1201	54	64854
NB 燃气探测器	1312	53	69536
NB 警号探测器	1815	54	98010
NB 一键报警器	4192	48	201216
NB 红外探测器	909	51	46359

表 11－4　　4G 系列产品销售额汇总表　　单位：元

产品名称	数量	单价	金额
4G 门磁探测器	1240	57	70680
4G 水浸探测器	2990	57	170430
4G 烟感探测器	2390	60	143400
4G 一氧化碳	558	72	40176
4G 燃气探测器	2206	66	145596
4G 一键报警器	1380	72	99360

工作任务分析

在本任务中，需要从 Excel 表中读取二维数据，然后以柱形图的方式把各系列产品销售数据进行展示对比。

任务知识储备

一、柱形图绘制函数介绍

（一）bar（）函数

bar()函数用于绘制柱形图。该函数的基本语法如下：

```
bar(x, height, width =0.8, bottom = None, align ='center', data = None, ** kwargs)
```

参数说明：

- x：柱状图的 x 坐标，可以是一个数组或者类似数组的序列；
- height：柱状图的高度，可以是一个数组或者类似数组的序列；
- width：柱状图的宽度，默认值为 0.8；
- bottom：柱状图的底部高度，默认值为 None，表示从 0 开始绘制；
- align：柱状图的对齐方式，默认为‘center’，可以选用‘edge’等选项；

- data：指定数据源，可以是一个 DataFrame 或字典等数据结构；
- ** kwargs：其他参数设置，比如柱状图的颜色、透明度等。

（二）barh（ ）函数

barh( )函数用于绘制水平柱形图，也称条形图。该函数的用法与 bar 函数类似。

二、绘制柱形图

【示例 11 –3】请根据华北地区 NB 系列产品销售额绘制柱形图，其数据如表 11 –5 所示：

表 11 –5　华北地区 NB 系列产品销售额　单位：元

产品名称	数量	单价	金额
NB 门磁探测器	3540	42	148680
NB 水浸探测器	2370	45	106650
NB 烟感探测器	2221	47	104387
NB 一氧化碳	1201	54	64854
NB 燃气探测器	1312	53	69536
NB 警号探测器	1815	54	98010
NB 一键报警器	4192	48	201216
NB 红外探测器	909	51	46359

实现代码如下：

```
#1. 引入库
import pandas as pd
import matplotlib. pyplot as plt
#2. 准备数据
fdata = pd. read_excel('d：/各地区 NB 系列产品销售数据 . xlsx', sheet_name = '华北销售额汇总表')  # 读取数据表
#3. 创建画布，figsize 为画布大小，单位为英寸
plt. figure(figsize = (6, 4))
plt. rcParams["font. sans-serif"]  = ["SimHei"]   # 设置中文字体
#4. 绘制柱形图
plt. bar(fdata['产品名称'], fdata['金额'])
plt. xlabel('产品名称')  # 设置X轴坐标轴名称
plt. ylabel('销售额')  # 设置Y轴坐标轴名称
plt. title('华北地区 NB 系列产品销售额(单位：元)')  # 设置图像标题
plt. grid(True, linestyle = '--', alpha = 0.5) # 显示网格
#5. 展示
plt. show()
```

运行代码，结果如图 11－4 所示：

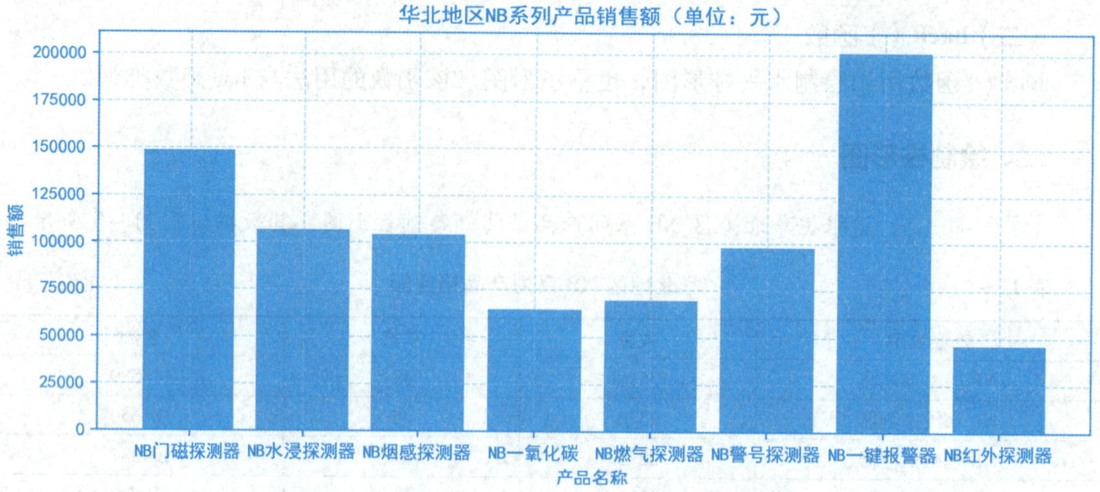

图 11－4　华北地区 NB 系列产品销售额柱形图

技能拓展提升

❖绘制条形图

条形图也称为水平柱形图，柱形图是竖着的，条形图是水平的。

【示例 11－4】接【示例 11－3】，请根据 NB 系列产品销售额绘制水平柱形图。

在柱形图绘制代码的基础上绘制条形图，只需要修改【示例 11－3】中的一行代码即可，将：

```
plt.bar(fdata['产品名称'], fdata['金额'])
```

改成

```
plt.barh(fdata['产品名称'], fdata['金额'])
```

完整代码如下：

```
#1. 引入库
import pandas as pd
import matplotlib.pyplot as plt
#2. 准备数据
fdata = pd.read_excel('d:/各地区 NB 系列产品销售数据.xlsx', sheet_name = '华北销售额汇总表')  # 读取数据表
#3. 创建画布,figsize 为画布大小，单位为英寸
```

```
plt.figure(figsize=(7, 4))
plt.rcParams["font.sans-serif"] =["SimHei"]  # 设置中文字体
#4. 绘制柱形图
plt.barh(fdata['产品名称'], fdata['金额'])
plt.xlabel('销售额')  # 设置X轴坐标轴名称
plt.ylabel('产品名称')  # 设置Y轴坐标轴名称
plt.title('华北地区 NB 系列产品销售额(单位: 元)')  # 设置图像标题
plt.grid(True, linestyle='--', alpha=0.5)  # 显示网格
#5. 展示
plt.show()
```

运行代码，结果如图 11-5 所示：

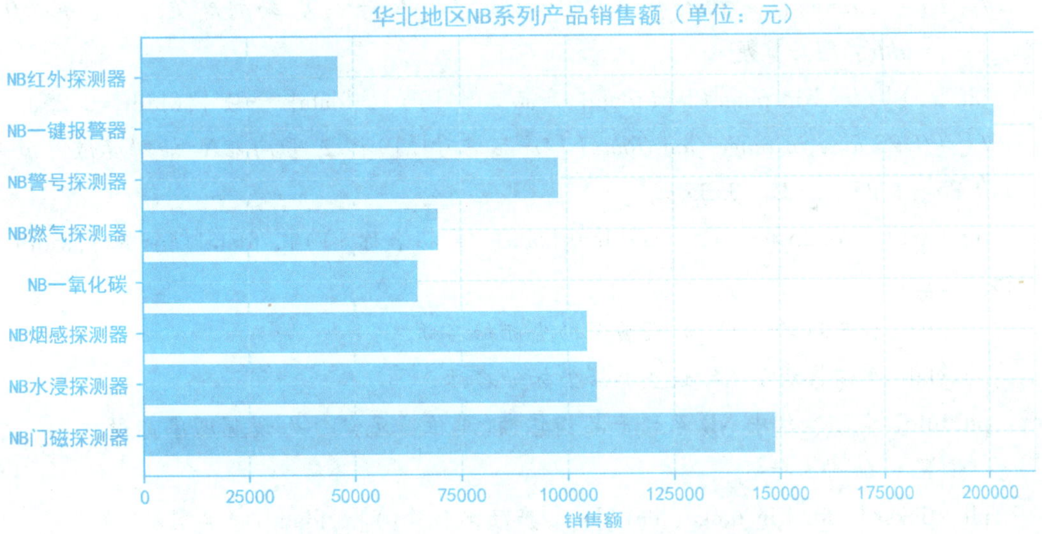

图 11-5 华北地区 NB 系列产品销售额条形图

工作任务实施

绘制华北地区、华中地区 NB 系列产品销售额双柱形图。

步骤 1：引入 matplotlib.pyplot 库。

```
import pandas as pd
import matplotlib.pyplot as plt
```

步骤 2：准备数据。

```
fdata = pd.read_excel('d:/各地区 NB 系列产品销售数据.xlsx', sheet_name = '华北销售额汇总表')  # 读取华北地区NB 系列销售额数据
fdata1 = pd.read_excel('d:/各地区 NB 系列产品销售数据.xlsx', sheet_name = '华中销售额汇总表')  # 读取华中地区NB 系列销售额数据
```

步骤 3：创建画布，figsize 为画布大小，单位为英寸。

```
plt.figure(figsize = (6, 4))
# 设置中文字体
plt.rcParams["font.sans-serif"] = ["SimHei"]
```

步骤 4：绘制双柱形图。

```
#[i for i in range (len (fdata ['产品名称']))]: NB 系列X 轴刻度值，值分别为0，1，2，3，width：图形宽度
plt.bar([i for i in range(len(fdata['产品名称']))], fdata['金额'],width = 0.25)
#[i +0.25 for i in range (len (fdata1 ['产品名称']))]: 2 号门店X 轴刻度值，值分别为0.25，1.25，2.25，3.25
plt.bar([i +0.25 for i in range(len(fdata1['产品名称']))], fdata1['金额'],width = 0.25)
plt.xlabel('产品名称')  # 设置X轴坐标轴名称
plt.ylabel('销售额')  # 设置Y轴坐标轴名称
plt.title('华北、华中 NB 系列产品销售额(单位：元)')  # 设置图像标题
# 设置X 轴刻度标签
plt.xticks([i for i in range(len(fdata['产品名称']))], fdata['产品名称'])
# 设置图例
plt.legend(['华北','华中'])
plt.grid(True, linestyle = '--', alpha = 0.5)  # 显示网格
```

步骤 5：展示。

```
plt.show()
```

运行代码，结果如图 11-6 所示：

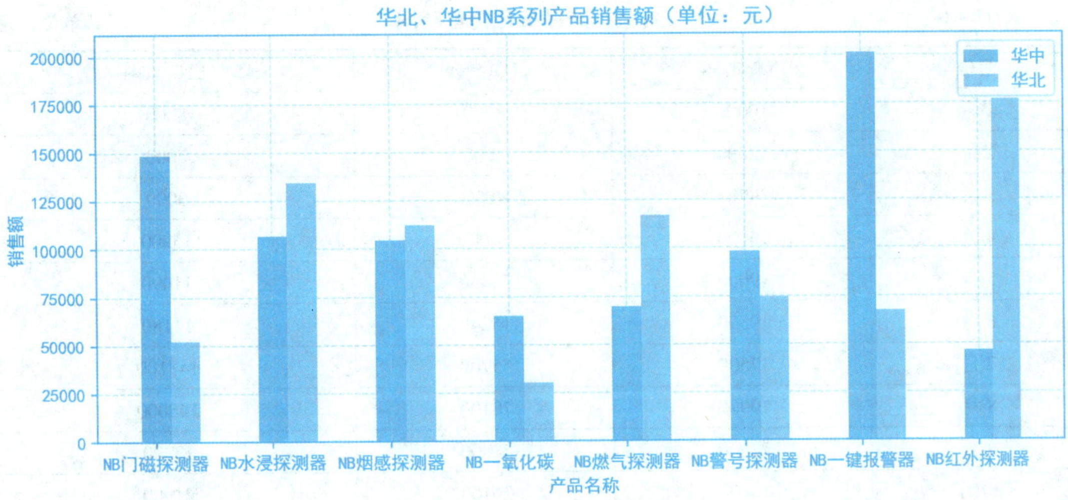

图 11-6　多柱形图

注：

添加第一个柱形图：

```
plt.bar([i for i in range(len(fdata['产品名称']))], fdata['金额'],width =0.25)
```

其中第一个参数[i for i in range(len(fdata['产品名称']))]，用来设置每个柱子在 x 轴上的位置。

第二个柱形图的每个柱子的位置是在第一个柱形图柱子的位置往后移 0.25，所以提交第二个柱形图的代码为：

```
plt.bar([i+0.25 for i in range(len(fdata1['产品名称']))], fdata1['金额'],width =
0.25)
```

任务三　使用 Matplotlib 绘制各地区销售利润对比动态条形图

工作任务描述

深圳米多物联科技有限公司各系列产品每月销售利润数据如表 11-6 所示，现需要对各系列产品每月销售利润做一个动态对比展示。

表 11－6　　各系列产品每月销售利润　　单位：元

月份	NB 系列	4G 系列	出口系列
1 月	10000	9000	8000
2 月	12000	6200	7000
3 月	8000	4000	3000
4 月	15000	10000	15900
5 月	19000	20450	11090
6 月	19500	15240	11180
7 月	17500	55700	143100
8 月	19900	78100	148000
9 月	22600	48800	12300
10 月	13800	26100	21900
11 月	11800	26100	11900
12 月	10800	13100	9900

工作任务分析

在本任务中，首先读取各系列产品每月销售利润数据，形成一个二维表，然后利用 Matplotlib 中的动画函数，动态展示各系列每月销售利润条形图。

任务知识储备

一、对比动态条形图实现方法

动态条形图是一种强大的数据可视化工具，可以帮助用户展示随时间变化 的数据趋势，有助于更好地理解和分析信息，使用 Python 的 Matplotlib 绘制对比动态条形图，可以使用 matplotlib. animation 模块来实现动态效果。

二、函数简介

（一）FuncAnimation（）函数

matplotlib. animation. FuncAnimation 是一个动画类函数，该函数基本语法如下：

```
FuncAnimation(fig, func, frames = None, init_func = None, ** kwargs)
```

参数说明：

- fig：画布；
- func：动画更新的方法；
- frames：动画中的每帧数据，遍历 frames，每次传入一条数据到 func 方法中，改变图形，产生一个动画画面；

- init_func：初始方法，只会在最开始的时候执行一次；
- repeat：动画是否重复执行；
- interval：每帧时间间隔的毫秒数，默认值：200。

（二）plt. subplots（）函数

subplots()函数是 Matplotlib 库中用于创建一个包含 figure 和 axes 的图表的函数。基本语法如下：

```
fig, ax = plt.subplots(nrows = 1, ncols = 1, sharex = False, sharey = False, squeeze = True, subplot_kw = None, gridspec_kw = None, ** fig_kw)
```

参数说明：

- nrows：子图的行数，默认为 1；
- ncols：子图的列数，默认为 1；
- sharex：是否共享 x 轴刻度，默认为 False；
- sharey：是否共享 y 轴刻度，默认为 False；
- squeeze：是否压缩子图布局，默认为 True，如果只有一个子图，则压缩为一个 ax 对象。
- subplot_kw：一个字典，用于传递关键字参数给子图的创建函数；
- gridspec_kw：一个字典，用于传递关键字参数给 GridSpec 的创建函数；
- ** fig_kw：其他参数设置，比如图表的大小、标题等。

（三）自定义函数 update

自定义函数 update，用来动态更新图形，参数 row 是从调用函数中传过来的一条数据，这里表示各地区系列产品每月的销售利润，具体代码如下：

```
def update(row):
    ax.clear()  # 清空画布
    ax.barh(columns[1:], row[1:], height = 0.5, color = ['r','g','b'])  # 绘制条形图
    ax.text(0.8, 0.3, row[0], transform = ax.transAxes, fontsize = 20)  # 绘制文本
    plt.title('各系列产品每月销售利润对比情况')  # 设置标题
```

工作任务实施

步骤 1：引入库。

```
import matplotlib.pyplot as plt
from matplotlib.animation import FuncAnimation
```

步骤 2：准备数据。

```
columns = ['日期', 'NB 系列', '4G 系列', '出口系列']
datas = [['1 月', 10000, 9000, 8000],
         ['2 月',12000, 6200, 7000],
         ['3 月',8000, 4000, 3000],
         ['4 月', 15000, 10000, 15900],
         ['5 月', 19000, 20450, 11090],
         ['6 月', 19500, 15240, 11180],
         ['7 月', 17500, 55700, 143100],
         ['8 月', 19900, 78100, 148000],
         ['9 月', 22600, 48800, 12300],
         ['10 月', 13800, 26100, 21900],
         ['11 月', 11800, 16100, 11900],
         ['12 月', 10800, 13100, 9900]]
```

步骤 3：准备数据创建画布。

```
#plt. subplots ()是一个函数，返回一个包含figure 和axes 对象的元组
fig, ax = plt. subplots(figsize = (10, 5))
plt. rcParams["font. sans-serif"] = ["SimHei"] # 设置中文字体
```

步骤 4：实现动画的更新方法。

```
def update(row):
    ax. clear()  # 清空画布
    ax. barh(columns[1:], row[1:], height = 0. 5, color = ['r','g','b'])  # 绘制条形图
    ax. text(0. 8, 0. 3, row[0], transform = ax. transAxes, fontsize = 20)  # 绘制文本
    plt. title('各地区系列产品每月销售额对比情况')  # 设置标题
```

步骤 5：创建动画对象。

```
animation = FuncAnimation(fig, update, frames = datas, repeat = False, interval = 1000)
```

步骤 6：展示。

```
plt. show()
```

运行代码，结果如图 11－7 所示：

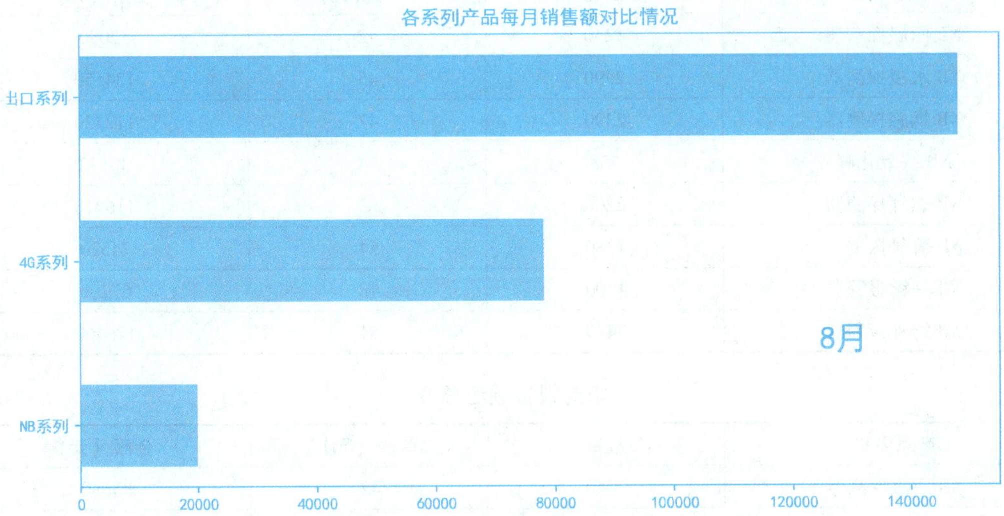

图 11－7　各系列每月销售利润动画条形图(该界面为 8 月份)

任务四　使用 Matplotlib 绘制各地区 NB 系列产品销售额组合图

工作任务描述

深圳米多物联科技有限公司各地区 NB 系列产品销售额数据如表 11－7 所示，现需要对各地区 NB 系列产品销售额用多种图形来展示对比。

表 11－7　　各地区 NB 系列产品销售额数据汇总表

华北销售额汇总表

产品名称	数量	单价（元）	金额（元）
NB 门磁探测器	3540	42	148680
NB 水浸探测器	2370	45	106650
NB 烟感探测器	2221	47	104387
NB 一氧化碳	1201	54	64854
NB 燃气探测器	1312	53	69536
NB 警号探测器	1815	54	98010
NB 一键报警器	4192	48	201216
NB 红外探测器	909	51	46359

华中销售额汇总表

产品名称	数量	单价（元）	金额（元）
NB 门磁探测器	1240	42	52080
NB 水浸探测器	2990	45	134550
NB 烟感探测器	2390	47	112330
NB 一氧化碳	558	54	30132
NB 燃气探测器	2206	53	116918
NB 警号探测器	1380	54	74520
NB 一键报警器	1400	48	67200
NB 红外探测器	3460	51	176460

华南销售额汇总表

产品名称	数量	单价（元）	金额（元）
NB 门磁探测器	2040	42	85680
NB 水浸探测器	3500	45	157500
NB 烟感探测器	7830	47	368010
NB 一氧化碳	2221	54	119934
NB 燃气探测器	180	53	9540
NB 警号探测器	1139	54	61506
NB 一键报警器	2578	48	123744
NB 红外探测器	2567	51	130917

工作任务分析

在本任务中，需要从 Excel 表中读取二维数据，然后以饼图、折线图或柱形图的方式把各地区的 NB 系列产品销售数据进行展示对比。

任务知识储备

一、函数简介

（一）pie（）函数

pie()函数用于绘制饼图，可以显示分类数据的占比关系。该函数的基本语法如下：

```
pie(x, explode = None, labels = None, colors = None, autopct = None, shadow = False,
startangle = 0, ** kwargs)
```

参数说明：

- x：饼图的数据，可以是一个数组或者类数组的序列。

- explode：指定饼图中每个扇区从圆心偏移的距离，默认为None，表示不偏移。它可以接受一个与x长度相同的数组，用于指定每个扇区的偏移量。
- labels：饼图中每个扇区的标签，默认为None，表示不显示标签。它可以接受一个与x长度相同的数组，用于指定扇区的标签。
- colors：指定饼图中每个扇区的颜色，默认为None，表示使用默认颜色循环。
- autopct：指定饼图中每个扇区显示的百分比格式，默认为None，表示不显示百分比。可以使用字符串格式化语法进行设置。
- shadow：是否显示阴影效果，默认为False。
- startangle：饼图的起始角度，默认为0度，表示从水平方向开始绘制。
- ** kwargs：其他参数设置，如字体大小、字体颜色等。

（二）subplot（）函数

plt. subplot( )函数用于创建一个子图，可以将图表分割成多个子图，并选择特定位置来绘制每个子图。该函数的基本语法如下：

```
plt. subplot(nrows, ncols, index, ** kwargs)
```

参数说明：

- nrows：子图的行数；
- ncols：子图的列数；
- index：子图的索引值。索引从1开始，左上角的子图索引为1，从左到右递增，超过一行时从下一行继续增加；
- ** kwargs：其他参数设置。

二、绘制饼图

【示例11-5】为各门店NB系列产品销售额绘制饼图。

实现代码如下：

```
#1. 引入库
import pandas as pd
import matplotlib. pyplot as plt
#2. 准备数据
fdata1 = pd. read_excel('d：/各地区NB系列产品销售数.xlsx', sheet_name = '华北
销售额汇总表')  # 读取数据
fdata2 = pd. read_excel('d：/各地区NB系列产品销售数据.xlsx', sheet_name = '华
中销售额汇总表')
```

```
fdata3 = pd.read_excel('d:/各地区 NB 系列产品销售数据.xlsx', sheet_name = '华南销售额汇总表')
head = ['华北地区','华中地区','华南地区']
#fdata1['金额'].sum()：计算门店1 的销售总额
datas = [fdata1['金额'].sum(),fdata2['金额'].sum(),fdata3['金额'].sum()]
#3. 创建画布,figsize 为画布大小，单位为英寸
plt.figure(figsize = (6, 4))
plt.rcParams["font.sans-serif"] = ["SimHei"] # 设置中文字体
#4. 绘制饼图
plt.pie(datas, labels = head, explode = [0,0.2,0], autopct = '%.2f%%')
plt.title('各地区 NB 系列产品销售收入比例图') # 设置图像标题
#5. 展示
plt.show()
```

运行代码，结果如图 11－8 所示：

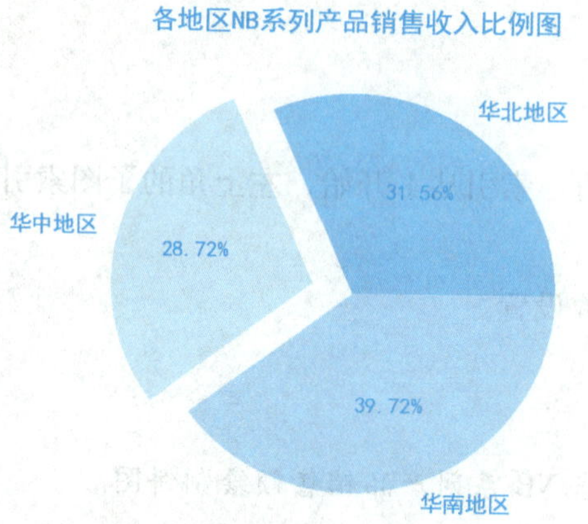

图 11－8　各地区 NB 系列产品销售总额饼图

工作任务实施

运用提供的各地区销售数据绘制组合图，即一张图中绘制两个子图，左边绘制各地区销售额饼图，右边绘制各地区销售额折线图。

步骤 1：引入必须库。

```
import pandas as pd
import matplotlib.pyplot as plt
```

步骤2：准备数据。

```
fdata1 = pd. read_excel('d：/各地区 NB 系列产品销售数据 . xlsx', sheet_name = '华北销售额汇总表')  # 读取数据
fdata2 = pd. read_excel('d：/各地区 NB 系列产品销售数据 . xlsx', sheet_name = '华中销售额汇总表')
fdata3 = pd. read_excel('d：/各地区 NB 系列产品销售数据 . xlsx', sheet_name = '华南销售额汇总表')
head = ['华北地区','华中地区','华南地区']
# 准备饼图数据,其中fdata1 ['金额']. sum ( ): 计算华北地区的销售总额
datas = [fdata1['金额']. sum( ),fdata2['金额']. sum( ),fdata3['金额']. sum( )]
```

步骤3：创建画布。

```
plt. figure(figsize = (8, 4))
# 设置中文字体
plt. rcParams["font. sans-serif"]  = ["SimHei"]
```

步骤4：绘制饼图。

```
plt. subplot(1,2,1)  # 指定子图位置，一个figure分成1行2列，取索引为1的区域
plt. pie(datas, labels = head, explode = [0,0. 2,0] , autopct = '%. 2f%%')
plt. title('各地区 NB 系列产品销售收入比例图')    # 设置图像标题
```

步骤5：绘制折线图。

```
plt. subplot(1,2,2)  # 指定子图位置，一个figure分成1行2列，取索引为2的区域
plt. title('各地区 NB 系列产品销售额折线图')  # 设置图像标题
plt. plot(fdata1['产品名称'],fdata1['金额'])
plt. plot(fdata1['产品名称'],fdata2['金额'])
plt. plot(fdata1['产品名称'],fdata3['金额'])
```

步骤6：展示。

```
plt. show( )
```

运行代码，结果如图 11 –9 所示：

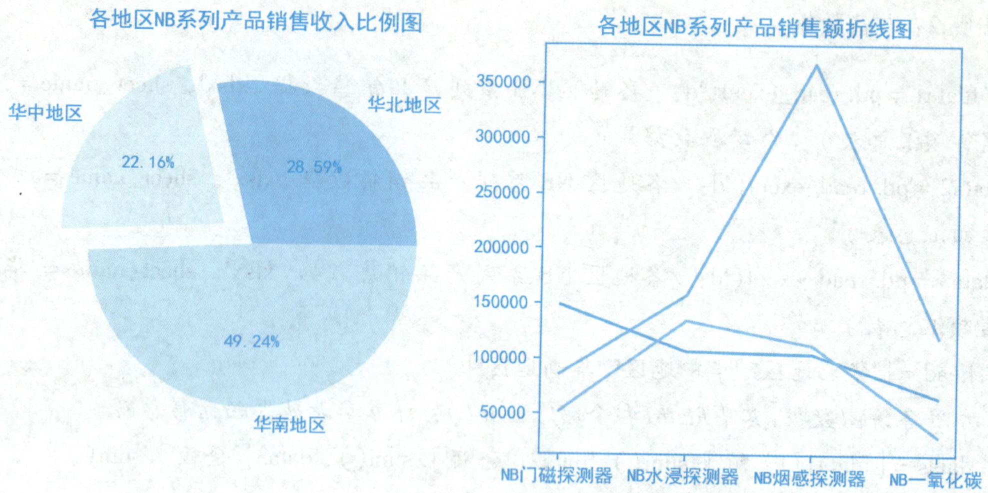

图 11-9 各地区 NB 系列产品销售额组合图

注：如果采用 subplots()函数，则代码如下：

```
# 1. 引入库
import pandas as pd
import matplotlib.pyplot as plt
# 2. 准备数据
fdata1 = pd.read_excel('d:/各地区 NB 系列产品销售数据.xlsx', sheet_name = '华北销售额汇总表')  # 读取数据
fdata2 = pd.read_excel('d:/各地区 NB 系列产品销售数据.xlsx', sheet_name = '华中销售额汇总表')
fdata3 = pd.read_excel('d:/各地区 NB 系列产品销售数据.xlsx', sheet_name = '华南销售额汇总表')
head = ['华北地区','华中地区','华南地区']
#fdata1['金额'].sum()：计算门店1 的销售总额
datas = [fdata1['金额'].sum(),fdata2['金额'].sum(),fdata3['金额'].sum()]
# 3. 创建画布
fig,axus = plt.subplots(1, 2)
plt.rcParams["font.sans-serif"] = ["SimHei"]  # 设置中文字体
```

```
#4. 绘制饼图
axus[0].pie(datas, labels = head, explode = [0,0.2,0], autopct = '%.2f%%')
#5. 绘制折线图
axus[1].plot(fdata1['产品名称'],fdata1['金额'])
axus[1].plot(fdata1['产品名称'],fdata2['金额'])
axus[1].plot(fdata1['产品名称'],fdata3['金额'])
#6. 展示
plt.show()
```

技能训练

一、单项选择题

1. 下列选项中，关于 Matplotlib 库说法不正确的是(　　)。

A. Matplotlib 是当前用于数据可视化最流行的 Python 包之一

B. Matplotlib 提供了绘制散点图、条形图、折线图、饼图、直方图的方法

C. Matplotlib 支持交互式操作

D. Matplotlib 默认配置下可能不能支持中文显示，但可以通过配置解决

2. Matplotlib 中用于绘制饼图的函数是(　　)。

A. plot()　　B. pie()

C. hist()　　D. scatter()

3. Matplotlib 中用于绘制折线图的函数是(　　)。

A. plot()　　B. pie()

C. hist()　　D. scatter()

4. Matplotlib 中用于绘制散点图的函数是(　　)。

A. plot()　　B. pie()

C. hist()　　D. scatter()

5. Matplotlib 中用于绘制直方图的函数是(　　)。

A. plot()　　B. pie()

C. hist()　　D. scatter()

6. Matplotlib 中用于绘制柱形图的函数是(　　)。

A. plot()　　B. pie()

C. bar()　　D. scatter()

二、多项选择题

1. Matplotlib 可以绘制（　　）。

A. 折线图　　B. 散点图

C. 柱状图　　D. 饼图

2. Matplotlib 绘图的步骤包括（　　）。

A. 创建画布　　B. 创建坐标系

C. 绘制图形　　D. 展示图标

3. 以下说法正确的有（　　）。

A. 可以在 Matplotlib 模块中使用 pyplot 子模块的 plot( ) 函数绘制折线图

B. 绘制折线图的语法格式为：pyplot. plot(x，y)

C. plot 函数中的 x 表示 x 轴

D. plot 函数中的 y 表示 y 轴

三、判断题

1. Matplotlib 有很多子模块，其中 pyplot 子模块是它的核心模块之一，几乎所有样式的 2D 图形都可以通过 pyplot 子模块绘制。（　　）

2. Matplotlib 中用于绘制柱形图的函数是 bar( )。（　　）

四、操作题

某上市公司近 5 年的净利润信息如下表所示：

年份	净利润（万元）
2018	2000
2019	3000
2020	3500
2021	4000
2022	4200

1. 请结合净利润的数据绘制折线图。
2. 请结合净利润的数据绘制柱形图。
3. 请结合净利润的数据绘制饼图。

项目小结

项目	任务列表	学习内容
财务数据可视化	任务一 使用 Matplotlib 绘制公司年度营业利润对比折线图	Matplotlib 的基本概念
		Matplotlib 的三层结构
		Matplotlib 中 pyplot 子模块
		Matplotlib 的绘图步骤
		plot( ) 函数介绍
		绘制简单折线图
		绘制有辅助信息的折线图
	任务二 使用 Matplotlib 绘制各系列产品销售额对比柱形图	柱形图绘制函数介绍：bar( ) 函数
		柱形图绘制函数介绍：barh( ) 函数
		绘制柱形图
		绘制条形图
	任务三 使用 Matplotlib 绘制各地区销售利润对比动态条形图	对比动态条形图实现方法
		FuncAnimation ( ) 函数
		plt. subplots( ) 函数
		自定义函数 update
	任务四 使用 Matplotlib 绘制各地区 NB 系列产品销售额组合图	绘制饼图：pie( ) 函数
		绘制每个子图：subplot( ) 函数